Degen/Emmert
Elektronischer Rechtsverkehr

Elektronischer Rechtsverkehr

Änderungen durch E-Justiz- und E-Government-Gesetz –
best practice für Behörden, Justiz, Anwälte und Unternehmen

Wegweiser zu Behörden- und Anwaltspostfächern,
DE-Mail, ersetzendem Scannen, Cloud- und IT-Sicherheit,
Beweisrecht und Langzeitarchivierung

von

Dr. Thomas A. Degen
Rechtsanwalt und Fachanwalt für Informationstechnologierecht
in Stuttgart

und

Ulrich Emmert
Rechtsanwalt in Stuttgart
Lehrbeauftragter an der Hochschule für Wirtschaft und Umwelt, Nürtingen,
stv. Vorstandsvorsitzender des Verbands Organisations- und
Informationssysteme e. V. (VOI), Bonn

2016

C.H.BECK

Zitierweise: *Degen/Emmert,* Elektronischer Rechtsverkehr, Rn. ...

www.beck.de

ISBN 978 3 406 65844 0

© 2016 Verlag C. H. Beck oHG
Wilhelmstraße 9, 80801 München
Druck und Bindung: Nomos Verlagsgesellschaft
In den Lissen 12, 76547 Sinzheim

Satz und Umschlaggestaltung: Druckerei C. H. Beck Nördlingen
(Adresse wie Verlag)

Gedruckt auf säurefreiem, alterungsbeständigem Papier
(hergestellt aus chlorfrei gebleichtem Zellstoff)

Für
A&O und F

Vorwort

Die deutsche Wirtschaft gehört bei der Digitalisierung von Geschäftsprozessen weltweit zu den treibenden Kräften. Globale Vernetzung, Industrie 4.0, Smart Factory und smart Home sind unter dem Dach von Big Data neue Schlaglichter im Informationszeitalter. Trends aus der Wirtschaft werden national und im Binnenmarkt auf den Rechtsverkehr übertragen. IT-Technik, Workflow, alte und neue Rechtsgrundsätze knallen aufeinander. Im Deutschen Rechtsberatungsmarkt gilt der Elektronische Rechtsverkehr als eine der größten Herausforderungen der kommenden Jahre überhaupt. Die BRAK verspricht mit dem besonderen elektronischen Anwaltspostfach (beA) ein einfaches und sicheres Cloud-Vehikel für den ERV. Auch die Notare setzen auf ein besonderes elektronisches Notarpostfach (beN). Das im Gemeinwohlinteresse begründete Sicherheitsbedürfnis der absolut geschützten Berufsgeheimnisträger hat der NSA-Datenskandal weltweit in brachialer Transparenz illustriert. Anwälte und Behördenvertreter fragen sich wie Unternehmer und Verbraucher gleichermaßen, ob der vom Bundesgesetzgeber vorgezeichnete Weg in die Cloud gerade für den Transport rechtlicher Geheimnisse der richtige ist.

Der vorliegende Praxisleitfaden soll die unmittelbar geltenden und bis 2022 umzusetzenden Änderungen durch E-Justiz- und E-Government-Gesetz zusammenfassen. Bei der Darstellung wird besonderen Wert auf eine anschauliche Erläuterung der zentralen Elemente Technik und Recht gelegt. Die aktuelle Diskussion um IT- und Cloud-Sicherheitsanforderungen, die Bedienung des beA mit dem Streit um den Anschluss- und Benutzungszwang sind wesentliche Inhalte; ebenso das neue Beweisrecht, das ersetzende Scannen und die revisionssichere Langzeitarchivierung. Rechtliche Regelungsgegenstände werden durch Praxisempfehlungen „best practice" für Anwälte, Justiz, Behörden und Unternehmen ergänzt.

Zur Auflockerung rechtlicher und technischer Abhandlungen dienen Checklisten und Grafiken. In Anlehnung an das Digitalisierungscredo der grafischen Benutzeroberfläche „Bild schlägt Text" illustrieren die aktuellen Screenshots des beA die Umsetzung des ERV im Praxisworkflow. In Absprache mit dem Verlag C.H. Beck stellen die Verfasser ein Info-, Diskussions- und Fortbildungsportal zum ERV bereit unter www.erv-navigator.de. Kritik und Anregungen jeder Art sind herzlich willkommen an *dialog@erv-navigator.de*.

Die Verfasser danken dem Verlag C.H. Beck, allen voran Herrn Dr. Thomas Schäfer und Herrn Dr. Christian Rosner, die das Projekt engagiert begleitet haben. Besonderer Dank gebührt auch Herrn Rechtsanwalt Peter Wagner, der den ERV im Vorstand der Rechtsanwaltskammer Stuttgart und auf Justizebene nachhaltig begleitet und zahlreiche wertvolle Anregungen eingebracht hat und gemeinsam mit Herrn Rechtsanwalt Prof. Helmuth Jordan bereits seit 16 Jahren die digitale Akte unübertroffen praktiziert. Besonderer persönlicher Dank geht an unsere Frauen Carmen Emmert und Daniela Degen-Rosenberg.

Stuttgart, im Juli 2016

Thomas A. Degen
Ulrich Emmert

Inhaltsverzeichnis

Vorwort	VII
Abkürzungsverzeichnis	XIII
Literaturverzeichnis	XVII
§ 1 Einführung	1
§ 2 Der elektronische Rechtsverkehr (ERV)	3
I. Begriffsbestimmung	3
II. Weichenstellung durch Justizkommunikationsgesetz	3
III. Digitalisierungsprozess durch das E-Justiz-Gesetz	4
IV. Materiell- und verfahrensrechtliche Vorboten des E-Justiz-Gesetzes	6
1. Rechtsrahmen und -entwicklung	6
2. Digitalisierungsprozesse bei Unternehmen	8
a) Eingehende Dokumente	8
b) Gewohnte Arbeitsweise	9
c) Bedenken wegen Beweiskraftverlust	9
d) Kosten der Umstellung	9
3. Verwaltung	9
a) Elektronische Kommunikation mit der Verwaltung in Europa	9
b) Digitalisierungsprozesse in der Verwaltung	13
4. Praxisrelevante Neuregelungen des E-Justiz-Gesetzes	13
a) Anschluss-und-Benutzerzwang	13
b) Telefax	14
c) Das E-Dokument, das beA und die sicheren Übermittlungswege	14
d) beA – das neue besondere elektronische Anwaltspostfach	15
e) Eingang eines elektronischen Dokuments bei Gericht	33
f) Normative Funktion von Formularen	34
g) Die E-Akte	34
h) Die Barrierefreiheit	34
i) Die Verfahrensbeschleunigung und Effektivitätssteigerung	35
j) Die E-Zustellungen	35
k) Die Neuregelungen der Beweiskraft und das ersetzende Scannen	35
l) Kosteneinsparung durch ERV	37
m) Versendung elektronischer Rechnungen	37
n) Das elektronische Schutzschriftenregister	38
o) Das Online-Mahnverfahren mit eID und DE-Mail	38
p) Gestaffeltes Inkrafttreten mit Übergangszeit bis 2022	39
V. Gesetzentwurf zur Einführung der elektronischen Akte in Strafsachen	40
§ 3 Die elektronische Verwaltung und das E-Government-Gesetz	43
I. Überblick	43
II. Gestaffeltes Inkrafttreten	44
1. Regelungen zum ersetzenden Scannen (1.8.2013)	44
2. Pflicht zur Zugangseröffnung (1.7.2014)	44
3. Nutzung des elektronischen Identitätsnachweises (1.1.2015)	44
4. Erreichbarkeit per DE-Mail (24.3.2016)	45
5. Pflicht zur E-Aktenführung für Bundesbehörden (1.1.2020)	45
III. Änderung des Verwaltungsverfahrensrechts des Bundes und der Länder	45
1. Zugangseröffnung mit digitalen Signaturen	45
2. VwVfG des Bundes	45
3. Beispiel Baden-Württemberg	47
a) Verwaltungsverfahrensgesetz	47
b) E-Government Gesetz Baden-Württemberg	48

Inhaltsverzeichnis

    4. Beispiel Bayern 49
    5. Beispiel Mecklenburg-Vorpommern 50
    6. Weitere Bundesländer 53
IV. Elektronisches Behördenpostfach und virtuelle Poststelle 54
    1. bei den Gerichten 54
    2. bei übrigen Behörden 54

§ 4 Elektronische Form und Sichere Übermittlungswege 55

I. Allgemeine Regeln 55
    1. Schriftform und elektronische Form 55
        a) Anforderungen an die gesetzliche Schriftform nach dem BGB 55
        b) Anforderungen an die elektronische Form nach dem BGB 56
        c) Anforderungen an die Schriftform im öffentlichen Recht 56
        d) Anforderungen an die Schriftform im Verfahrensrecht 57
    2. Fehlende Verbreitung der qeS für den flächendeckenden Einsatz 57
II. Erfüllung der Schriftform durch elektronische Unterzeichnung auf einem Tablet oder Smartphone 58
III. Rechtsverbindlichkeit und Beweisvorschriften bei der Nutzung von Tabletunterschriften für formfreie Verträge und Textform 58
IV. Rechtliche Formvorschriften für wirksame Stellvertretung in elektronischer Form 59
V. Formen elektronischer Signaturen und rechtswirksame Dokumentensignierung 61
    1. Einfache E-Signatur 61
    2. Fortgeschrittene E-Signatur 61
    3. Qualifizierte E-Signatur (qeS) 61
VI. DE-Mail 62
    1. Varianten der DE-Mail-Sicherheit 62
    2. Rechtliche Bewertung 63

§ 5 Regeln für Anwälte und Gerichte 65

I. Elektronisches Mahnverfahren 65
II. Elektronisches Klageverfahren 66
    1. § 130a ZPO und Verwendung der Containersignatur 66
    2. Gerichtskostenvorschuss 67
    3. Elektronische Gerichtsbriefkästen 67
    4. beA 70
III. Die elektronische Akte (E-Akte) 70
    1. Allgemein 70
    2. Aussortieren von Dokumenten mit höherem Beweiswert 70
    3. Prüfung der Anforderungen an die Identitätsprüfung zwischen schriftlichem Dokument und gescanntem E-Dokument 70
    4. Praxisbeispiele Arbeitsabläufe, IT-Infrastruktur, Software 71
    5. Elektronische Akteneinsicht 72
    6. Begriff und Bedeutung des E-Dokuments 72

§ 6 Ersetzendes Scannen 73

I. Begriff 73
II. Rechtsgrundlagen und Zielgruppenanalyse 73
    1. Unternehmen 73
    2. Behörden 75
III. Pflicht zur Einführung des Ersetzenden Scannens? 76
    1. Bundesbehörden 76
    2. Landesbehörden 77
    3. Kommunalbehörden 78
    4. Gerichte 79

Inhaltsverzeichnis

§ 7 Umsetzung und Muster-Workflow	81
I. Vorbereitende Analyse zur Beweiswerterhaltung durch Datenschutz	81
1. Technik und Verfahren der TR-ESOR des BSI (TR 3125)	82
2. Digitale Signatur	84
3. Hashbaum-Verfahren	85
4. Langzeitsicherung mit Hilfe von Beweisdokumenten nach Evidence Record Syntax	87
a) Abkündigung von Signaturalgorithmen	87
b) Abkündigung des Hashalgorithmus	87
II. Praxisbeispiele Arbeitsabläufe, IT-Infrastruktur, Software	88
III. Revisionssichere Langzeitarchivierung	89
1. Aufbewahrungspflichten	89
2. Grundsätze ordnungsgemäßer DV-gestützter Buchführungssysteme und Grundsätze zum Datenzugriff und zur Prüfbarkeit originär digitaler Unterlagen	90
IV. Vertrauensdienste nach der EIDAS-Verordnung	91
1. eID-Verfahren	91
2. Vertrauensdienste	92
a) Elektronische Signaturen	93
b) Elektronisches Siegel	94
c) Bewahrungsdienste	95
d) Zeitstempeldienste	95
e) Validierungsdienste	96
f) Elektronische Einschreibe- bzw. Zustelldienste	97
g) Websiteauthentifizierung	97
§ 8 Datenschutz und IT-Sicherheit	99
I. Rechtlicher Rahmen	99
1. BDSG	99
2. Landesdatenschutzgesetze	100
3. Telemediengesetz	100
4. EU-Datenschutzgrundverordnung	100
II. Technische Sicherheitsmaßnahmen im Bereich des ERV	107
1. Verschlüsselung und Schlüsselstärke	107
2. TLS-/SSL-Sicherheit	107
3. Verhinderung der Identitätstäuschung	108
4. Arbeitsrichtlinien IT-Sicherheit und Datenschutz	111
5. Infrastruktur, Hardware, Software	112
6. Cloud Computing	112
7. Anwaltliches Berufsrecht: Wahrung der Verschwiegenheitspflicht	112
8. Zivilrechtliche Haftung	117
III. Ausblick	118

Anhang

1. Übersicht über die Umsetzungsverpflichtungen aus dem Gesetz zur Förderung der elektronischen Verwaltung sowie zur Änderung weiterer Vorschriften	121
2. Handreichung zum datenschutzgerechten Umgang mit besonders schützenswerten Daten beim Versand mittels DE-Mail	130
Sachregister	135

Abkürzungsverzeichnis

ADV	Auftragsdatenverarbeitung
AEUV	Vertrag über die Arbeitsweise der europäischen Union
Anh.	Anhang
beA	besonderes elektronisches Anwaltsverzeichnis
beN	besonderes elektronisches Notarpostfach
BFH	Bundesfinanzhof
BGB	Bürgerliches Gesetzbuch
BGBl.	Bundesgesetzblatt
BGH	Bundesgerichtshof
BMJ	Bundesministerium für Justiz und für Verbraucherschutz
BND	Bundesnachrichtendienst
BORA	Berufsordnung für Rechtsanwälte
BNotO	Bundesnotarordnung
BRAK	Bundesrechtsanwaltskammer
BRAO	Bundesrechtsanwaltsordnung
BSI	Bundesamt für Sicherheit in der Informationstechnologie
BSI-Kritis-VO	VO zur Bestimmung kritischer Infrastrukturen nach dem BSI-Gesetz
CCBE	Consultative Committee of Bars and national associations of the six states of the EEC, heute [Hauptbedeutung] Council of Bars and Law Societies of Europe
CCPE	Charter of Core Principles of the European Legal Profession and Code of Conduct for European Lawyers
CEN	Comité Européen de Normalisation
CRM	Customer Relationship Management
CSIRTs	Computer Security Incident Response Teams
DAV	Deutscher Anwaltsverein e.V.
DCF 77	Zeitzeichensender, Longwellensender in Mainflingen bei Frankfurt a. M.
DMDA	De-Mail-Diensteanbieter
DESI-Index	Digital Economy & Society Index
DNS	Domain Name Service
DPMA	Deutsches Patent- und Markenamt
eA	einheitlicher Ansprechpartner
E	Entwurf
EB	(elektronisches) Empfangsbekenntnis
EDI	electronic data interchange
EGovG	E-Government-Gesetz
EGVP	elektronisches Gerichts- und Verwaltungspostfach
EIDAS-VO	Verordnung über elektronische Identifizierungs- und Vertrauensdienste für elektronische Transaktionen im Binnenmarkt und zur Aufhebung der RiLi 1999/93/EG
EIDs	Elektronische Identitäten
ELSTER	Elektronische Steuererklärung
EMRK	Europäische Menschenrechtskonvention
ENA	Elektronisches Notaranderkonto
ENISA	Agentur der EU für Netzwerk- u. Informationssicherheit
ERV	elektronischer Rechtsverkehr
ESOR	TR zur Beweiserhaltung kryptographisch signierter Dokumente
ETSI	European Telecommunications Standards Institute
EU	Europäische Union

Abkürzungsverzeichnis

EU-DLR	EU-Dienstleistungsrichtlinie
EU-DSGVO	EU-Datengrundschutzverordnung
f./ff.	folgende/fortfolgende
FBI	Federal Bureau of Investigation
FGO	Finanzgerichtsordnung
G10	Artikel 10-Gesetz zur Beschränkung des Brief-, Post- und Fernmeldegeheimnisses
GBO	Grundbuchordnung
GG	Grundgesetz
GOBD	Grundsätze zur ordnungsmäßigen Führung und Aufbewahrung von Büchern, Aufzeichnungen und Unterlagen in elektronischer Form sowie zum Datenzugriff
GDPdU	Grundsätze zum Datenzugriff und zur Prüfbarkeit digitaler Unterlagen
GVBl.	Gesetzes- und Verordnungsblatt/-blätter
GVG	Gerichtsverfassungsgesetz
HGB	Handelsgesetzbuch
hM	herrschende Meinung
https	Hypertext Transfer Protocol Secure
IaaS	Infrastructure as a Service
IBA	International Bar Association
IETF	Internet Engineering Task Force
ISO	International Organisation for Standardization´
ISO/IEC 27001	Information technology-Secutrity techniques-Information security management systems-Requirements
IT	Informationstechnik
IWF	Internationaler Währungsfonds
JKomG	Justizkommunikationsgesetz
KG	Kammergericht
KRITIS	kritische Infrastrukturen
LDSG	Landesdatenschutzgesetz
LG	Landgericht
LTANS	Long Term Archiving and Notary Service
MITM	Man-in-the-Middle-Angriff (= Janusangriff)
M.M.	Mindermeinung
nF	neue Fassung
NGO	Non-Governmental Organisation
NSA	National Security Agency
OCR	Optical character recognition (= optische Zeichenerkennung)
Odt	open-document-Text
OLG	Oberlandesgericht
OPEC	Organisation of the Petroleum Exporting Countries
OSCI	Online Services Computer Interface (= Protokollstandard für die deutsche öffentliche Verwaltung)
OVG	Oberverwaltungsgericht
PaaS	Platform as a Service
PDF	Portable Document Format
PDF/A	Format zur Langzeitaktivierung digitaler Dokumente, von der ISO als Subset PDF festlegt
PGP	Pretty Good Privacy

Abkürzungsverzeichnis

PKI	Public-Key-Infrastruktur
PIN	Persönliche Identifikationsnummer
qeS	qualifizierte elektronische Signatur
RAK	Rechtsanwaltskammer
RegE	Regierungsentwurf
RESISCAN	Ersetzendes Scannen
RFC	Request for Comments
RSA	Rivest, Shamir, Adelman (= asymmetrisches kryptographisches Verfahren)
S/MIME	Secure/Multipurpose Internet Mail Extensions
SaaS	Software as a Service
SAFE	Registrierungs-/Verzeichnisdienst, Infrastruktur für elektronische Kommunikation – „Secure Access to Federated e-Justice/e-Government"
SigG	Signaturgesetz
SMS	Short Message Service
SSL	Secure Socket Layer
TKG	Telekommunikationsgesetz
TLS	Transport Layer Security
TMG	Telemediengesetz
TR	Technische Richtlinie
UNO	United Nations Organisation
Urt.	Urteil
US	United States
UWG	Gesetz gegen den unlauteren Wettbewerb
VOI	Verband Organisations- und Informationssysteme e.V.
VwGO	Verwaltungsgerichtsordnung
(L)VwVfG	(Landes-)Verwaltungsverfahrensgesetz
XML	Extensible Markup Language (=Auszeichnungssprache zur Darstellung hierarchisch strukturierter Daten in Form von Textdateien)
zB	zum Beispiel
ZPO	Zivilprozessordnung

Literaturverzeichnis

Axmann, Anwaltsstrategien bei der Mandatsbearbeitung, Boorberg Verlag, 2. Aufl. 2009
Axmann/Degen, Kanzlei-Homepages und elektronische Mandatsbearbeitung – Anwaltsstrategien zur Minimierung rechtlicher Risiken, NJW 2006, 1457
Bacher, Der elektronische Rechtsverkehr im Zivilprozess, NJW 2015, 2753
ders., Elektronischer Rechtsverkehr in der Anwaltschaft, MDR 2014, 1053
ders., Elektronisch eingereichte Schriftsätze im Zivilprozess, NJW 2009, 1548
Beck/OK ZPO/Krafka, Beck'scher Onlinekommentar zur Zivilprozessordnung Hrsg.: Vorwerk/Wolf, Stand 1.1.2015
Berger, Beweisführung mit elektronischen Dokumenten, NJW 2005, 1016
Berlit, eJustice, eAkte und Richterschaft, Betrifft JUSTIZ, Nr. 121, März 2015, 15
ders., eJustice – was soll denn das?, JurPC Web-Dok. 117/2014, Abs. 1–73
ders., Das Elektronische Gerichts- und Verwaltungspostfach bei Bundesfinanzhof und Bundesverwaltungsgericht, JurPC Web-Dok. 13/2006, Abs. 1
Bernhard, Die deutsche Justiz im digitalen Zeitalter, NJW 2015, 2775
Biselli, DE-Mail: Das tote Pferd wird weitergeritten, wie viel das kostet, soll geheim bleiben, 9.7.2015, https://netzpolitik.org/2015/de-mail-das-tote-pferd-wird-weitergeritten-wieviel-das-kostet-soll-geheim- bleiben
Böttcher, Die Entwicklung des Grundbuch- und Grundstücksrechts in den Jahren 2008/2009, NJW 2010, 1647
Breinlinger/Novak, Das IT-Sicherheitsgesetz, PRev Revisionspraxis 2/2016, 113
Bundesbeauftragter für den Datenschutz und die Informationsfreiheit, Handreichung zum datenschutzgerechten Umgang mit besonders schützenswerten Daten beim Versand mittels DE-Mail, 1.3.2013, www.bfdi.bund.de/SharedDocs/Publikationen/Sachthemen/DEMail/DeMailHandreichung.pdf?__blob=publicationFile
Borges/Meents (Hrsg.), Cloud Computing, C. H. Beck, 2016
BRAK, Presseerklärung Nr. 20 vom 26.11.2015: beA kommt später, BRAK verschiebt Starttermin für besonderes elektronisches Anwaltspostfach, www.brak.de/fuer-journalisten/pressemitteilungen-archiv/ 2015/presseerklaerung-20–2015
dies.; „beA kommt – Ihr elektronisches Anwaltspostfach elektronisches Anwaltspostfach ab 2016", http://bea.brak.de/wp-content/uploads/2015/08/beA-Brosch%C3 %BCre_Einzelseiten.pdf
Bräutingam/Klindt, Industrie 4.0, das Internet der Dinge und das Recht, NJW 2015, 1137
BT-Drs. 14/4987, Entwurf eines Gesetzes zur Anpassung der Formvorschriften des Privatrechts und anderer Vorschriften an den modernen Rechtsgeschäftsverkehr, S. 16
Brosch/Sandkühler, Das besondere elektronische Anwaltspostfach – Nutzungsobliegenheiten, Funktionen und Sicherheit, NJW 2015, 2760
Bund/Länder Kommission für Informationstechnik in der Justiz, Arbeitsgruppe IT-Standards in der Justiz, Änderung der Abbildungsvorschrift für die SAFE-ID, Stand Dezember 2014, www.egvg.de/ Drittprodukte /SAFE_Abbildungsvorschrift_SAFE_ID_Stand_Dez_2014.pdf
Büttner/Primaczenko (Hrsg. Bundesnotarkammer/NotarNet GmbH), Newsletter vom 12.4.2016 www.elrv.info/de/service/newsletter.php\we_objectID=963
Bundesamt für Sicherheit in der Informationstechnik, Anforderungskatalog Cloud Computing, Februar 2016, www.bsi.bund.de/SharedDocs/Downloads/DE/BSI/CloudComputing/Anforderungskatalog/ Anforderungskatlog.pdf;jsessionid=9B9347E26591733C2327ADC8B50F672F.2_cid286?__blob =publica tionFile&v=6
Bundesamt für Sicherheit in der Informationstechnik, TR-ESOR bzw. TR 3125, www.bsi.bund.de/DE/ Publikationen/TechnischeRichtlinien/tr03125/index_htm.html
Bundesamt für Sicherheit in der Informationstechnik, TR-RESISCAN bzw. TR 3138, www.bsi.bund.de/ SharedDocs/Downloads/DE/BSI/Publikationen/TechnischeRichtlinien/TR03138/TR-03138-Anlage-R. pdf;jsessionid=3D0F2B0FBEE892EE57922BBBEA4F3B7B.2_cid286?__blob=publication File&v=1
Bundesinnenministerium (Hrsg.), Mini-Kommentar des Bundesinnenministeriums zum E-Government-Gesetz, www.bmi.bund.de/SharedDocs/Downloads/DE/Themen/OED_Verwaltung/Informationsgesellschaft/egovg_minikommentar.pdf%3Bjsessionid%3D287954C656A017C136385DCB72CE0E 32.2_cid295?__blob=publicationFile

Literaturverzeichnis

Burianski, Elektronischer Rechtsverkehr: Das Ende des Empfangsbekenntnisses?, AnwBl. 2013, 96
Cosak, Ilona, beA – Rückrufaktion 36 Tage vor dem Start, 30.11.2015, www.haufe.de/recht/kanzlei-management/anwaltspostfach-bea-rueckrufaktion-36-tage-vor-dem-start_222_330550.html
DAV, Neuer Starttermin für das beA: 29. September 2016, www.digitale-anwaltschaft.de
Degen, § 66 Elektronischer Rechtsverkehr – Verfahrensrecht 2.0, beA und digitaler Wegweiser bis 2022 in Beck'sches Rechtsanwalts-Handbuch (Hrsg.: Heussen/Hamm), 11. Aufl. 2016
ders., Digitalisierung bei Gericht: Gesetz zur Förderung des elektronischen Rechtsverkehrs läutet Abschied vom Papier ein, HI5236162, Deutsches Anwalt Office Premium, Sept. 2013
ders., Die qualifizierte elektronische Signatur als maßgebender Sicherheitsstandard im elektronischen Rechtsverkehr, DuD 2009, 665
ders., E-Mail wahrt nicht die Schriftform für bestimmte Schriftsätze, Anm. zu: BGH, Beschluss vom 4.12.2008, Az.: IX ZB 41/08, LMK 2009, 276 151
ders., Mahnen und Klagen per E-Mail – rechtlicher Rahmen und digitale Kluft bei Justiz und Anwaltschaft?, NJW 2008, 1473
ders., Zukunftsvision wird Realität: Elektronische Klage statt Gang zum Nachtbriefkasten – Verschlüsselung durch Signaturkarte, NJW 2009, 199
ders., Elektronischer Rechtsverkehr aus Sicht der Anwaltschaft, VBlBW 2005, 329
ders./Breucker, Anwaltsstrategien im elektronischen Rechtsverkehr – Mahnverfahren, Klageverfahren, Signatur, Register, Boorberg Verlag, 2007
ders./Deister, Computer- und Internetrecht, Boorberg Verlag, 2009
ders./Diem, Anwaltsstrategien für das Kanzleimanagement, Boorberg Verlag, 2007
Dorn/Krämer (Hrsg.), E-Commerce, 2003
Delhey, Verfassungsrechtliche Grenzen einer Pflicht für Rechtsanwälte zur Nutzung elektronischer Kommunikationsmittel, NJW 2016, 1274
Digitalcourage e. V./ Tangens, Der BigBrotherAward 2012 in der Kategorie „Kommunikation" geht an die Cloud als Trend, den Nutzerinnen und Nutzern die Kontrolle über ihre Daten zu entziehen, https://bigbrotherawards.de/2012/kommunikation-cloud
Emmert, Datenschutz bei Einführung von Voice over IP, Security Journal GAI Netconsult GmbH April 2011, online unter www.kanzlei.de/rechtsgebiete/datenschutz-und-datensicherheit/datenschutz-bei-voip-und-cti-telefonanlagen
ders., E-Justiz-Gesetz: Gleichstellung des Beweisrechtes von elektronischem Dokument und Papier, 13.5.2014, www.all-about-security.de/security-artikel/organisation/compliance-it-recht/artikel/15337-e-justiz-gesetz-gleichstellung-des-beweisrechtes-von-elektr/
ders., Europäische und nationale Regulierungen, Konsequenzen für den Datenschutz nach dem Ende von Safe Harbor, DuD 2016, S. 34
ders., Haftung der Zertifizierungsstellen, Computer und Recht 04/1999, 244.
ders., Rechtliche Fallstricke bei Bring Your Own Device, Security Journal GAI Netconsult GmbH Juni 2012, online unter www.kanzlei.de/publikation/Rechtliche%20Fallstricke%20bei%20Bring%20Your%20Own%20Device.pdf
ders., Voice over IP und Datenschutz, IT-Sicherheit und Datenschutz, 11/05, online unter www.kanzlei.de/publikation/VOIP.pdf
Emmert/Weiß/Bücking, Was ändert sich bei der elektronischen Rechnung durch das BMF-Schreiben zum Steuervereinfachungsgesetz und die Änderung der GdPdU?, VOI Solutions 1/2013
Engel-Flechsig, in: Moritz/Dreier, Rechts-Hdb. zum E-Commerce, 2. Aufl. (2005)
Europäische Kommission, Europe's Digital Progress Report 2016, 20.5.2016, https://ec.europa.eu/digital-single-market/en/news/europes-digital-progress-report-2016
Ewer/Thienel, Völker-, unions- und verfassungsrechtliche Aspekte des NSA-Datenskandals, NJW 2014, 30
Fischer, Neue Medien und Justiz zwei Welten begegnen sich, NJW 12/2007, Editorial, S. III
Fischer/Dieskau/Hornung, Erste höchstrichterliche Entscheidung zur elektronischen Signatur, NJW 2007, 2897
Gass, Das Zentrale Schutzschriftenregister: Eine Bestandsaufnahme, MMR 2009, XI
Gassen/Mödl, Der elektronische Rechtsverkehr in Grundbuchsachen, ZRP 2009, 77
Gassen/Wegerhoff, Elektronische Beglaubigung und elektronische Handelsregisteranmeldung in der Praxis, 2007
Geis, in: Bieler/Schwarting, E-Government, Erich Schmidt Verlag 2007
Gennen, Praktischer Einsatz elektronischer Signaturen in Deutschland, DuD 2009, 661
Göcken, Klarstellung zur beA-Nutzung ab Ende September möglich, NJW-aktuell 31/2016,

Literaturverzeichnis

Goerlich, E-Mail-Überwachung von Anwälten durch den BND – und kein Rechtsschutz?, AnwBl. 2014, 979

Gottwald/Viefhues, Elektronischer Rechtsverkehr in Österreich – Schlussfolgerungen aus deutscher Sicht, MMR 2004, 792

Hadidi/Mödl, Die elektronische Einreichung zu den Gerichten, NJW 2010, 2097

Hähnchen, Elektronische Akten bei Gericht – Chancen und Hindernisse, NJW 2005, 2257

Hähnchen/Hockenholz, Praxisprobleme der elektronischen Signatur, JurPC Web-Dok. 39/2008 Abs. 1

Hartung, BORA/FAO, 5. Aufl 2012

Härting, IT-Sicherheit in der Anwaltskanzlei, NJW 2005, 1248

Heckmann/Seidl/Maisch, Adäquates Sicherheitsniveau bei der elektronischen Kommunikation, Boorberg Verlag 2012

Heindl/Bücking/Emmert, Der IT-Sicherheitsexperte, Rechtliche und technische Aspekte der Internetnutzung, Addison-Wesley Verlag, München 2001

Heinz/Ritter (Hrsg.): Beck'sches Formularbuch für die Anwaltskanzlei, 2014

Heise News/Holger Bleich, De-Mail: Ende-zu-Ende-Verschlüsselung mit PGP gestartet www.heise.de/security/meldung/De-Mail-Ende-zu-Ende-Verschluesselung-mit-PGP-gestartet-2616388.html

Heise News/Martin Holland, 25.5.2016, http://m.heise.de/newsticker/meldung/Nach-Safe-Harbor-Facebooks-Datentransfer-soll-wieder-vor-den-EuGH-3218186.html

Heise News/Daniel AJ Sokolov, US-Regierung: Wir haben das iPhone ohne Apple geknackt, www.heise.de/newsticker/meldung/US-Regierung-Wir-haben-das-iPhone-ohne-Apple-geknackt-3152090.html

Herberger, Zehn Anmerkungen zum „Gesetz zur Förderung des elektronischen Rechtsverkehrs mit den Gerichten", JurPC Web-Dok. 81/2013, Abs. 1–66

Hirsch, Wer hört mit? Der NSA-Skandal und die anwaltliche Unabhängigkeit, www.brak.de/w/files/01_ueber_die_brak/veranstaltungen/nsa-veranstaltung/hirsch-1.pdf

Hoeren, Digitale Unterschriftenpads in der Versicherungswirtschaft – Die besonderen Restriktionen im Steuerrecht, Geldwäschegesetz und Lastschriftabkommen, VersR 2011, 834–837

Hornung, Neue Pflichten für Betreiber kritischer Infrastrukturen: Das IT-Sicherheitsgesetz des Bundes, NJW 2015, 3334

Huff, besonderes elektronisches Anwaltspostfach – Alle müssen zahlen, 10.2.2016, LTO, www.lto.de/recht/job-karriere/j/bgh-urteil-anwz-brfg-33-15-brak-kosten-umlegung/

Johannes, Die Novellierung des Signaturgesetzes, www.teletrust.de/fileadmin/docs/veranstaltungen/Signaturtag_2015/13-150917_TeleTrusT_Informationstag_Elektronische-Signatur_Johannes.pdf

Justizministerium Baden-Württemberg, Einsatz von eID und DE-Mail im gerichtlichen Mahnverfahren, www.cio.bund.de/SharedDocs/Publikationen/DE/Innovative-Vorhaben/De-Mail/bw_mahnverfahren_per_eid.pdf?__blob=publicationFile

Kampffmeyer/Rogalla, Grundsätze der elektronischen Archivierung. Code of Practice Band 1. VOI Verband Organisations- und Informationssysteme e. V., Bonn, 2. Auflage 1997

Kesper, Elektronische Akte in Strafsachen, NJW-aktuell 28/2016, S. 17

Kilian/Rimkus, Der elektronische Rechtsverkehr mit den Gerichten: Besonderes elektronisches Anwaltspostfach ante portas, BRAK 2015, 216

Kirchberg, Berufsrechtliche Implikationen des NSA-Skandals, BRAK-Mitt. 2014, 170

Klees, Zur Rechtsscheinshaftung im digitalen Rechtsverkehr, MDR 2007, 185

Knopp, Digitalfotos als Beweismittel, ZRP 2008, 156

Koch, Haftung für die Weiterverbreitung von Viren durch E-Mails, NJW 2004, 801

Köbler, eJustice: Vom langen Weg in die digitale Zukunft der Justiz, NJW 2006, 2089

ders., Schriftsatz per E-Mail – Verfahrensrechtliche Fallen, MDR 2009, 357

Knöbler, BGH sei Dank: Willkommen, „elektronischer Rechtsverkehr light", AnwBl 2015, 815

Kölbel, Keine Backdoors in Software für die öffentliche Hand, 19.7.2015, privacyIDEA

Koitz, Informatikrecht, 2002

Kriszeleit, Durchbruch für den Elektronischen Rechtsverkehr, AnwBl. 2013, 91

Krüger/Bütter, „Justitia goes online!" Elektronsicher Rechtsverkehr im Zivilprozess, MDR 2003, 181

Kügler, BSI, Remote Signatures und mögliche Angriffe, www.bsi.bund.de/SharedDocs/Downloads/E/BSI/ElekAusweise/SmartCard_Workshop/Workshop_2015_Kuegler.pdf?__blob=publicationFile

Kulow, Elektronische Signatur und das besondere elektronische Anwaltspostfach: FördElRV update 2016, K&R 2015, 537

Kuszber/Schwalm/Dörner, Die Bedeutung der eIDAS-Verordnung für Unternehmen und Behörden, http://toolbox.bearingpoint.com/ecomaXL/files/eiDAS_Paper.pdf

Literaturverzeichnis

Landkreis Neu-Ulm, Impressum, Mai 2016, www.landkreis.neu-uln.de/de/impressum/impressum-20001161.html

Lapp, Brauchen wir DE-Mail und Bürgerportale? Überflüssige Anwendung mit Geburtsfehlern, DuD 2009, 651

ders., Elektronischer Rechtsverkehr – auf dem Weg zur Justiz von morgen, BRAK-Mitt. 2004, 17

Liebscher/Scharff, Das Gesetz über elektronische Handelsregister und Genossenschaftsregister, NJW 2006, 3745

Lorenz, Anwälte müssen beA nutzen, – ab 2018, LTO, 10.5.2016 www.lto.de/recht

Maass, Stand der Anpassung des nationalen Rechts an die eIDAS-Verordnung, www.dihk.de/branchen/ …elektronisches…/vortraege/vortrag-maas.pdf

Mankowski, Wie problematisch ist die Identität des Erklärenden bei E-Mails wirklich?, NJW 2002, 2822

Mayer/Lindemann, e-Justiz in Europa – mehr als Zukunftsmusik, AnwBl. 2009, 216

Merkle, A digital signature based on a conventional encryption function, Crypto '87

Mollnau, Wann, wenn nicht jetzt? – Eine Rechtsanwaltskammer muss sich zur NSA-Affäre äußern!, BRAK-Mitt., 2014, 174

Musielak, ZPO, 11. Aufl. 2014

Obermayer/Obermaier/Wormer/Jaschensky, Das sind die Panama Papers, http://panamapapers.sueddeutsche.de/articles/56ff9a28a1bb8d3c3495ae13

Omlor/Elixmann, Das Rundschreiben der BaFin zu Mindestanforderungen an die Sicherheit von Internetzahlungen, Juris JM 11/2015, 398

Noak (Hrsg.), Das neue Gesetz über elektronische Handels- und Unternehmensregister – EHUG, 2007

Peters, Schönberger & Partner, Die GoBD in der Praxis, Version 1.9, 13. April 2016, www.psp.eu/media/allgemein/GoBD-Leitfaden_Version_1_9_FINAL.pdf

Radke, eJustice – Aufbruch in die digitale Epoche, JurPC Web-Dok. 46/2006, Abs. 1–28

RAK Hamburg, Kammerreport, 20.11.2008

Rauschhofer, IT-Sicherheit für Anwälte, BRAK-Magazin 1/2004, 6

Redeker, Elektronische Kommunikation mit der Justiz – eine Herausforderung für die Anwaltschaft, AnwBl 2005, 348

ders., Cloud Computing in der öffentlichen Hand und § 203 StGB,, ITRB 2014, 232

Rinkler, Das zentrale Schutzschriftenregister ist Wirklichkeit geworden, MMR 2007, 273

Roggenkamp, Anmerkung, jurisRR-ITR 5/2006 Anm. 2 sub C

Ronellenfitsch, Moderne Justiz, Datenschutz und richterliche Unabhängigkeit, DuD 2005, 334

Rossnagel, Das elektronische Verwaltungsverfahren – Das Dritte … NJW 2003, 469

ders., Der Anwendungsvorrang der eIDAS-VO, MMR 2015, 359

Rossnagel/Pfitzmann, Der Beweiswert von E-Mail, NJW 2003, 1209

Rossnagel/Nebel, Simulationsstudie Ersetzendes Scannen Projektgruppe verfassungsverträgliche Technikgestaltung (provet) im Forschungszentrum für Informationstechnik-Gestaltung (ITeG) der Universität Kassel, www.uni-kassel.de/uni/fileadmin/datas/uni/presse/anhaenge/2014/SIM.pdf

ders./Fischer-Dieskau, Elektronische Dokumente als Beweismittel, NJW 2006, 806

ders./Wilke, Die rechtliche Bedeutung gescannter Dokumente, NJW 2006, 2145

Rottmann, Totalüberwachung des Internets: Kapitulation vor der „Macht der Fakten?", AnwBl. 2014, 966

Sassenbach, Der Anwalt als Schädiger im Internet, AnwBl 2005, 139

Schellenberg, Das beA muss starten – so schnell wie möglich, NJW-aktuell 27/2016, S. 15

Schöttle, Anwaltliche Rechtsberatung via Internet, 2004

Schöttler, IT-Compliance an Hochschulen, Boorberg Verlag 2010

Schlatmann, in: Bieler/Schwarting, E-Government, 2007

Scheja in Leupold/Glossner (Hrsg.), IT-Recht, 2008

Schumacher, BLK: Rechtssicheres Scannen nach ResiScan, Rechtssicheres Scannen nach ResiScan und regelungstechnische Umsetzung in der Justiz am Beispiel der OT-Leit-ERV, 25.9.2014, PPT, www.edvgt.de/Veranstaltungen/Deutscher-EDV-Gerichtstag/edvgt2014/Arbeitskreise/BLK-rechtssicheres-scannen-nach-resiscan/

Sorge/Krüger, E-Akte, elektronischer Rechtsverkehr und Barrierefreiheit, NJW 2015, 2764

Spindler/Schuster (Hrsg.), Recht der elektronischen Medien, C. H. Beck, 3. Aufl. 2015

Stadt Aachen, Verweigerung der Zugangseröffnung der Stadt Aachen für rechtsverbindliche elektronische Nachrichten (gem. § 3a Verwaltungsverfahrensgesetz NW), Mai 2016, www.aachen.de/de/stadt_buerger/allgemeines/keine_zugangseroeffnung.html

Literaturverzeichnis

Thomas/Putzo/Reichold, ZPO, 37. Aufl. (2016)
v Daniels, Portugal macht's vor, AnwBl. 2015, 72
v. Lewinski, Anwaltliche Schweigepflicht und E-Mail, BRAK-Mitt 2004, 12
Viefhues, Das Gesetz über die Verwendung elektronischer Kommunikationsformen in der Justiz, NJW 2005, 1009
ders., Gemeinsame Kommission zum elektronischen Rechtsverkehr gegründet, JurPC Web-Dok. 177/2004, Abs. 1
ders., Das neue Justizkommunikationsgesetz in der anwaltlichen Praxis, ZAP 2005, Fach 23, 671
Vogt, Die neue eIDAS-Verordnung, Chance und Herausforderung für die öffentliche Verwaltung in Deutschland, IWP 2016, S. 61 ff.
VOI e. V., www.ulshoefer.de/voi_merksaetze_der_archivierung.pdf
Wanner-Laufer/Köbler, Elektronischer Rechtsverkehr in der Praxis: Positives, Probleme und Perspektiven, AnwBl. 2013, 101
Wehlau/Kalbfus, Die Schutzschrift im elektronischen Rechtsverkehr, ZRP 2013, 101
Werner, Stellungnahme: Die BRAK darf das beA eines Rechtsanwalts ab dem 1.1.2016 nicht ohne dessen Erstregistrierung empfangsbereit schalten, www.werner-ri.de/rechtsnews/news/news/die-brak-darf-das-bea-eines-rechtsanwalts-ab-dem-01012016-nicht-ohne-dessen-erstregistrierung-empf
Wolff, Schutzschriften online „hinterlegen" und „abrufen", NJW 32/2007, S. XXII

§ 1 Einführung

Digitalisierung wird als Überführung analoger Größen in diskrete, abgestufte Werte verstanden, zu dem Zweck, sie elektronisch zu speichern oder zu verarbeiten; damit verbunden ist auch der Wandel hin zu elektronisch gestützten Prozessen mittels Information- und Kommunikationstechnik.[1] Auf dem Weg in die digitale Zukunft hat der Bundesgesetzgeber am 10.10.2013 die Digitalisierungsprozesse in der Wirtschaft und zukunftsweisende IT-Entwicklungen wie die vierte industrielle Revolution (Industrie 4.0) beobachtet und entschieden, dass im Rechtswesen nichts anderes gelten könne als sonst in der digitalisierten Welt: Gerichte, Behörden, Anwälte, Notare, Steuerberater müssen schnellstmöglich digital funktionieren, damit ein Datenaustausch untereinander und auch im Dialog mit den beteiligten Parteien, Unternehmern, Behörden und Verbrauchern im Binnenmarkt in digitalen Bahnen, rechtssicher elektronisch erfolgen kann. Im Wesentlichen mit zwei großen Artikelgesetzen hat der Gesetzgeber die Weichen für das neue, digitale Zeitalter gestellt, mit dem Gesetz zur Förderung des elektronischen Rechtsverkehrs mit den Gerichten (E-Justiz-Gesetz)[2] und dem Gesetz zur Förderung der elektronischen Verwaltung sowie zur Änderung weiterer Vorschriften[3] (E-Government-Gesetz). Mit dem E-Justiz-Gesetz soll der elektronische Rechtsverkehr (ERV), das bedeutet der sichere, rechtlich wirksame Austausch elektronischer Dokumente zwischen Anwälten, Bürgern, Behörden und Gerichten gewährleistet und die papiergebundene Kommunikation abgelöst werden. Das E-Government-Gesetz und die am 8.4.2014 vom Bundeskabinett beschlossenen Eckpunkte des Programms „Digitale Verwaltung 2020" belegen die Leitentscheidung, in öffentlichen Leistungs- und Unterstützungsprozessen, mehr IT-Unterstützung einzubringen. Die elektronische Kommunikation mit der Verwaltung soll vereinfacht und Bund, Ländern und Kommunen ermöglicht werden, nutzerfreundlichere und effizientere elektronische Verwaltungsdienste anzubieten.

Vergleichbar der agilen Projektentwicklung bei großen IT-Projekten verfolgt der Gesetzgeber ein Stufenmodell zur Realisierung, Implementierung und Nutzbarmachung des ERV. In einem Zeitraum von 2014 bis 2022 sollen die notwendigen technischen und rechtlichen Maßnahmen zur Verabschiedung der althergebrachten papiergebundenen Verfahren in die voll elektronische Verfahrenswelt verabschiedet werden. Als elementares Vehikel der rechtssicheren Kommunikation soll dabei das „besondere elektronische Anwaltspostfach" (beA) als Basisstufe eins dienen. Der Zeitplan für die Realisierung dieser Basisstufe eins zum 1.1.2016 wurde von der hierfür zuständigen Bundesrechtsanwaltskammer (BRAK) verschoben auf den 29.9.2016. Für die Notare soll das besondere elektronische Notarpostfach (beN) sicherstellen, dass die sichere Beteiligtenkommunikation gewährleistet ist. Für den Zahlungsverkehr haben die Notare das elektronische Notaranderkonto (ENA) in der Pilotierungsphase.[4]

Der neue Rechtsrahmen wird die Verfahrensordnungen und die bisherigen Arbeitsabläufe bei Justiz, Anwaltschaft und den beteiligten Behörden und Unternehmen revolutionieren. Dass diese Zukunftsprognose kein übertriebenes Postulat ist, belegen der Gesetzeswortlaut und ratio legis der neuen Bundesgesetze. Es wird aufgezeigt, welche

---

[1] de.wikipedia.org/wiki/Digitalisierung.
[2] Vom 10.10.2013, BGBl. I 3786.
[3] Vom 25.7.2013, BGBl. I 2749.
[4] *Büttner/Primaczenko* BNotK/NotarNet GmbH, Newsletter v. 12.4.2016.

konkreten Änderungen und Investitionen, vor allem auch technischer Art, in den Kanzleien, Gerichten, Behörden und Unternehmen in den nächsten Jahren für die erforderliche Umstellung vorzunehmen sind. Behandelt werden das Basisvehikel Nr. 1 „beA", das neue Beweisrecht, das ersetzende Scannen, die digitale, revisionssichere Langzeitarchivierung, der sichere Versand mit für das Verfahren zugelassenen elektronischen Kommunikationsmitteln wie DE-Mail sowie Praxiserfahrungen und Ausblicke zum ERV im Spannungsfeld von IT-Security und Usability.

- Förderung des elektronischen Rechtsverkehrs und der elektronischen Aktenführung durch bundesweite Einführung einer Anwendungspflicht für Anwälte spätestens zum 1.1.2022
- technologieoffene bundeseinheitliche Regelung in den Verfahrensordnungen betreffend gesicherte Kommunikations-mittel neben DE-Mail und dem elektronischen Gerichts- und Verwaltungspostfach (EGVP)
- Fortentwicklung des Zustellungsrechtes
- elektronisches Anwaltspostfach bei der Bundesrechtsanwaltskammer
- Anpassung von Beweisvorschriften.

4 Im Folgenden wird dargestellt, worauf sich die Verfahrensbeteiligten aus Justiz, Anwaltschaft, Behörden und Wirtschaft einstellen müssen. Der Praxisleitfaden beleuchtet die wesentlichen Neuerungen der Gesetze, die Rechtsentwicklung und den europäischen Rechtsrahmen im Bereich der digitalen Dienste (verfassungsrechtliche und datenschutzrechtliche Grundlagen, europäisches Signaturrecht und technische Richtlinien).

§ 2 Der elektronische Rechtsverkehr (ERV) in Unternehmen und Verwaltung

I. Begriffsbestimmung

Die dynamischen Entwicklungen des globalen Internets zum zentralen Informations- und Kommunikationsmedium haben dazu geführt, dass Gesetzgeber und Justiz eine Nutzbarmachung des digitalen „Information Superhighway" ermöglicht und den ERV geprägt haben.[1] **Unter ERV wird der sichere, rechtlich wirksame Austausch elektronischer Dokumente zwischen Anwälten, Bürgern, Behörden und Gerichten verstanden.**[2] Diese Kommunikationsform ergänzt die bisherige, zumeist papiergebundene Kommunikation, aber auch die Tele- und Computerfax-Verwendung. Der Begriff wird im Bereich E-Justice *(electronic justice)* und E-Government in einem spezielleren, engeren Sinne verwendet.[3] E-Justice umfasst die Vereinfachung und Durchführung von Prozessen zur Information, Kommunikation und Transaktion innerhalb und zwischen Institutionen der Judikative, zwischen diesen Institutionen und Unternehmen, Bürgern und staatlichen Einrichtungen durch den Einsatz von Informations- und Kommunikationstechnologien.

II. Weichenstellung durch Justizkommunikationsgesetz

Mit dem Inkrafttreten des Justizkommunikationsgesetzes 2005,[4] dem bisherigen Höhepunkt des ERV, sind die Weichen gestellt worden. Der Zug in die digitale Zukunft wurde von der Justiz allerdings nicht richtig auf die Schiene gesetzt, da lediglich isolierte Pilotierungen bei wenigen Gerichten, aber kein flächendeckender Rechtsverkehr in allen Instanzen und Fachgerichtsbarkeiten eröffnet wurden. Ein Aufspringen der Verfahrensbeteiligten auf den Zug des ERV blieb bei den Ministerialen, Verbands- und Kammervertretern unerfülltes Wunschbild. Mangels homogener Umsetzungszielvorgabe und weitgehender Totalreservation innerhalb der Richter- und Anwaltschaft wurde der ERV bei Gesetzgeber, Justiz und Anwaltschaft als unspezifiziertes Zukunftsthema Computernerds und unverbesserlichen Science Fiction-Anhängern überlassen, ohne diesen aber die Freischalt- und Vernetzungsbefugnis zu überantworten. Das änderte sich erst im Dezember 2008 mit der Einführung des automatisierten Mahnverfahrens und der Novellierung des § 690 Abs. 3 ZPO. Seitdem gibt es eine Verpflichtung für Anwälte, Mahnverfahren nur noch mittels Signaturkarte und EGVP zu führen, wenn man die ebenfalls noch statthafte, aber fehleranfällige Alternative des Barcodeverfahrens und Dateiträgerverfahrens ausklammert. Obgleich bereits 2010 von 6,4 Mio. Anträgen mit einem Forderungsvolumen von 12 Mrd. Euro bundesweit 72 % der Mahnverfahren mittels Signaturkarte betrieben wurden, gab es keinen Massendurchbruch beim ERV.

---

[1] *Gassen/Wegerhoff* Rn. 6; *Klees* MDR 2007, 185; *Degen/Breucker* Rn. 1; zur Rechtsentwicklung im Netz *Degen/Deister,* Computer- und Internetrecht Rn. 2, 137.
[2] *Degen/Deister,* Computer- und Internetrecht Rn. 137.
[3] *Geis* in Bieler/Schwarting, E-Government, 2007, Rn. 360; *Degen* NJW 2008, 1473.
[4] Vom 22.3.2005, BGBl. I 2005, 837.

7 Dem ERV wird auch von der EU-Kommission ein immer größerer Stellenwert beigemessen,[5] wie auch der am 19.3.2004 vorgestellte Verordnungsvorschlag des am 12.12.2008 gestarteten EU-Mahnverfahrens zeigt.

8 Bewegung brachte die Gesetzesinitiative zur Förderung des ERV der Länder Baden-Württemberg, Hessen und Sachsen. Nachdem sich weitere Länder dieser Gesetzesinitiative angeschlossen hatten, hat der Bundesrat im Oktober 2012 beschlossen, den Gesetzentwurf der Länder zur Förderung des ERV in den Bundestag einzubringen. Das provozierte das BMJ, einen eigenen Referentenentwurf zu einem Gesetz zur Förderung des ERV mit den Gerichten als Alternative vorzulegen. Fundamentale Unterschiede enthielten die Entwürfe nicht. Bundesregierung und Bundesrat waren sich einig, dass die Nutzung des ERV hinter den Erwartungen zurückgeblieben sei aufgrund mangelnder Akzeptanz der elektronischen Signatur. Verabschiedet wurde die von der Bundesregierung eingebrachte Entwurfsfassung eines Gesetzes zur Förderung des elektronischen Rechtsverkehrs mit den Gerichten.

III. Digitalisierungsprozess durch das E-Justiz-Gesetz

9 Das E-Justiz-Gesetz markiert den einstweiligen Höhepunkt der Entwicklung im ERV. Das Gesetz überführt die Verfahrensordnungen und die bisherigen Arbeitsabläufe bei Justiz und Anwaltschaft mit Auswirkungen für die Unternehmenswelt in einen verfahrensrechtlichen „Digitalisierungsprozess" mit Virtualisierungsformen, IT-infrastrukturellen und speziellen softwarebasierten Cloud-Computing-Technologien wie das besondere elektronische Anwaltspostfach („beA").[6]

Ein Captain-Future-Szenario für die wertekonservative Justiz und Anwaltschaft einerseits und im Sinne einer Nutzung einer zukünftig verpflichtenden Nutzung dieser Cloud-Welt durch den Staat und Organe der Rechtspflege eine Epochenwende.

10 Gesetzgeber und verfasste Anwaltschaft haben dabei die Herausforderung nicht gescheut, sich der IT-Zukunftstechnologien anzunehmen, die in Sachen Datensicherheit nicht unumstritten sind. Denn die Nutzung von Cloud Computing ist durch ein beträchtliches Maß an Rechtsunsicherheit gekennzeichnet.[7] Dies liegt insbesondere daran, dass das Prinzip der Virtualisierung von IT-Dienstleistungen und (Saas =) *Software as a Service* korreliert mit „einer physisch kaum greifbaren Datenzirkulation" und „zwangsläufig Fragen der Verantwortungsklarheit, dem Datenschutz und der Datensicherheit induziert".[8] Der Gesetzgeber zieht mit dem ERV für den Justizstandort im Sinne umgreifender moderner und globaler Vernetzungs- und Digitalisierungstendenzen nach: Eine große Herausforderung für das Justizsegment, die aber im globalen Vergleich digitaler Umbrüche in der Wirtschaft, die mit Schlaglichtern wie Industrie 4.0, Big Data und Smart factory ungleich größeren Wandel bedeuten, bei objektiver Betrachtung im Ergebnis verhältnismäßig überschaubar ist und bleiben wird.[9]

---

[5] Vgl. *Mayer/Lindemann* AnwBl 2009, 216.
[6] Vgl. *Bacher* NJW 2015, 2753; *ders.* MDR 2014, 1053; *Berlit,* Betrifft JUSTIZ, Nr. 121, März 2015, 15; *ders.* JurPC Web-Dok. 117/2014 Abs. 1–73; *Brosch/Sandkühler* NJW 2015, 2760; *Degen,* Deutsches Anwalt Office Premium, Sept. 2013, HI5236162; *Kilian/Rimkus* BRAK 2015, 216; *Bernhard* NJW 2015, 2775.
[7] Vgl. ausführlich *Borges/Meents/Müller-Terpitz,* Cloud Computing § 22 Rn. 44; ebenso *Heckmann/Seidl/Maisch,* Adäquates Sicherheitsniveau bei der elektronischen Kommunikation, S. 17 mwN; zur Relevanz der Amtshaftung bei IT-Verstößen *Schöttler,* IT-Compliance an Hochschulen, S. 108 ff.
[8] *Borges/Meents/Müller-Terpitz,* Cloud Computing § 22 Rn. 44.
[9] Vgl. zur Revolution der Produktion durch Vernetzung *Bräutingam/Klindt* NJW 2015, 1137.

III. Digitalisierungsprozess durch das E-Justiz-Gesetz

Unter **Cloud-Computing** wird die Bereitstellung abstrahierter IT-Infrastrukturen über ein Netzwerk wie Rechnerkapazität, Datenspeicher oder Software verstanden, dynamisch an den Bedarf angepasst. Angebot und Nutzung dieser Dienstleistungen erfolgen über definierte Schnittstellen und Protokolle. Auf Nutzerseite werden die Datenspeicher dabei nicht mehr selbst betrieben oder lokal bereitgestellt, sondern bei einem oder mehreren Anbietern als Dienst gemietet, der regelmäßig geografisch fern angesiedelt ist. Die Software und die Daten befinden sich somit nicht mehr auf dem lokalen Rechner – im Gericht, der Kanzlei oder einer Firma –, sondern in der „metaphorischen Wolke". Derartige anwendungsorientierte Dienste wurden früher auch Application Service Providing genannt. Beim Cloud-Computing gibt es drei Servicemodelle: Infrastructure as a Service (IaaS), Platform as a Service (PaaS) und Software as a Service (SaaS) und vier verschiedene Lieferwege: Public Cloud, die öffentliche Rechnerwolke, Private Cloud, die private Rechnerwolke, Hybrid Cloud, die Mischform, und die Community Cloud, die gemeinschaftliche Rechnerwolke für einen kleine Nutzerkreis wie zB mehrere Behörden, Firmen oder Berufsverbände. Die Cloud-Technologie ermöglicht es demnach, IT-Infrastrukturen wie Datenspeicher, Netzwerkkapazitäten oder Software dynamisch an den Bedarf angepasst über ein Netzwerk zur Verfügung zu stellen.

Das E-Justiz-Gesetz statuiert die Einführung des ERV und die elektronische Aktenführung und bringt eine Anwendungspflicht für Anwälte spätestens zum 1.1.2022.

11 Die Gesetzesbezeichnung ist in doppelter Hinsicht widersprüchlich, als das Gesetz den ERV nicht nur fördert, sondern erstmalig verpflichtend einführt, und außerdem Folgen für den gesamten deutschen Rechtsverkehr hat.[10]

12 Das E-Justiz-Gesetz revolutioniert die Verfahrensordnungen und die bisherigen Arbeitsabläufe bei Justiz und Anwaltschaft und wird Auswirkungen für die Unternehmenswelt, dh für Bürger und Wirtschaft, mit sich bringen. Das Gesetz statuiert die Einführung des ERV und die elektronische Aktenführung durch bundesweite Eröffnung einer Anwendungspflicht für Anwälte in einer Übergangsphase bis spätestens zum 1.1.2022. Es bestimmt eine technologieoffene bundeseinheitliche Regelung in den Verfahrensordnungen betreffend gesicherte Kommunikationsmittel neben DE-Mail und dem elektronischen Gerichts- und Verwaltungspostfach (EGVP), eine Fortentwicklung des Zustellungsrechtes, die Einführung eines elektronischen Anwaltspostfachs bei der Bundesrechtsanwaltskammer (BRAK) sowie die Anpassung von Beweisvorschriften.

13 Die Neuregelungen über die Beweiskraft von DE-Mail-Nachrichten und über den Beweiswert von gescannten öffentlichen Urkunden sind von besonderer Praxisbedeutung. Das Artikelgesetz markiert einen Wendepunkt im Bereich der Verfahrensordnungen und der rechtsförmlichen Verfahrenswelt.

Das altpreußische Prinzip „Unterschrift, Stempel, Siegel" erfährt mit den Änderungen der Form- und Beweisvorschriften und der Ablösung des Nachtbriefkastens der Justiz durch elektronische Justizpostfächer eine Metamorphose, indem eine Transformation der Verfahrensordnungen und Arbeitsprozesse in die digitale Welt geschaffen wird. Damit werden elektronische Akten und Urteile, Meta-Datenaustausch, Online-Akteneinsicht und voll digitalisierte Richter- und Anwaltsbüros ebenso eingeführt wie ein rechtssicheres ersetzendes Scannen und eine revisionssichere Langzeitarchivierung für Bürger und Unternehmer.

14 Der Übergang der bisher in der Justiz- und Unternehmenswelt praktizierten überwiegend papiergebundenen Arbeitsabläufe hin zu digitalen Prozessen wird vom Gesetzgeber stufenweise über mehrere Jahre hinweg eingeführt, damit Justiz, Verfahrensbeteiligte, Bürger und Wirtschaft hinreichend Zeit zur Umstellung haben.

15 Mit dem E-Justiz-Gesetz reformiert als Artikelgesetz insbesondere die Zivilprozessordnung (Art. 1), aber auch folgende weiteren Gesetze: das Gesetz über das Verfahren in Familiensachen und in den Angelegenheiten der freiwilligen Gerichtsbarkeit (Art. 2), das Arbeitsgerichtsgesetz (Art. 3), das Sozialgerichtsgesetz (Art. 4), die Verwaltungsge-

---

[10] *Degen*, Deutsches Anwalt Office Premium, Sept. 2003, HI5236162.

richtsordnung (Art. 5), die Finanzgerichtsordnung (Art. 6), die Bundesrechtsanwaltsordnung (Art. 7), das Einführungsgesetz zum Rechtsdienstleistungsgesetz (Art. 8), das Patentgesetz (Art. 9), das Markengesetz (Art. 10), das Geschmacksmustergesetz (Art. 11), die Grundbuchordnung (Art. 12), die Schiffahrtsrechtliche Verteilungsordnung (Art. 13), die Handelsregisterverordnung (Art. 14), der Schiffsregisterordnung (Art. 15), dem Gesetz über Rechte an Luftfahrzeugen (Art. 16), das Verwaltungszustellungsgesetz (Art. 17), das Gesetz über Ordnungswidrigkeiten (Art. 18), das Gerichtsverfassungsgesetz (Art. 19), die Zugänglichmachungsverordnung (Art. 20), das Gerichtskostengesetz und das Gesetz über Gerichtskosten in Familiensachen (Art. 21), das Gerichts- und Notarkostengesetz (Art. 22) und das Wechselgesetzes (Art. 23). Die folgende Abhandlung stellt die Änderungen in der ZPO in den Fokus.

16 Das E-Justiz-Gesetz setzt die bisherigen gesetzlichen Rahmenbedingungen, die insbesondere mit dem Justizkommunikationsgesetz (JKomG) in die Verfahrenswelt eingebracht wurden, konsequent fort in Richtung „digitale Anwaltskanzlei und Justiz".[11] Wichtige materiell- und verfahrensrechtliche Weichenstellungen oder „Betaversionen" hat der Gesetzgeber aber bereits vor dem E-Justiz-Gesetz verabschiedet – bezogen auf den ERV allesamt Regelungen, die für das rechtsdogmatische und praktische Verständnis des historischen Gesetzgebungsvorhabens nicht unerwähnt bleiben dürfen.

IV. Materiell- und verfahrensrechtliche Vorboten des E-Justiz-Gesetzes

1. Rechtsrahmen und -entwicklung

17 Die materiell- und verfahrensrechtlichen Weichenstellungen hin zum ERV sind gleichzeitig die Vorboten des E-Justiz-Gesetzes. Diese Gesetze enthalten die Grundlagen für eine Einreichung elektronischer Schriftsätze bei Gericht sowie für elektronische Zustellungen vom Gericht an einen definierten Personenkreis. Für die von Rechts wegen verordnete Digitalisierung erscheinen diese gesetzlichen Vorboten als „Betaversionen" der neuen großen IT-Lösung mit dem Arbeitstitel E-Justiz-Gesetz, die mit der Vision des barrierefreien elektronischen Metadatenaustauschs bildlich gesprochen modulare Verknüpfungen der Infrastruktur, IT-Sicherheit, Software-/Cloud- und CRM-Systeme beinhaltet.

18 Die Vorboten dieser Rechtsentwicklung und heutigen Gesetzesfassung ergeben sich im Wesentlichen aus dem folgenden Gesetzen und Rechtsverordnungen:

Übersicht Rechtsvorschriften des ERV

- Gesetz zur Regelung der Rahmenbedingungen für Informations- und Kommunikationsdienste (IuKDG) vom 22.7.1997
- Signaturrichtlinie 1999/93/EG vom 13.12.1999
- E-Commerce-Richtlinie vom 8.6.2000
- Signaturgesetz vom 16.5.2001
- Signaturverordnung vom 16.11.2001
- Zustellungsreformgesetz vom 25.6.2001
- Formvorschriftenanpassungsgesetz vom 13.7.2001
- Drittes Gesetz zur Änderung verw.verf.rechtl. Vorschriften vom 21.8.2002

---

[11] Vgl. *Bacher* NJW 2015, 2753; *ders.* MDR 2014, 1053; zum Kanzleimanagement zB *Heinz/Ritter* (Hrsg.), Beck'sches Formularbuch für die Anwaltskanzlei, Rn. 445 ff.

IV. Materiell- und verfahrensrechtliche Vorboten des E-Justiz-Gesetzes 19–24 § 2

- VO zur Einführung des elektr. Rechtsverkehrs am LG Mannheim (zum 1.9.2004)
- Elektronik-Anpassungsgesetz vom 23.12.2004
- Signaturänderungsgesetz vom 4.1.2005
- Justizkommunikationsgesetz (JKomG) vom 22.3.2005 (Inkrafttreten: 1.4.2005)
- Gesetz über Elektr. HandelsReg u. GenossenschaftsReg sowie UnternehmensReg (EHUG) vom 10.11.2006
- 2. Justizmodernisierungsgesetz vom 22.12.2006 mit Änderung des § 690 Abs. 3 ZPO zum 1.12.2008
- Telemediengesetz vom 26.2.2007
- UnternehmensregisterVO (URV) vom 26.2.2007
- EIDAS-Verordnung vom 28.8.2014
- **Gesetz zur Förderung des elektronischen Rechtsverkehrs mit den Gerichten (v. 10.10.2013, BGBl. 2013 I 3786)**, gestaffeltes Inkrafttreten von 2014–2022

Durch das FormVorAnpG wurde § 126 Abs. 3 BGB insofern ergänzt, dass die gesetzliche Schriftform durch die elektronische Form ersetzt werden kann. Seit dem Inkrafttreten dieses Gesetzes können bei Gericht elektronische Dokumente, im Folgenden, E-Dokumente, eingereicht werden, sofern der Bund oder die Länder (§ 130a Abs. 2 ZPO) durch Rechtsverordnung die Einzelheiten festlegen. Der ERV kann auf bestimmte Gerichte oder Verfahrensarten beschränkt werden. 19

Sofern eine Schriftform durch die elektronische Form ersetzt werden soll, muss der Aussteller das E-Dokument mit einer qualifizierten elektronischen Signatur (qeS) nach § 2 Nr. 3 SigG versehen (§ 126a Abs. 1 BGB). Mit einer qeS ist ein E-Dokument zu versehen, das einen bestimmenden Schriftsatz enthält, um seine Echtheit sicherzustellen.[12] Dies entspricht der persönlichen Unterschrift und garantiert die Authentizität und Integrität des Dokuments.[13] 20

Mit dem FormVorAnpG wurden in die Verfahrensordnungen übereinstimmende Regelungen eingefügt, nach denen Schriftsätze und deren Anlagen als E-Dokument aufgezeichnet und bei Gericht eingereicht werden können, sofern das Dokument für die Bearbeitung geeignet ist. Die Dokumente sollen (§ 130a ZPO) bzw. müssen (§ 55a VwGO; § 52a FGO) qualifiziert elektronisch signiert werden. 21

Das ZustRG hat in den Verfahrensordnungen die Zustellung elektronischer Dokumente an Behörden und Körperschaften sowie Anwälte, Steuerberater und Notare zugelassen (§ 174 Abs. 3 ZPO). Dabei kann das Empfangsbekenntnis als signiertes E-Dokument zurückgesandt werden. Bestimmende Schriftsätze und Zustellungen sind mit einer qeS zu versehen und gegen unberechtigte Kenntnisnahme Dritter zu schützen. Das SigG in der Fassung des 1. SigÄndG regelt die Anforderungen an diese Form der E-Signatur. Geregelt sind dort und in der SigV in der Fassung des 1. SigÄndG die Sicherheitsstandards. 22

Eine vertrauliche und sichere E-Kommunikation erfordert organisatorische und technische Vorkehrungen bei den Verfahrensbeteiligten und eine zusätzliche Rechtsverordnung, welche den Zeitpunkt für die Eröffnung des ERV und die Form bestimmt (§ 130a ZPO). 23

Für die Verwaltungsgerichtsbarkeit wurden die Voraussetzungen für den ERV mit dem Dritten Gesetz zur Änderung verwaltungsverfahrensrechtlicher Vorschriften geschaffen.[14] Der Grundsatz der Nichtförmlichkeit des Verwaltungshandelns (§ 10 24

---

[12] *Thomas/Putzo/Reichold* § 130a Rn. 2; *Musielak* ZPO § 130a Rn. 4.
[13] *Schöttle* S. 87.
[14] Vom 21.8.2002, BGBl. I 3322; vgl. *Rossnagel* NJW 2003, 469 [472].

VwVfG) hat schon vor Inkrafttreten des JKomG die Anwendung elektronischer Verfahren ermöglicht. Nach § 3a Abs. 2 VwVfG kann eine durch Rechtsvorschrift angeordnete Schriftform durch die E-Form ersetzt werden; in diesem Fall ist das E-Dokument mit einer qualifizierten E-Signatur zu versehen.[15] Der E-Verwaltungsakt ist nach § 37 Abs. 2 S. 1, Abs. 4 VwVfG zulässig.[16]

25 Im Übrigen können nach § 3a Abs. 1 VwVfG an Anwälte Zustellungen per E-Mail vorgenommen werden, soweit diese auf ihrem Briefbogen oder im Internet eine E-Mail-Adresse angegeben haben.[17] Abzustellen ist auf die objektiv vorhandene Kommunikationseinrichtung und subjektiv auf die entsprechende Widmung. Letztere kann ausdrücklich oder konkludent erfolgen. Nach objektivem Empfängerhorizont ist in der Bereithaltung eines anwaltlichen E-Mail-Briefkastens als Rechtspflegeorgan (§ 1 BRAO) eine entsprechende Widmung zu sehen.

26 Mit dem ERV haben in Deutschland bislang vor allem **Notare** gute Erfahrungen gemacht; sie müssen gem. § 15 Abs. 3 BNotO auch berufsrechtlich ein technisches Equipment vorhalten, das die Teilnahme am ERV ermöglicht:

> „In Abweichung von Absatz 1 und 2 darf der Notar seine Amtstätigkeit in den Fällen der §§ 39a, 42 Abs. 4 des Beurkundungsgesetzes verweigern, soweit er nicht über die notwendigen technischen Einrichtungen verfügt. Der Notar muss jedoch spätestens ab dem 1. April 2006 über zumindest eine Einrichtung verfügen, die Verfahren nach Satz 1 ermöglicht."

27 Eine solche Verpflichtung zur Vorhaltung technischen Equipments wird den §§ 27, 50 BRAO, 5 BORA noch nicht entnommen, weshalb eine § 15 Abs. 3 BNotO vergleichbare Neuregelung des Anwaltsrechts durch den Gesetzgeber durchaus wahrscheinlich ist.

28 Gegenwärtig liegt ein Referentenentwurf einer Rechtsverordnung des BMJ vor, mit der eine Verpflichtung ratifiziert werden soll für die BRAK, das beA empfangsbereit einzurichten.[18]

29 Hintergrund ist, dass der AGH Berlin im 2 Eilverfahren am 6.6.2016 der BRAK untersagt hat, das beA ohne Zustimmung der Antragsteller empfangsbereit einzurichten.[19]

2. Digitalisierungsprozesse bei Unternehmen

30 Unternehmen nutzen heute fast ausschließlich Computer, um Dokumente selbst zu erstellen. Dennoch werden nur in den wenigsten Unternehmen die Akten komplett elektronisch geführt. Dies hat vor allem 4 Gründe, denen bisher nur schwer beizukommen war.

a) Eingehende Dokumente

31 Eingehende Dokumente sind zumindest dann, wenn es sich um rechtsverbindliche Dokumente handelt, meist noch in Papierform. Am wenigsten Aufwand bereitet bei der Ablage von eingehenden Papierdokumenten die analoge Aktenführung, da es hier mit dem Knicken, Lochen und Abheften des Dokumentes getan ist.

---

[15] *Degen* VBlBW 2005, 329 [330]; *Engel-Flechsig* in Moritz/Dreier Teil F Rn. 166.
[16] *Schlatmann* in Bieler/Schwarting Rn. 319; *Rossnagel* NJW 2003, 469 [473].
[17] *Rossnagel* NJW 2003, 469 [472]; *Redeker* AnwBl 2005, 348 [349].
[18] *Göcken* NJW-aktuell 31/2016, S. 16.
[19] AGH Berlin, Beschl. vom 6.6.2016, II AGH 16/15 und II AGH 17/15; hierzu *Schellenberg* NJW-aktuell 31/2016, S. 16; *Göcken* NJW-aktuell 27/2016, S. 15.

b) Gewohnte Arbeitsweise

Sachbearbeiter sind es gewohnt, in Akten zu blättern und die Möglichkeit zu haben, während der Arbeit am Bildschirm parallel durch die Papierakte zu blättern. Arbeitsabläufe, die sich über Jahre eingeschliffen haben, sind nur schwer umzustellen.

c) Bedenken wegen Beweiskraftverlust

Die meisten Menschen vertrauen auch heute noch dem auf Papier verkörperten Dokument als Beweismittel mehr als einem elektronischen Dokument. Diese Ansicht kann jedoch spätestens seit dem Inkrafttreten des E-Justiz-Gesetzes im Jahr 2013 nicht mehr als Argumentation gebraucht werden, da umgekehrt die Beweislage bei Nutzung aller bestehenden elektronischer Sicherungsmittel für Dokumente viel besser ist als bei einem Papierdokument.

d) Kosten der Umstellung

Die Umstellung auf komplett elektronische Aktenführung und damit verbunden auch auf einen komplett elektronischen Posteingang mit ersetzendem Scannen bedarf erheblicher Investitionen in leistungsfähige Scanner und oftmals auch neuer Software wie zB einem Dokumentenmanagementsystem, die die Arbeitsabläufe bei elektronischer Aktenführung besser unterstützt. Der meiste Aufwand wird jedoch bei der Umstellung der gewohnten Arbeitsabläufe entstehen, da bei elektronischer Verarbeitung und Nutzung eines Dokumentenmanagementsystems effektivere Formen der Zusammenarbeit als über eine Postlaufmappe im Unternehmen möglich sind. Nur eine Analyse aller bisherigen Geschäftsprozesse bei der Dokumentenbearbeitung und die Nutzung dafür optimierter Softwaresysteme bietet die Möglichkeit, die vollen Einsparpotentiale durch Zeitersparnis bei der Aktenbearbeitung zu nutzen. Im Bereich der Archivierung von Dokumenten verlieren Unternehmen häufig viel Geld, weil sie statt der rechtzeitigen Digitalisierung Ihrer Dokumente hohe Lagerkosten und Recherchekosten nach alten Dokumenten in Kauf nehmen.

3. Verwaltung

Im Jahr 2000 hat der damalige Bundesinnenminister *Otto Schily* die Devise ausgegeben, dass bis zum Jahr 2005 jede Leistung einer Behörde auch auf elektronischem Weg möglich sein müsse. Seit dem Justizkommunikationsgesetz 2005 enthält die Zivilprozessordnung Regelungen zur elektronischen Kommunikation und zum Beweisrecht elektronischer Erklärungen. Seit 2007 sind die Handelsregister auf den elektronischen Rechtsverkehr umgestellt, seit 2013 auch die Grundbücher und Personenstandsregister. Ebenfalls 2013 sind die Gesetze zur Förderung des elektronischen Rechtsverkehrs in der Verwaltung und in der Justiz in Kraft getreten. Damit wird eine neue Qualität der Nutzung elektronischer Mittel in der Verwaltungs- und Justizpraxis eingeläutet: Sowohl die Aktenbearbeitung als auch die Kommunikation mit anderen Verfahrensbeteiligten soll in Zukunft frei von Medienbrüchen möglichst vollelektronisch ablaufen.

a) Elektronische Kommunikation mit der Verwaltung in Europa

Die elektronische Kommunikation mit Behörden in der Europäischen Union ist verschieden weit gediehen, die Unterschiede sind enorm. Während in Skandinavien und den Niederlanden bereits der weit überwiegende Teil der Kommunikation mit den Behörden elektronisch abgewickelt wird, ist die Verwendung der elektronischen Kommunikation in Bulgarien, Italien, Kroatien oder Rumänien eher der Ausnahmefall. Dies belegt eine Untersuchung der europäischen Statistikbehörde zur regionalen Nutzung der elektronischen Kommunikation mit Behörden[20]:

Use of the internet for interaction with public authorities, by NUTS level 2 region, 2014 ([1])
(% of persons)

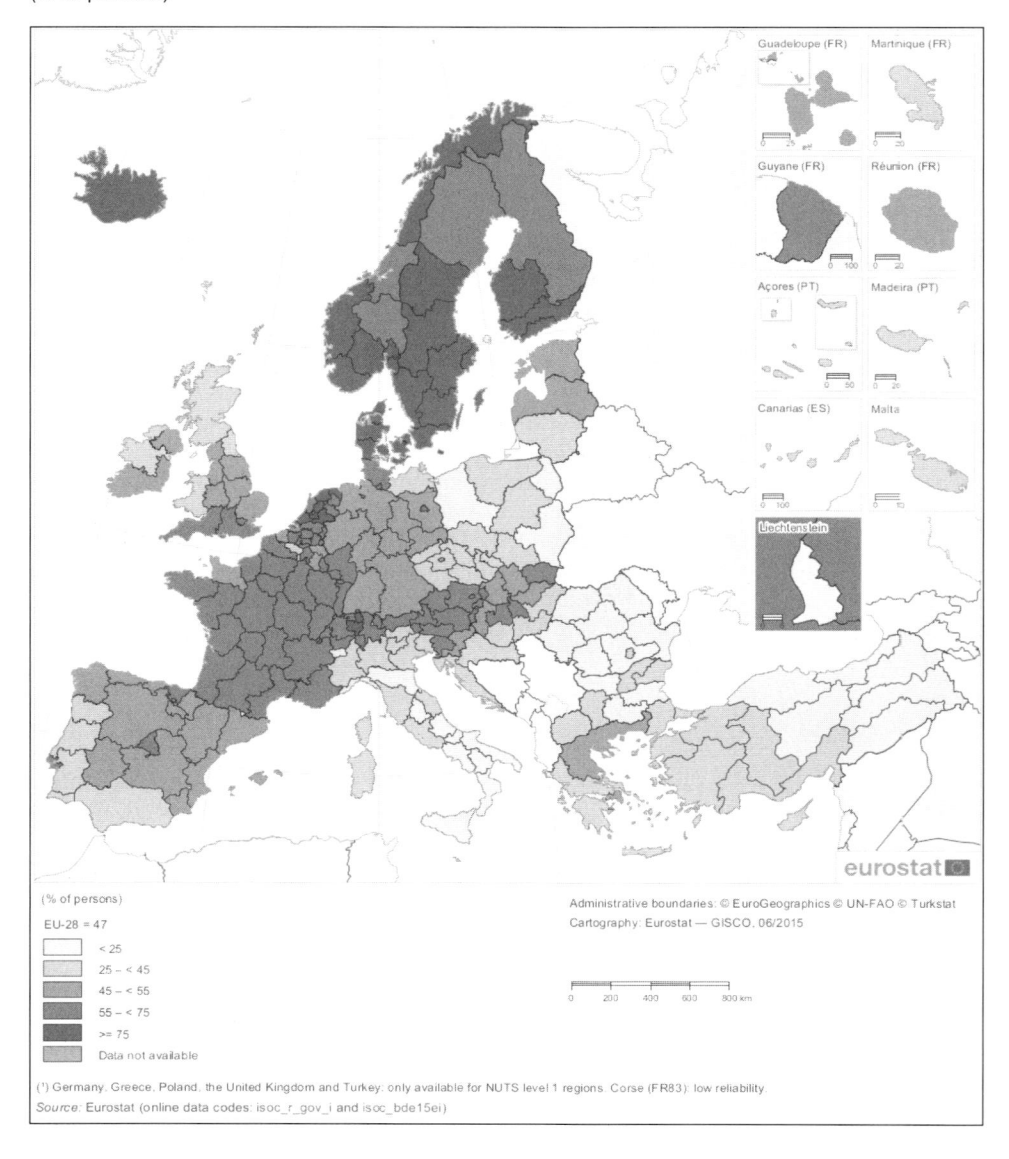

[20] http://ec.europa.eu/eurostat/statistics-explained/index.php/Information_society_statistics_at_regional_level/de.

IV. Materiell- und verfahrensrechtliche Vorboten des E-Justiz-Gesetzes

In Deutschland hinkt die Kommunikation mit Behörden weit hinter Skandinavien und Frankreich hinterher. Dies liegt unter anderem daran, dass der Ausbau der Breitband-Infrastruktur in Deutschland nur im europäischen Mittelfeld liegt[21].

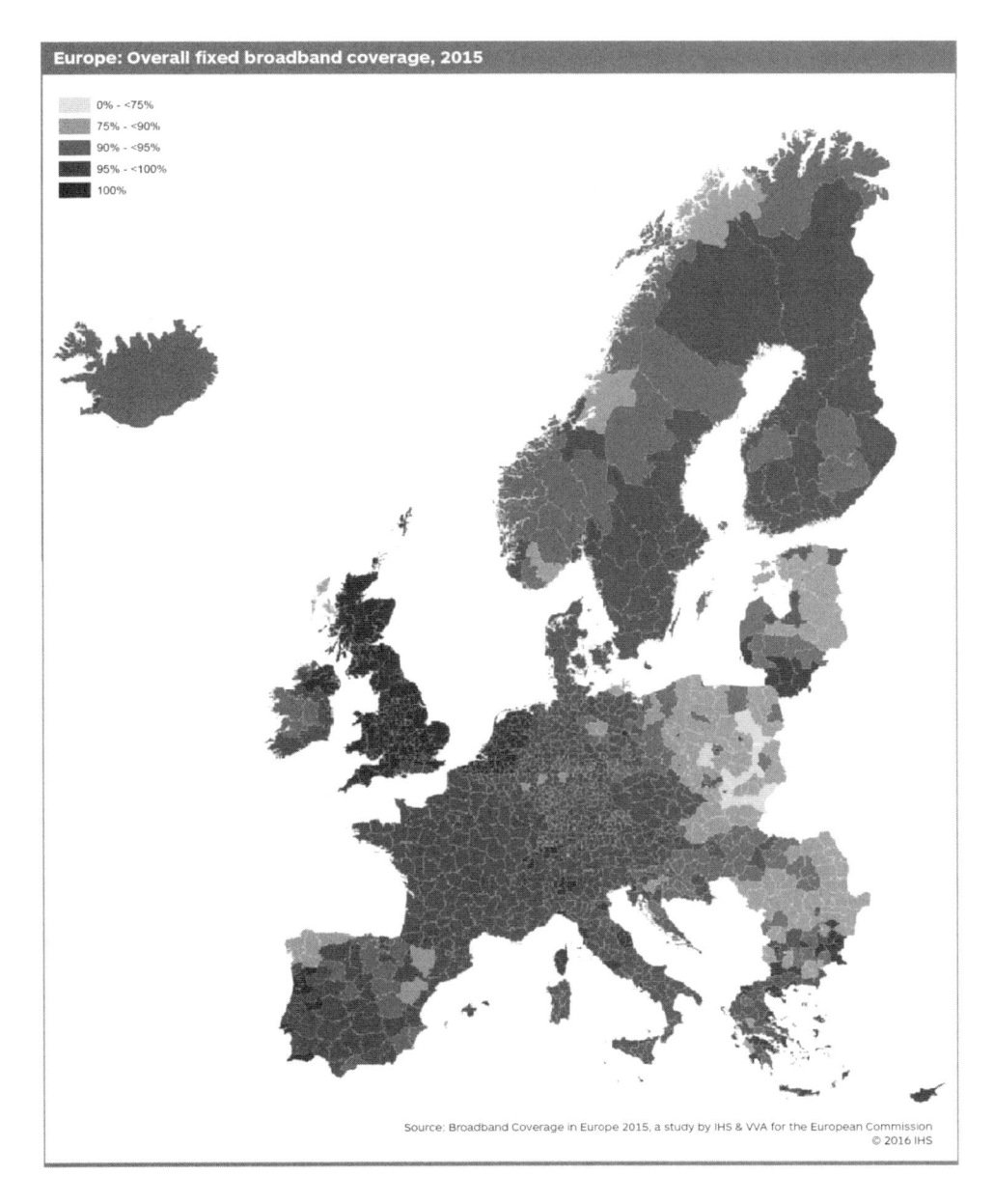

Europe: Overall fixed broadband coverage, 2015

Source: Broadband Coverage in Europe 2015, a study by IHS & VVA for the European Commission
© 2016 IHS

---

[21] http://ec.europa.eu/eurostat/statistics-explained/index.php/File:Broadband_connections_in_house holds,_by_NUTS_level_2_region,_2014_%28 %C2 %B9 %29_%28 %25_of_households_with_a_broadband_connection%29_RYB15.png.

38 Betrachtet man die Förderanträge für den geplanten Breitbandausbau bei der EU bis 2020, steht zu befürchten, dass Deutschland im Ranking noch weiter zurückfällt. Gerade die Länder, die bisher noch hinter Deutschland stehen, investieren große Summen in den Breitbandausbau.

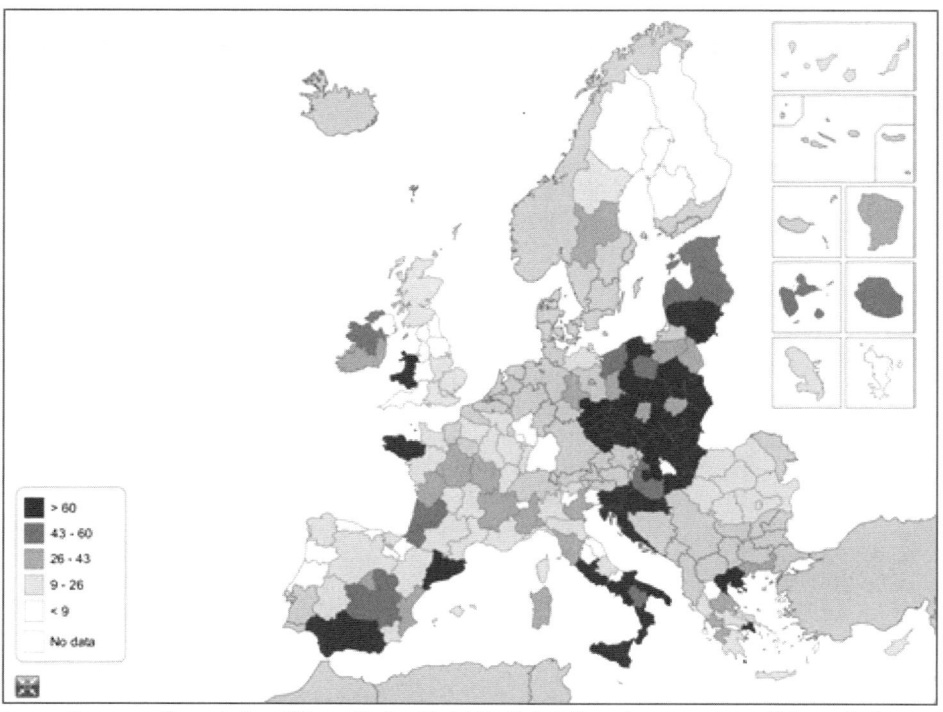

Source: European Commission, ICT monitoring Tool, http://s3platform.jrc.ec.europa.eu/ict-monitoring

39 Die Nutzung von E-Services öffentlicher Einrichtungen wird von der EU jährlich neu im DESI-Index[22] zum Vergleich der Mitgliedsstaaten unter Berücksichtigung verschiedener Dienste ermittelt:

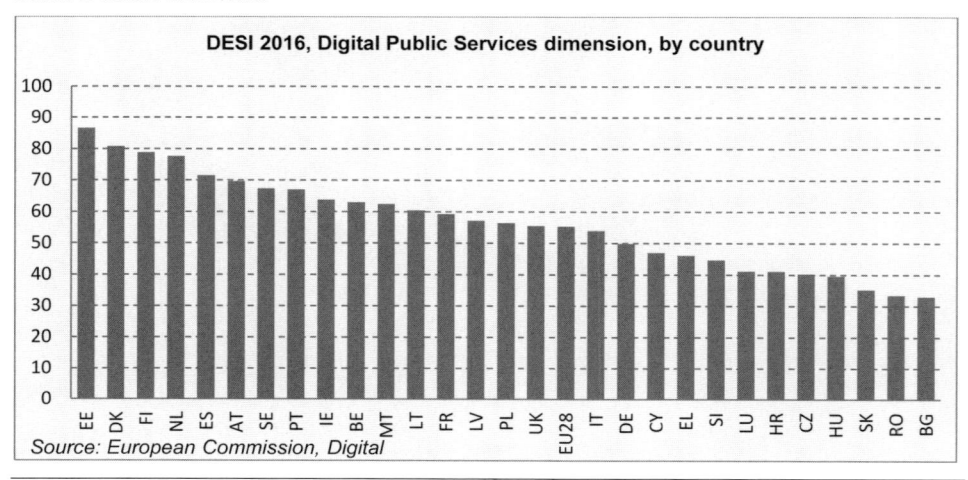

Source: European Commission, Digital

---

[22] http://ec.europa.eu/newsroom/dae/document.cfm?action=display&doc_id=15812, S. 2.

IV. Materiell- und verfahrensrechtliche Vorboten des E-Justiz-Gesetzes

Hier liegt Deutschland ebenfalls nur im Mittelfeld. Noch weiter liegt Deutschland beim Angebot elektronischer Formulare durch Behörden zurück, wie folgendes Diagramm[23] zeigt:

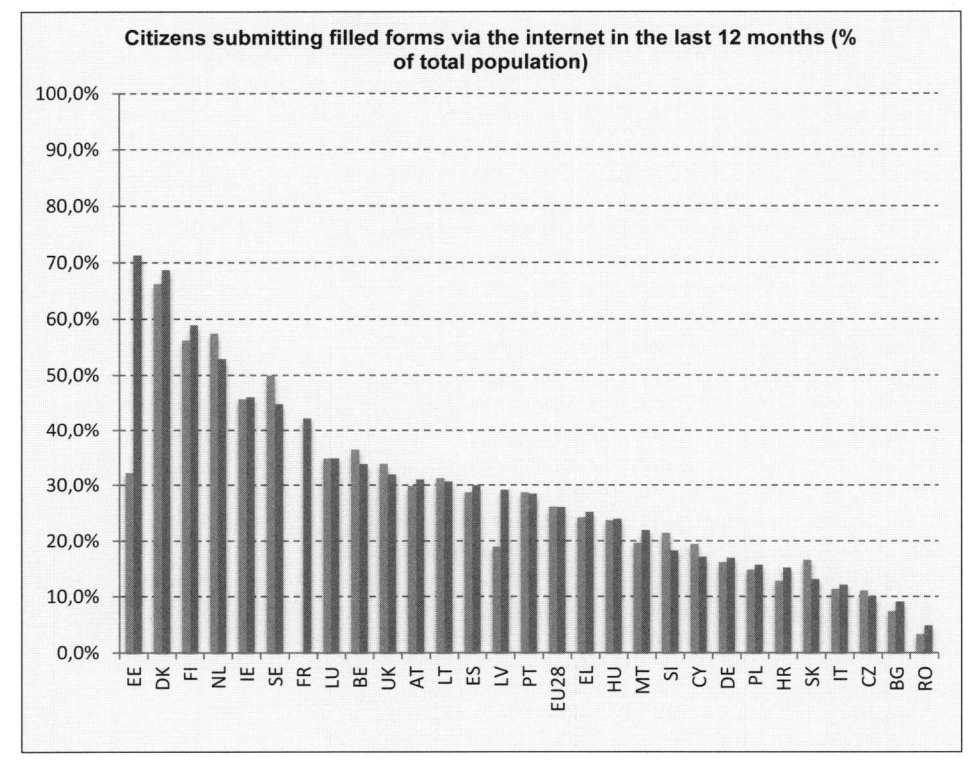

Citizens submitting filled forms via the internet in the last 12 months (% of total population)

Hier erreicht Deutschland nicht einmal den Durchschnitt aller 28 EU-Länder.

b) Digitalisierungsprozesse in der Verwaltung

Innerhalb der Verwaltung werden Dokumente wie in der Wirtschaft ebenfalls fast ausschließlich mittels Computer erstellt. Bei Bundesbehörden, Ministerien, Regierungspräsidien, Landratsämtern und auf allen sonstigen Verwaltungsebenen werden aber ebenso wie in der Wirtschaft nur in den wenigsten Akten komplett elektronisch geführt, ohne dass es Papierakten gibt. Hierfür sind die oben genannten 4 Gründe ins Feld zu führen. Der Gesetzgeber hat darauf insbesondere mit dem E-Government-Gesetz reagiert, das im Folgenden behandelt wird.[24]

4. Praxisrelevante Neuregelungen des E-Justiz-Gesetzes

a) Anschluss-und-Benutzerzwang

Zu den bahnbrechenden Neuerungen im Bereich des ERV gehört mit dem E-Justiz-Gesetzes die bundesgesetzliche Verordnung des „Anschluss-und-Benutzerzwangs". Mit

---

[23] http://ec.europa.eu/newsroom/dae/document.cfm?action=display&doc_id=15812, S. 3.
[24] → Rn. 135 ff.

§ 130d ZPO nF wird ab 2022 eine Nutzungspflicht für Rechtsanwälte und Behörden im Hinblick auf den ERV statuiert.

43 Vorbereitende Schriftsätze und deren Anlagen sowie schriftlich einzureichende Anträge und Erklärungen, die durch einen Rechtsanwalt, durch eine Behörde oder durch eine juristische Person des öffentlichen Rechts einschließlich der von ihr zur Erfüllung ihrer öffentlichen Aufgaben gebildeten Zusammenschlüsse eingereicht werden, sind nach dieser künftigen Neuregelung als E-Dokument zu übermitteln. Soweit dies aus technischen Gründen vorübergehend nicht möglich sein sollte, bleibt die Übermittlung gemäß § 130d S. 2 ZPO nF nach den allgemeinen Vorschriften zulässig.[25] Die vorübergehende Unmöglichkeit ist bei der Ersatzeinreichung oder unverzüglich danach glaubhaft zu machen; auf Anforderung ist ein E-Dokument nachzureichen. Diese Nutzungsverpflichtung für Anwälte und Behörden greift bis spätestens zum **1.1.2022**.

44 Bezeichnend ist, dass der Gesetzgeber nur eine einseitige Nutzungsverpflichtung postuliert: **Von der Verpflichtung zur elektronischen Kommunikation sind die Gerichte ausgenommen.** Dieses Manko wurde im Gesetzgebungsprozess heftig kritisiert und zu recht eine synallagmatische Verknüpfung gefordert.[26]

45 Dass der Gesetzgeber bei der Definition der Kommunikation zwischen den Verfahrensbeteiligten das „**Prinzip der Gegenseitigkeit**" außer Acht lässt, ist eine **erhebliche Bruchstelle des Gesetzes.** *Herberger,* der die historische Bedeutung des Gesetzes unterstreicht, ist zuzustimmen, wenn er schreibt: „*Strukturell inhomogene Geschäftsprozesse (konkret: elektronische Kommunikation in der einen Richtung, Möglichkeit der nicht-elektronischen Kommunikation in der anderen Richtung) sind sub-optimal und ineffizient.*"[27]

46 Der Gesetzgeber würde die von ihm intendierte „Magnetwirkung" innerhalb des Richterkollegiums und das Vertrauen in das Gesamtprojekt stärken, wenn er diesen Systembruch, der die Organe der Rechtspflege durch Ungleichbehandlung und entstehende Medienbrüche auseinander dividiert, kurzfristig reparieren würde.

b) Telefax

47 Da die Übermittlung von Schriftsätzen an die Gerichte nach den allgemeinen Vorschriften zulässig bleibt, wenn eine Übermittlung als elektronisches Dokument vorübergehend unmöglich ist, können Schriftstücke auch weiterhin per **Telefax** übertragen werden.

48 Insofern haben Anwälte in Gemäßheit der vom BGH vorgezeichneten Rechtsprechung zur Beschreitung des sichersten Weges Sorge dafür zu tragen, auch künftig vorsorglich die etablierten Teekommunikationstechnologien wie das Faxgerät einsatzbereit vorzuhalten und nicht durch „Abbau" dieser Papiertechnologien im Vertrauen auf die Funktionalität der Internetverbindung und Dateiupload-Prozesse über beA einen alternativen Fernkommunikationszugang zur Justiz zu verbauen.

49 Die Rechtsprechung verweist zu den Anwaltspflichten insbesondere auf die Informationspflicht, die Aufklärungspflicht, die Pflicht zur sorgfältigen Rechtsprüfung und Beratung und die Pflicht zur Wahl des sichersten Weges.[28]

c) Das E-Dokument, das beA und die sicheren Übermittlungswege

50 Gemäß § 130a Abs. 1 ZPO nF können vorbereitende Schriftsätze und deren Anlagen, schriftlich einzureichende Anträge und Erklärungen der Parteien und schriftlich

---

[25] *Degen,* Deutsches Anwalt Office Premium, Sept. 2003, HI5236162.
[26] *Herberger* JurPC Web-Dok. 81/2013 Abs. 12 ff.
[27] *Herberger* JurPC Web-Dok. 81/2013 Abs. 13.
[28] Vgl. BGH Urt. vom 10.5.2012 – IX ZR 125/10; BGH Urt. vom 18.3.2004 – IX ZR 255/00; BGH Urt. vom 17.12.1998 – IX ZR 270/97; BGH VersR 1959, 638, 641.

IV. Materiell- und verfahrensrechtliche Vorboten des E-Justiz-Gesetzes   51, 52 § 2

einzureichende Auskünfte, Aussagen, Gutachten, Übersetzungen und Erklärungen Dritter nach Maßgabe der folgenden Absätze als **elektronisches Dokument (E-Dokument)** bei Gericht eingereicht werden. Dabei muss dieses nach Maßgabe von § 130a Abs. 2 ZPO nF für die Bearbeitung durch das Gericht geeignet sein, wobei die Bundesregierung durch Rechtsverordnung mit Zustimmung des Bundesrates die für die Übermittlung und Bearbeitung geeigneten technischen Rahmenbedingungen festlegt. Ferner muss das **E-Dokument mit einer qualifizierten elektronischen Signatur** der verantwortenden Person versehen sein <u>oder</u> von der verantwortenden Person **signiert und auf einem sicheren Übermittlungsweg eingereicht werden** (§ 130a Abs. 3 ZPO nF).

Bedeutsam ist, dass neben der Möglichkeit der Dokumentenversendung mit qualifizierter E-Signatur weitere sichere Übermittlungswege zugelassen werden. Als sichere Übermittlungswege bestimmt § 130a Abs. 4 ZPO nF insgesamt vier elektronische Transportwege: 51

- den **Postfach- und Versanddienst eines DE-Mail-Kontos**, welches von der E-Mail-Technik getrennt ist, wenn der Absender bei Versand der Nachricht sicher iSd § 4 Abs. 1 Satz 2 des DE-Mail-Gesetzes angemeldet ist und er sich die sichere Anmeldung gemäß § 5 Abs. 5 des DE-Mail-Gesetzes bestätigen lässt,
- den Übermittlungsweg zwischen dem **besonderen elektronischen Anwaltspostfach ("beA")**[29] nach § 31a BRAO oder einem entsprechenden, auf gesetzlicher Grundlage errichteten elektronischen Postfach und der elektronischen Poststelle des Gerichts,
- den Übermittlungsweg zwischen einem nach Durchführung eines Identifizierungsverfahrens eingerichteten Postfach einer Behörde oder einer juristischen Person des öffentlichen Rechts und der elektronischen Poststelle des Gerichts; wobei die Rechtsverordnung nach § 130a Abs. 2 Satz 2 ZPO nF das Nähere regelt,
- als eine Technik offene Variante sonstige bundeseinheitliche Übermittlungswege, die durch Rechtsverordnung der Bundesregierung mit Zustimmung des Bundesrates festgelegt werden, bei denen die Authentizität und Integrität der Daten sowie die Barrierefreiheit gewährleistet sind.

d) beA – das neue besondere elektronische Anwaltspostfach

In Bezug auf **sichere Übermittlungswege** wird die Regelung des § 130a Abs. 4 Nr. 2 ZPO nF die **größte Praxisrelevanz** nach sich ziehen, mit der der BRAK die Aufgabe übertragen wird, für jeden Anwalt ein **besonderes elektronisches Anwaltspostfach ("beA")** zum 1.1.2016 einzurichten.[30] So war dies vorgesehen. Tatsächlich hat die BRAK 36 Tage vor dem Start des beA die Notbremse gezogen und den Start abgesagt, dh auf einen noch nicht definierten späteren Zeitpunkt verschoben.[31] Dass der beA-Start mit flächendeckender Inbetriebnahme **zum zwischenzeitlich von der BRAK verkündeten Livetermin am 29.9.2016**[32] gelingt, darf aber angenommen werden, auch wenn gegenwärtig wegen der Entscheidungen des AGH Berlin vom 6.6.2016 (s. auch → Rn. 19), Unmut der Kollegenschaft und weitere Verzögerungen nicht ausgeschlossen werden können. 52

Praxistipp:
Die Verschiebung des Starttermins durch die BRAK war vor dem Hintergrund drohender **Haftungs- und Regressfälle** die richtige Entscheidung bei Zugrundelegung der Testbewertung des beA

---

[29] Vgl. hierzu die folgende → Rn. 52; sowie *Bacher* NJW 2015, 2753; *ders.* MDR 2014, 1053; *Brosch/Sandkühler* NJ 2015, 2760; kritisch *Kulow* K&R 2015, 537; *BRAK* Presseerklärung Nr. 20 v. 26.11.2015: beA kommt später, aaO; *dies.*; Broschüre „beA kommt", aaO; *Schellenberg* NJW-aktuell 27/2016, S. 15; *Delhey* NJW 2016, 1274.
[30] Vgl. *Bacher* NJW 2015, 2753; *ders.* MDR 2014, 1053; *Brosch/Sandkühler* NJ 2015, 2760; kritisch *Kulow* K&R 2015, 537; *BRAK* Presseerklärung Nr. 20 v. 26.11.2015: beA kommt später, aaO; *dies.*; Broschüre „beA kommt", aaO
[31] *BRAK* Presseerklärung Nr. 20 vom 26.11.2015: beA kommt später, aaO; zu dieser „Rückrufaktion" *Cosak*, a. a.O.
[32] Vgl. *DAV*, Neuer Starttermin für das beA: 29. September 2016, www.digitale-anwaltschaft.de.

als noch mangelhaft. Eine solche Entscheidung ist bei der Umsetzung von größeren IT-Projekten auch nichts Ungewöhnliches.

53 Vor dem Hintergrund der großen technischen und rechtlichen Bedenken (iSe rechtswidrigen Eingriffs in die von Art. 12 GG geschützte anwaltliche Berufsfreiheit) sollte die BRAK ernsthaft erwägen, zumindest auch die Vergabeunterlagen, Verträge und Sicherheitsunterlagen offenzulegen und mehr Transparenz zu schaffen.[33]

54 Losgelöst von den bis Ende 2015 eher verhaltenen Bestellungen von neuen Signaturkarten wird auch berichtet, dass erst etwa 1/3 aller Anwälte den **„Schlüssel zu dem beA, die beA-Karte"**, bestellt haben, so dass das Vorhaben, über beA alle Anwälte mit einem gemeinsamen Kommunikationsweg zu erreichen, zum 1.1.2016 ohnehin nicht aufgegangen wäre.[34] Fernerhin sieht sich die BRAK mit unwidersprochenen Berichterstattungen in der Fachpresse konfrontiert, wonach den Anwaltssoftwareherstellern die Daten zur Programmierung der **Schnittstelle zum beA** nicht rechtzeitig zur Verfügung gestellt worden seien.[35]

In Bezug auf die Verzögerung der notwendigen Umsetzungen bei der BRAK ist weiter zu konstatieren, dass **die Softwarezertifikate und Mitarbeiter-Chipkarten** bis dato lediglich vorbestellt werden können, was eine verspätete Ausfertigung und Auslieferung im ersten und zweiten Quartal 2016 nach sich ziehen dürfte.

55 Eher der Marketingsprache als der Realität zuzuweisen sind in diesem Zusammenhang Glaubensbekundungen der BRAK aus 2014, wonach die *„gelebte Struktur in den Kanzleien und die Zusammenarbeit von Anwälten und Mitarbeitern"* mit dem beA-Start weiter kultiviert werden könnte. Ein Unterfangen, das im Schrifttum[36] von vorne herein für unmöglich gehalten wurde. So hält sich in Kanzleien, insbesondere auf Partnerebene, aber auch innerhalb der Richterschaft hartnäckig die Vorstellung von dem allenthalben praktizierten Verfahren „nach Diktat erledigt" oder „verreist".

Nichtsdestotrotz soll sich an dem System des beA nichts signifikant ändern. **Der etablierte bisherige papiergebundene Schriftsatz-Workflow in Kanzleien und Justiz soll dabei weitgehend in die digitale Welt transferiert werden.**

56 Über dieses neue besondere Anwaltspostfach, das als eine **Cloud-Anwendung** im Internet implementiert werden soll, wird künftig die gesamte nichtmündliche Kommunikation zwischen den Gerichten und der Anwaltschaft abgewickelt werden.

57 Die ERV-Vehikel beA und beN erfolgen auf der Grundlage des sog. **SAFE-Konzeptes**. Dieses erfordert eine einheitliche Abbildungsvorschrift für die **SAFE-IDs** den jeweiligen Identitäten.[37]

58 In technischer Hinsicht wird jeder SAFE-Identität bei der Registrierung eine eindeutige ID zugeordnet. Diese SAFE-ID ist unveränderbar und darf nur einmal vergeben werden. Die SAFE-ID wird von den Anwendungen die an SAFE angeschlossen sind (wie bis dato EGVP, Testamentsregister, Vollstreckungsportal, Zentrales Vorsorgeregister) unterschiedlich verwendet. Die verfahrensbeteiligten Organe der Rechtspflege haben bei der bisherigen ERV-Kommunikation via EGVP die SAFE-ID als ihre Adresse (vergleichbar mit der E-Mail-Adresse) „erlebt".

---

[33] So auch *Schellenberg* NJW-aktuell 27/2016, S. 15; zum Streitstand auch *Delhey* NJW 2016, 1274.
[34] *Cosak*, aaO.
[35] *Cosak*, aaO.
[36] *Cosak*, aaO.
[37] Arbeitsgruppe „IT-Standards in der Justiz", Bund Länder Kommission für Informationstechnik in der Justiz, Änderung der Abbildungsvorschrift für die SAFE-ID, Stand Dez. 2014, www.egvg.de/Drittprodukte/SAFE_Abbildungsvorschrift_SAFE_ID_Stand_Dez_2014.pdf.

IV. Materiell- und verfahrensrechtliche Vorboten des E-Justiz-Gesetzes

Praxisbeispiel:
Erfolgt eine Anmeldung im Zentralen Testamentsregister werden nicht der Name des Nutzers respektive sonstige persönliche Daten, sondern die SAFE-ID protokolliert.

Die SAFE-IDs der bei IT.NRW im Auftrag der Bundesländer betriebenen SAFE-Instanz werden nach einem speziellen Muster gebildet. **59**

Die Einführung von beA und beN führt dazu, dass im föderalen System mehrere SAFE-Instanzen unterhalten werden, nämlich die der Justiz, der BRAK und der BNotK.[38] Dies macht es erforderlich, dass aus der **SAFE-ID** künftig auch die jeweilige SAFE-Instanz eindeutig ersichtlich ist. Als Praxisfolge ergibt sich eine Vereinheitlichung der Abbildungsvorschrift. Danach werden Rechtsanwälte und Notare in den jeweils separaten SAFE-Instanzen der BRAK und der BNotK ab 1.1.2016 geführt und nicht mehr in der SAFE-Instanz der Justiz.[39] **60**

Bei der IT-technischen Konfiguration wird seitens der BRAK und des BMJ eine „gründliche" Risikobewertung vorzunehmen sein. Wie beispielsweise bei der Sicherheit von Internetzahlungen sollte bei dem neuen IT-Vehikel beA neben der eigenen eingesetzten Technologie auch das Risiko durch outgesourcte Dienste und durch vom Anwender („User") verwendete Technologie einbezogen werden.[40] **61**

Berufs-, datenschutz- und strafrechtliche sowie technische Sicherheitsvorgaben müssen insofern **beachtet werden**. Art. 7 des E-Justiz-Gesetzes hat diesbezüglich die Einführung von **§ 31a BRAO nF** postuliert. Dort ist bestimmt, dass die BRAK nach Überprüfung der Zulassung und Durchführung eines Identifizierungsverfahrens in dem Gesamtverzeichnis nach § 31 BRAO für jeden eingetragenen Anwalt ein besonderes elektronisches Anwaltspostfach einrichtet. Das elektronische Anwaltspostfach soll **barrierefrei** ausgestaltet sein.[41] Die BRAK hat sicherzustellen, dass der Zugang zu dem Anwaltspostfach nur durch ein sicheres Verfahren mit zwei voneinander unabhängigen Sicherungsmitteln möglich ist. Sie kann unterschiedlich ausgestaltete Zugangsberechtigungen für Anwälte und für andere Personen vorsehen. Sobald die Zulassung erloschen ist, hebt die BRAK die Zugangsberechtigung zu dem Anwaltspostfach auf und löscht dieses. Gemäß **§ 31b BRAO** nF regelt das BMJ durch Rechtsverordnung mit Zustimmung des Bundesrates die Einzelheiten der Errichtung eines Verzeichnisdienstes besonderer elektronischer Anwaltspostfächer sowie die Einzelheiten der Führung, des Eintragungsverfahrens, der Zugangsberechtigung sowie der Barrierefreiheit. **62**

In ihrer allgemeinen undatierten Informationsbroschüre *„beA kommt – Ihr elektronisches Anwaltspostfach ab 2016"* stellt die BRAK das beA – hier zusammengefasst – wie folgt vor:[42]
- **Sicherheit und Usability:** Das beA-System genügt höchsten Sicherheitsanforderungen und ist unkompliziert zu bedienen. Zur IT-Sicherheit und Risikoszenarien wie MITM-Angriffen vgl. → Rn. 413. Letztlich sind aber IT-Angriffe wie auch Derial-of-Service-Attacken (DoS), die auf die Verfügbarkeit und Erreichbarkeit des Dienstes zielen (auf Applikationsebene, als Ressourcenangriffe oder Bandbreitenangriffe) nie gänzlich ausgeschlossen.
- **Installation und Zugang** zum beA-Postfach erfolgt ohne Installationsaufwand über Webbrowser oder direkt über Kanzleisoftware. Auf ein beA-Postfach kann unmittelbar über das Internet mit einem **Web-Client oder mittels Kanzleisoftware** zugegriffen werden; in beiden Fällen sind für die Anmeldung zwei voneinander unabhängige Sicherungsmittel notwendig (sog. **Zwei-Faktoren-Authen-**

---

[38] Arbeitsgruppe „IT-Standards in der Justiz", Bund Länder Kommission für Informationstechnik in der Justiz, Änderung der Abbildungsvorschrift für die SAFE-ID, Stand Dez. 2014, www.egvg.de/Drittprodukte /SAFE_Abbildungsvorschrift_SAFE_ID_Stand_Dez_2014.pdf.
[39] Die BLK-AG IT Standards hat die Abbildungsvorschrift abgestimmt; diese ist als Bestandteil des SAFE-Konzepts abrufbar unter www.justiz.de.
[40] Vgl. *Omlor/Elixmann* Juris JM 11/2015, 398 (399).
[41] Vgl. hierzu auch *Sorge/Krüger* NJW 2015, 2764.
[42] Nach *BRAK*, „beA kommt – Ihr elektronisches Anwaltspostfach ab 2016", S. 8, 9 mwN.

tifizierung). Dies gilt für Rechtsanwälte als Postfachinhaber wie gleichfalls für zugriffsberechtigte nicht anwaltliche Kanzleimitarbeiter. Sicherungsmittel für den Zugriff auf ein Postfach sind Chipkarten wie die beA-Karte oder Softwarezertifikate und ihre jeweils dazugehörige PIN-Nummer.
- **Karten-Voraussetzung:** Vor der beA-Nutzung ist die Beantragung einer **beA-Karte** notwendig. Durch diese wird gewährleistet, dass nur Anwälte ein beA-Postfach erhalten, weil nur die im bundeseinheitlichen amtlichen Anwaltsregister verzeichneten Mitglieder der Rechtsanwaltskammern zur Verwendung berechtigt sind. Die Herstellung der Ausgabe der beA-Karten erfolgt über die beauftragte Bundesnotarkammer. Eine Onlinebestellmöglichkeit ist eingerichtet unter www.bea.bnotk.de. Auf die dort veröffentlichten Antragsmodalitäten wird verwiesen.
- **Postfach:** Jedes beA-Postfach ist entsprechend der gesetzlichen Vorgabe stets einem Rechtsanwalt persönlich zugeordnet.
- **Rechtezuweisung:** Durch die Zuweisung unterschiedlicher Rechte kann eine Kanzlei typische Arbeitsteilung mit Anwaltskollegen und Kanzleimitarbeitern durchführen.
- **Bildschirmdarstellung:** Das beA weist Ähnlichkeiten im **Frontend** auf mit herkömmlichen E-Mail-Systemen, funktioniert aber sicherer und an die spezifische Anwaltstätigkeit angepasst.
- **Menüführung:** Im linken Menübereich befinden sich die Ordner zu Posteingang und Postausgang, Entwürfe und Papierkorb und eine Übersicht sämtlicher Postfächer, auf die der jeweilige Nutzer Zugriff hat. Die Postfächer können einzelnen Nutzern unterschiedliche Rechte zuweisen. Es ist möglich, dass ein Mitarbeiter beispielsweise die eingehende Post verarbeiten und ein anderer Mitarbeiter den beA-nutzungsberechtigten Rechtsanwalt im Urlaub vertreten kann.
- Beim **Empfang von Nachrichten** ist wegen der hohen Sicherheitsstandards eine Anzeige noch nicht geöffneter Nachrichten von Gerichten zunächst ohne Nachrichtenbetreff gegeben. Erst beim Öffnen werden die gesamten Nachricht, die Anhänge und auch die Betreffzeile entschlüsselt. Die Betreffzeile wird in der Nachrichtenübersicht danach jedoch weiterhin angezeigt. Die eingegangenen Nachrichten können auch nach Absender, Eingangsdatum oder Aktenzeichen sortiert werden.
- Ein **elektronisches Empfangsbekenntnis (EB)** in der Gestalt eines maschinenlesbaren Datensatzes kann nach der gesetzlichen Vorgabe erst ab 2018 abgegeben werden.

63 Die folgende Bildschirmdarstellung und Menüführung darf mit freundlicher Genehmigung der BRAK abgedruckt werden:

64 beA – Postfach – Die Startseite – Anmeldung

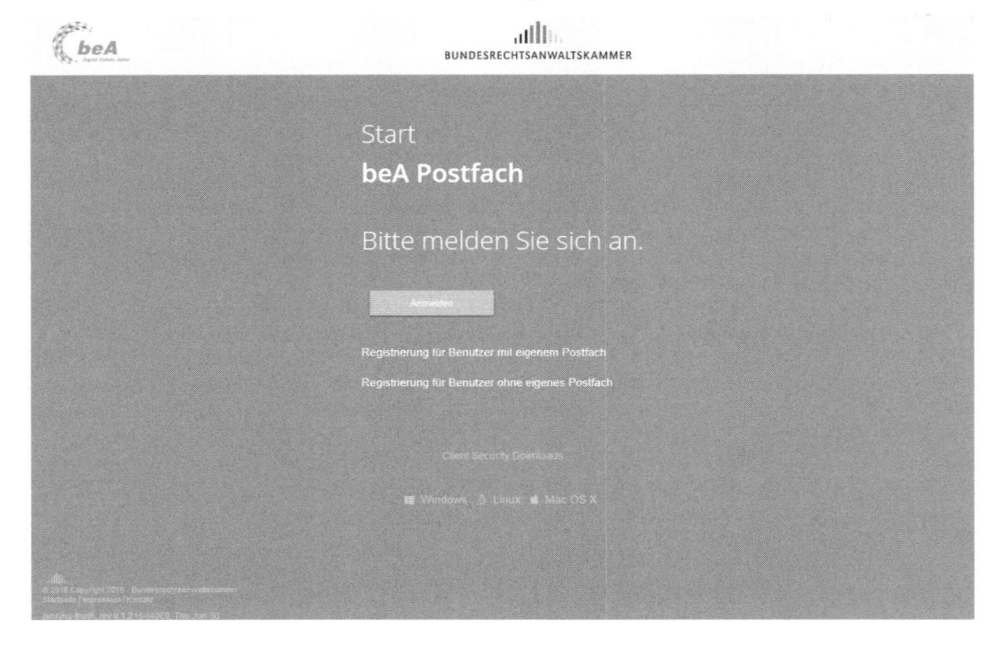

IV. Materiell- und verfahrensrechtliche Vorboten des E-Justiz-Gesetzes 65, 66 § 2

beA – Die Nachrichtenübersicht 65

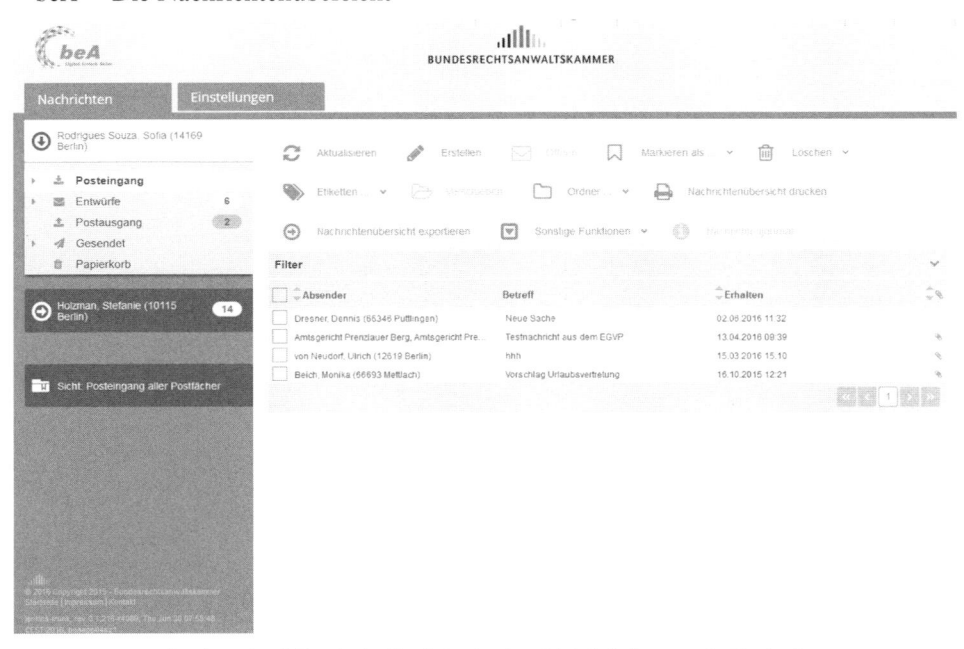

Struktur des E-Postfachs ähnlich gängige E-Mail-Software wie Outlook

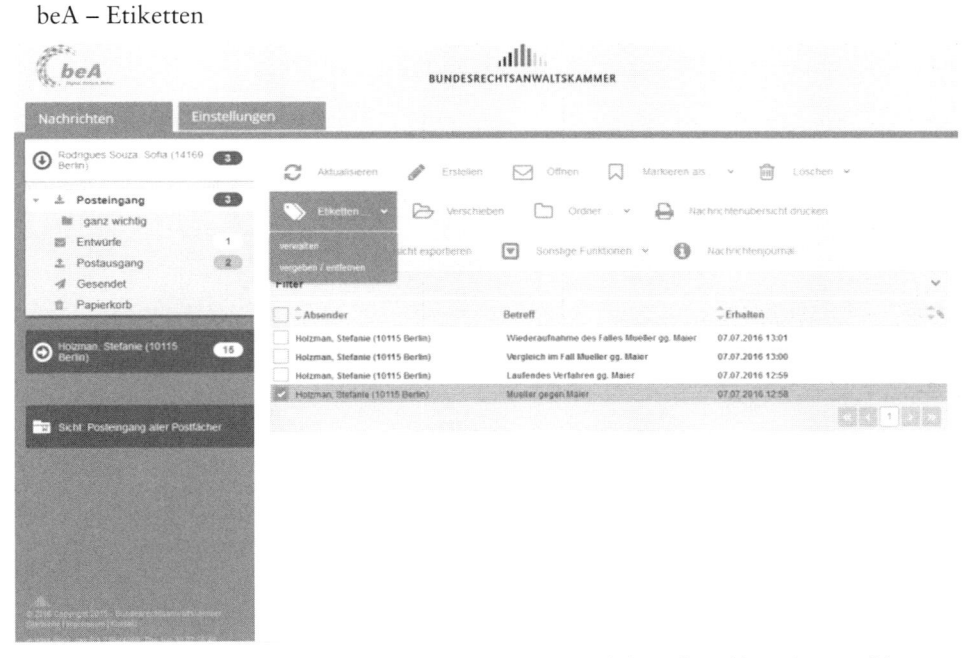

beA – Etiketten 66

Etiketten verwalten, vergeben, entfernen – Ziel der BRAK: möglichst selbsterklärende Menüführung

§ 2 67, 68 § 2 Der elektronische Rechtsverkehr (ERV)

67   beA – Markierungen der E-Nachrichten

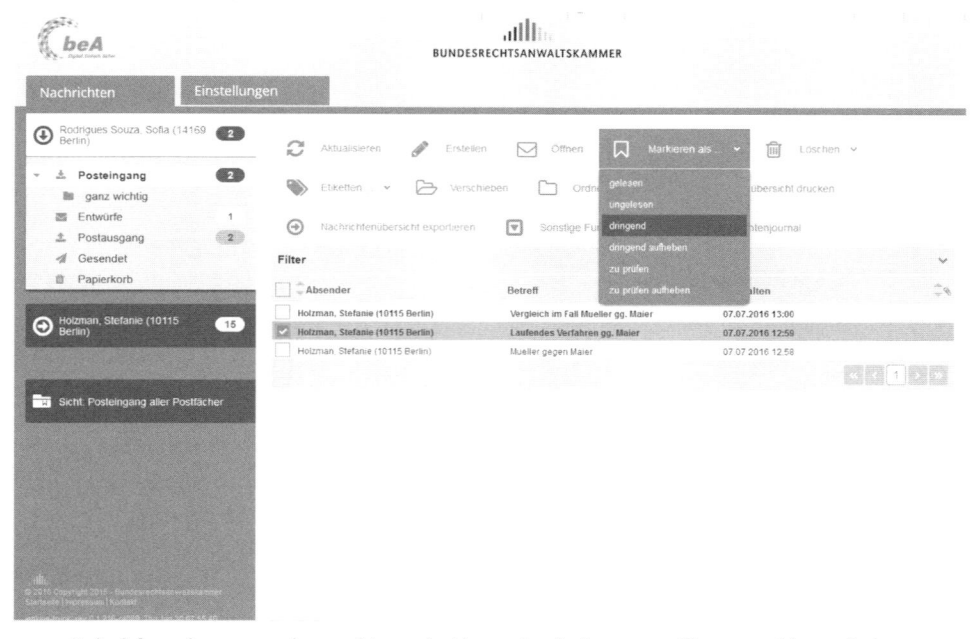

Beispiele: gelesen, ungelesen, dringend, dringend aufheben, zu prüfen, zu prüfen aufheben

68   beA – Spaltenauswahl

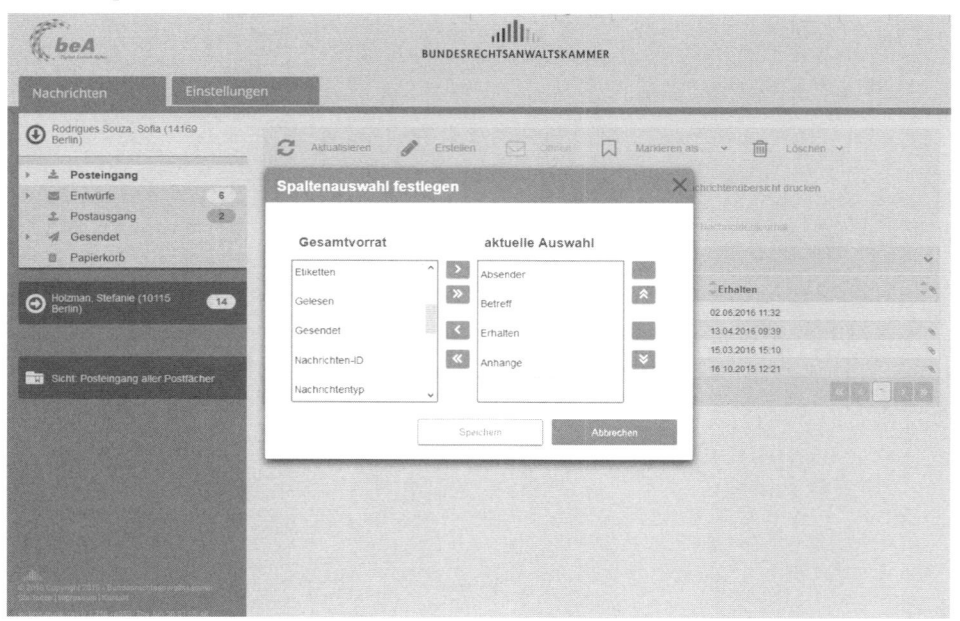

Spaltenauswahl festlegen – Hier kann der „Gesamtvorrat" strukturieret werden

20

IV. Materiell- und verfahrensrechtliche Vorboten des E-Justiz-Gesetzes 69, 70 § 2

beA – Geöffnete Nachricht

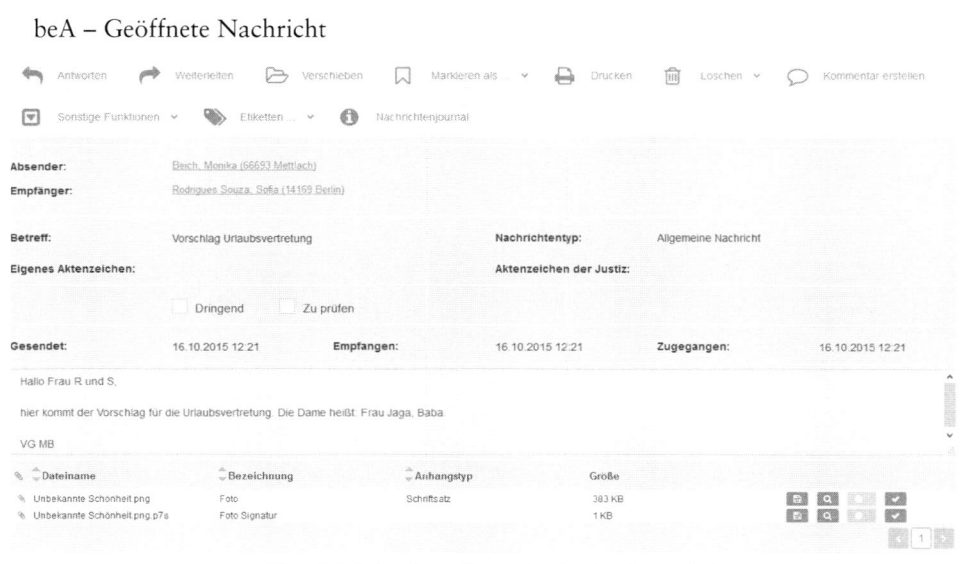

Übersichtliche Darstellung des Nachrichteninhalts

beA – Nachrichten verschieben

Auswahloption beim Verschieben von Nachrichten in die zur Verfügung stehenden Zielordner

§ 2 71, 72   § 2 Der elektronische Rechtsverkehr (ERV)

71   beA – Übersicht sicher gesendet

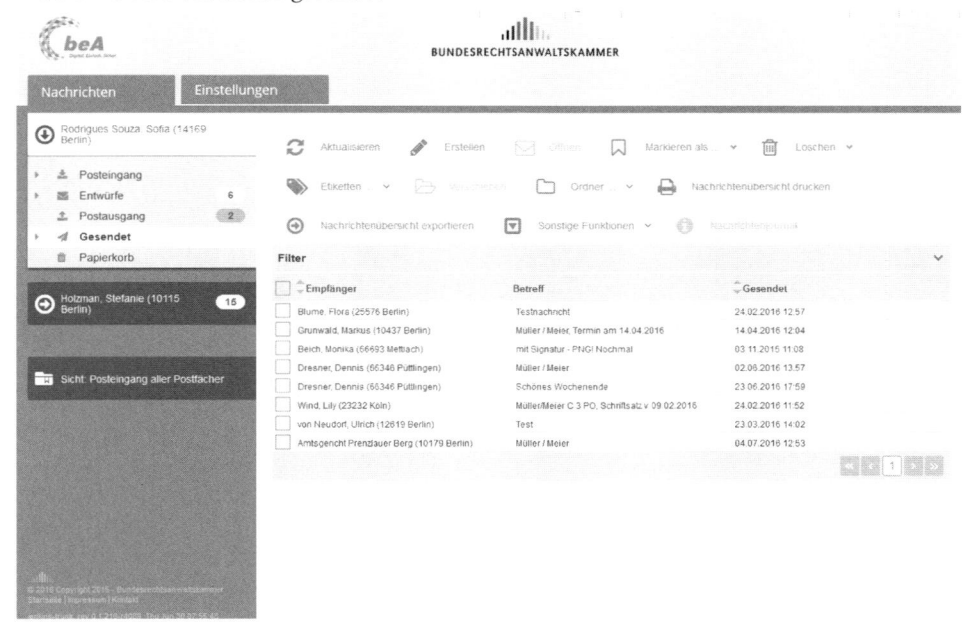

72   beA – Gesendete Nachricht

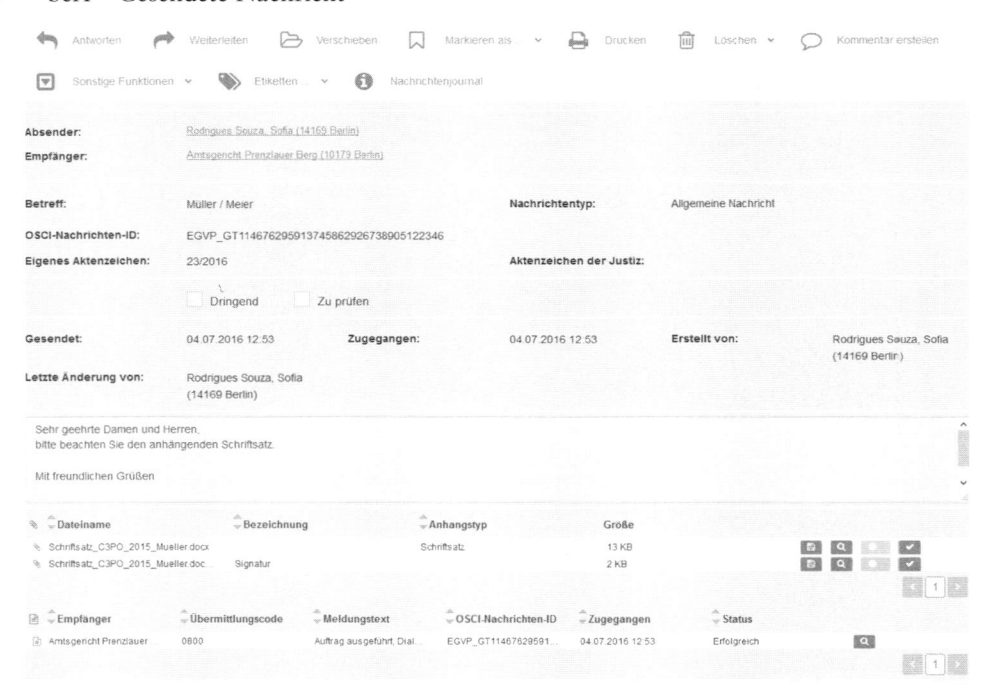

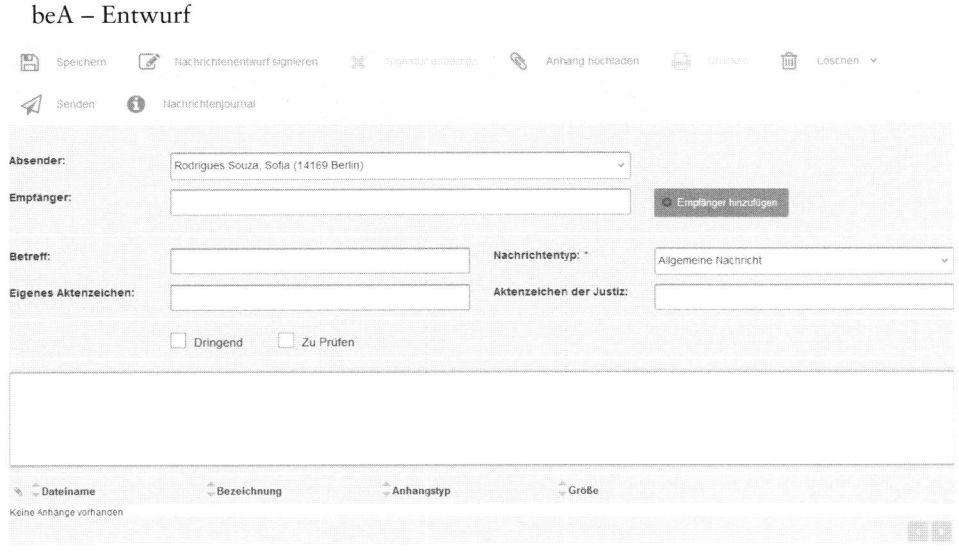

IV. Materiell- und verfahrensrechtliche Vorboten des E-Justiz-Gesetzes   73, 74 **§ 2**

beA – Entwurf   **73**

Eingabefelder

beA – Empfänger auswählen   **74**

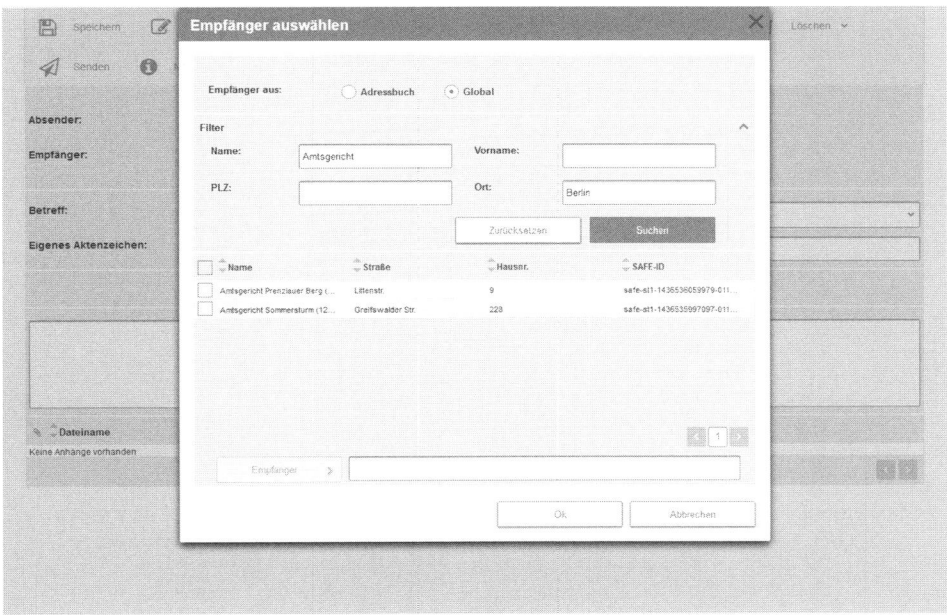

Bei der Empfängerauswahl kann eine Datenübernahme zB aus dem Adressbuch erfolgen

75 beA – Nachrichtentypen

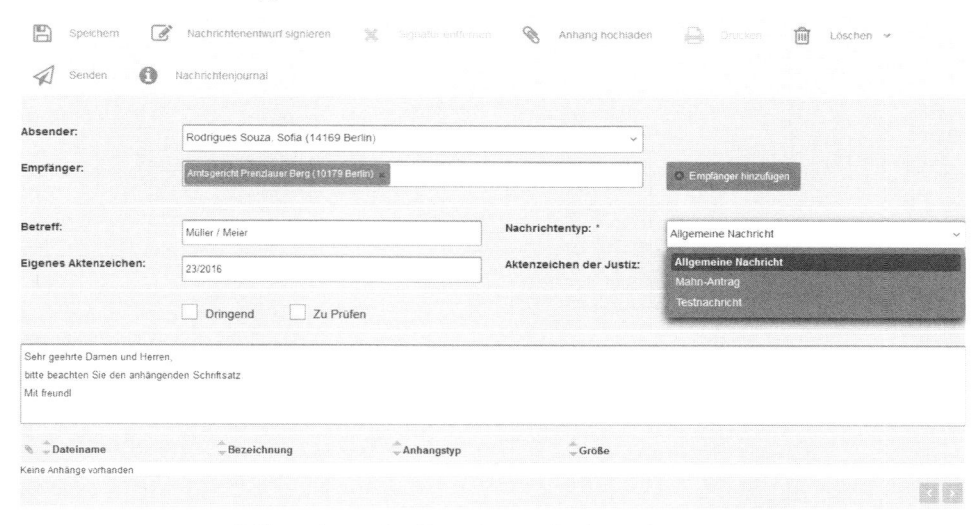

Differenzierung in allgemeine Nachricht, Mahn-Antrag u. a.

76 beA – Anhänge hochladen

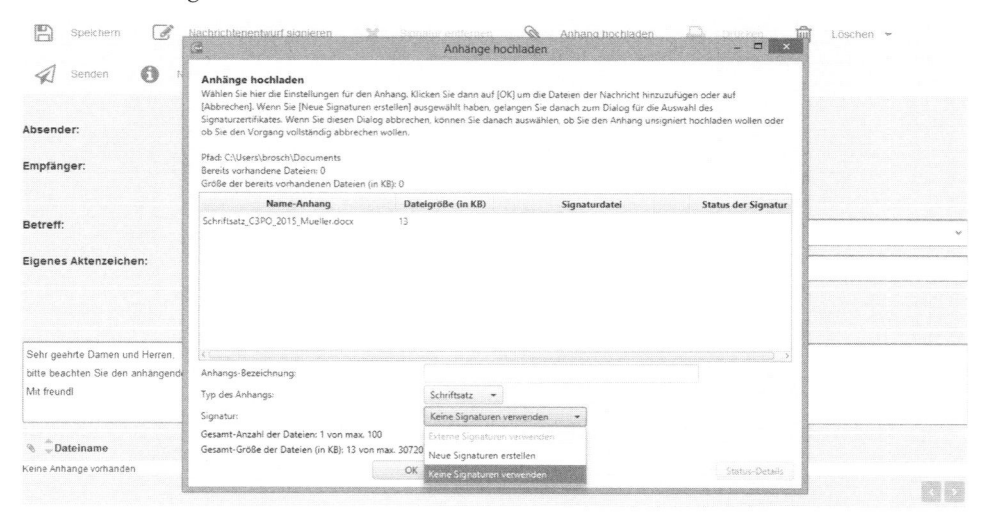

Die wichtige Funktionalität des Hochladens von Anhängen ist in der hier abgebildeten Version bei der Gesamt-Anzahl der Dateien von 1 auf 100 und bei der Größe beschränkt

IV. Materiell- und verfahrensrechtliche Vorboten des E-Justiz-Gesetzes   77, 78   § 2

beA – Auswahl der Signaturkarte   77

Die „Sicherheits-Token-Auswahl" zeigt das QES-Zertifikat für die Signatur an.
Für die Signaturerstellung ist die geheim zu haltende PIN einzugeben.

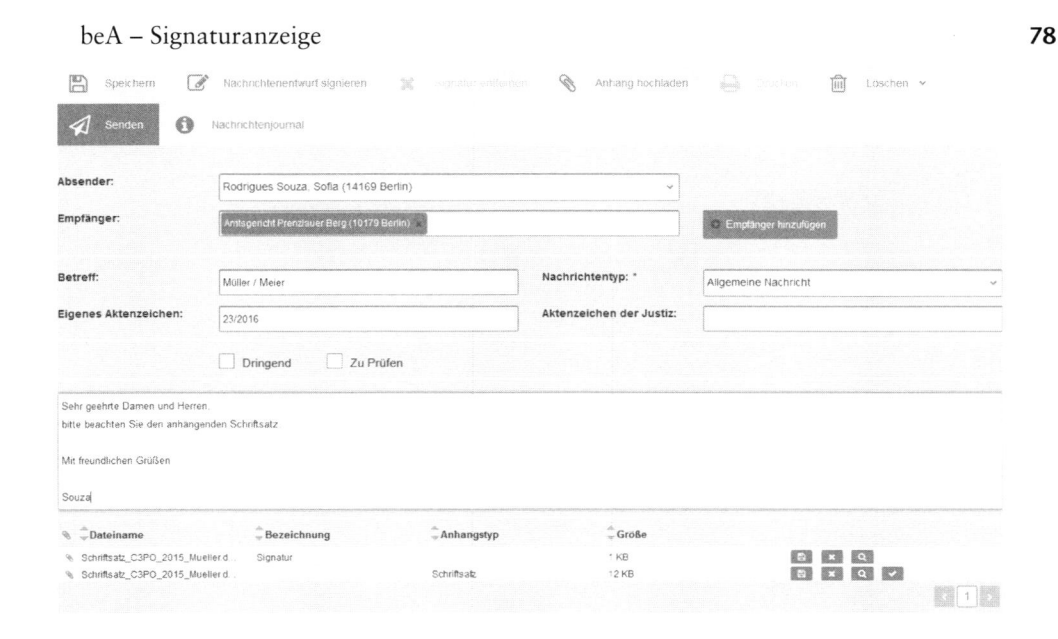

beA – Signaturanzeige   78

§ 2 79, 80

79 beA – Versandanzeige

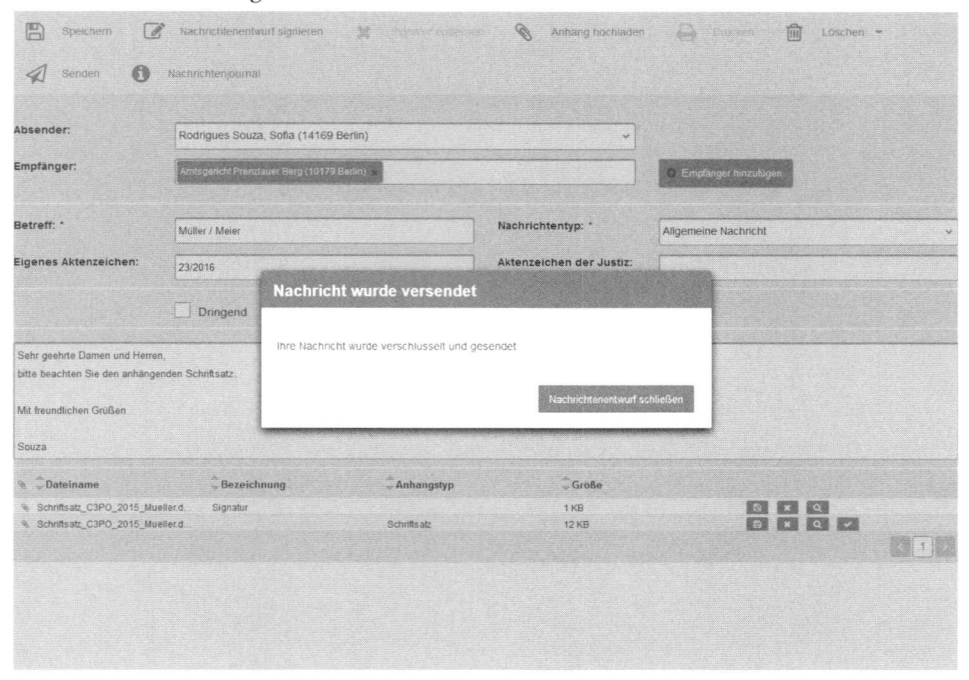

Wichtiges Feature: Anzeige, dass die Nachricht verschlüsselt und gesendet wurde

80 beA – Benutzerverwaltung – Postfächer

IV. Materiell- und verfahrensrechtliche Vorboten des E-Justiz-Gesetzes   81, 82   **§ 2**

beA – Postfachübersicht – Mitarbeiter anlegen/ändern   **81**

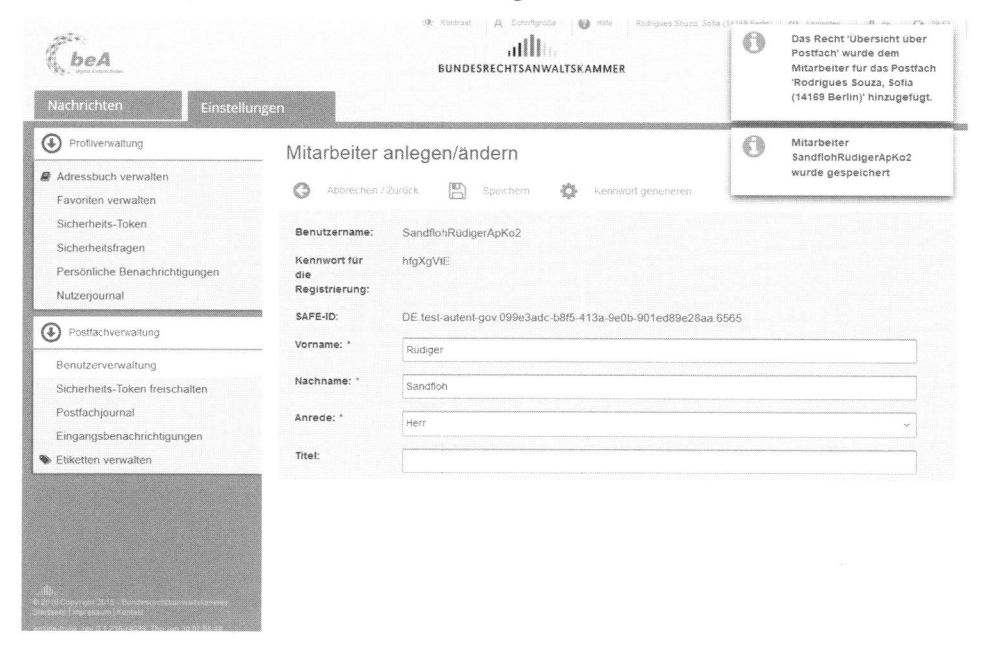

beA – Eingangsbenachrichtigungen   **82**

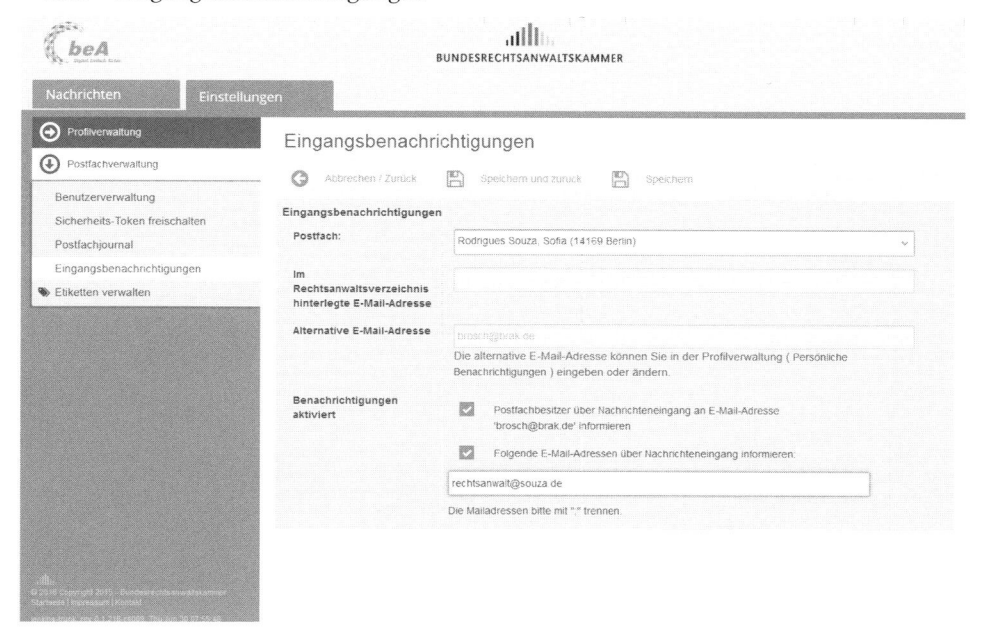

      Es ist möglich, dass der Postfachbesitzer über den Nachrichteneingang an seine E-Mail-Adresse informiert wird. Diesen „Postfachservice" sollten Nutzer einschalten, wenn das „einfache E-Mail-Postfach" der übliche „Briefkasten" im Berufsalltag ist.

§ 2   83, 84   § 2 Der elektronische Rechtsverkehr (ERV)

83   beA – Erstregistrierung

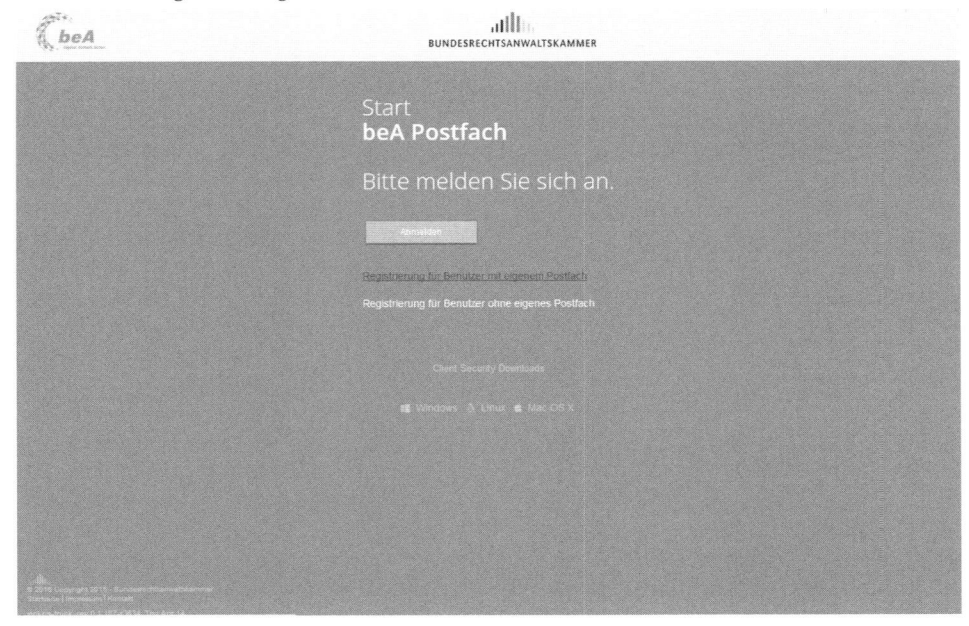

Anmeldemaske bei Erstregistrierung

84   beA – Sicherheits-Token

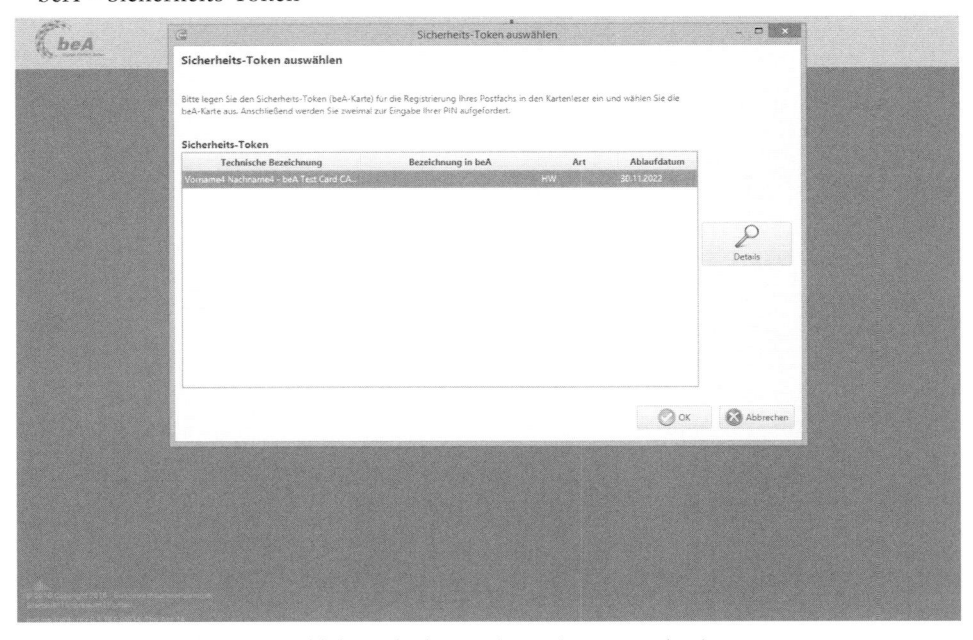

Darstellung: Auswahl des Sicherheits-Token (= beA-Karte) für die Registrierung des Postfachs; Einlegen in den Kartenleser und PIN-Eingabe

IV. Materiell- und verfahrensrechtliche Vorboten des E-Justiz-Gesetzes 85, 86 § 2

beA – PIN-Eingabe 85

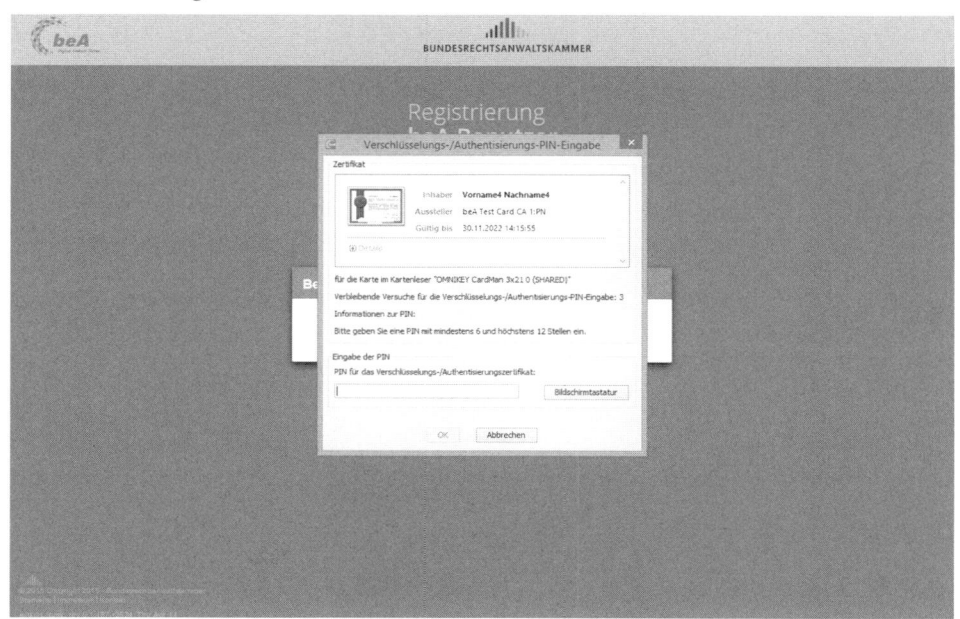

Abbildung der PIN-Eingabe – PIN für Verschlüsselungs- und Authentifizierungszertifikat

beA – Zweiteingabe PIN 86

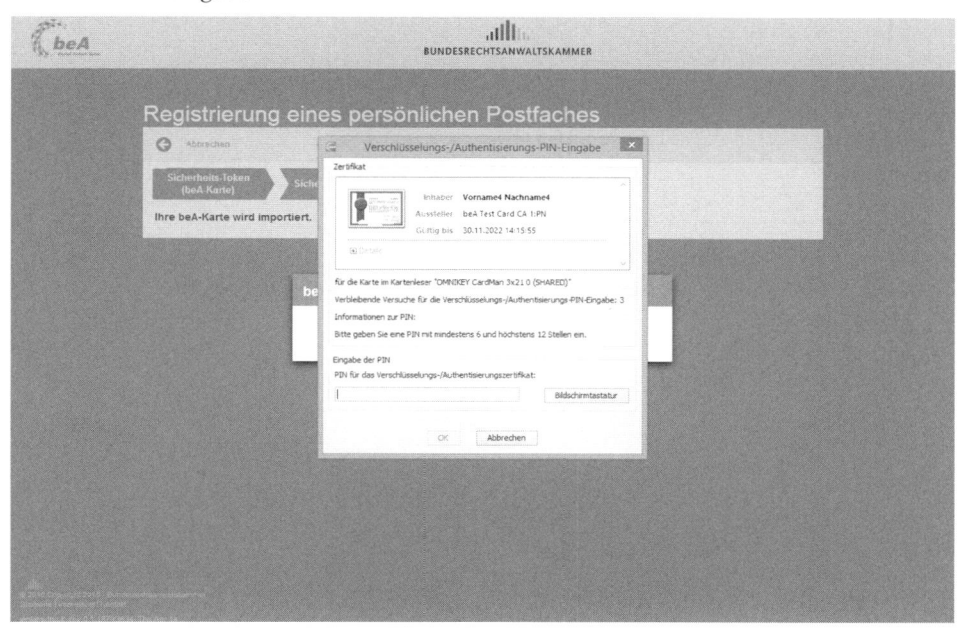

Achtung: Anzahl der Eingabe beschränkt auf 3

§ 2   87, 88

87   beA – Import

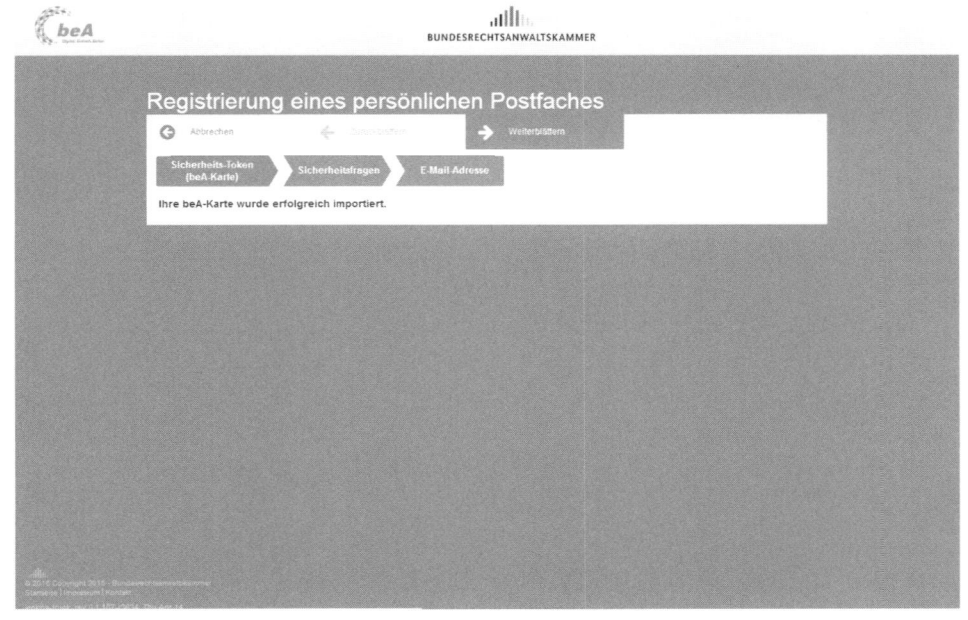

Anzeige, nachdem beA-Karte erfolgreich importiert wurde

88   beA – Sicherheitsabfrage

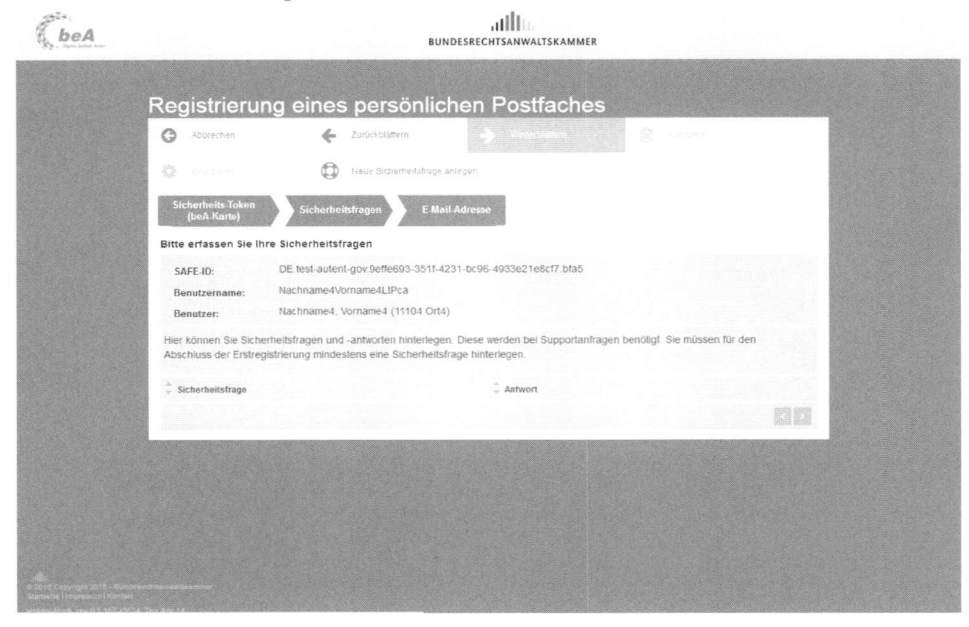

Hinterlegung von Sicherheitsfragen und -antworten. Bei Erstregistrierung muss mindestens eine Sicherheitsfrage hinterlegt sein. Bei Support-Anfragen wird diese benötigt

IV. Materiell- und verfahrensrechtliche Vorboten des E-Justiz-Gesetzes

beA – Fragenauswahl

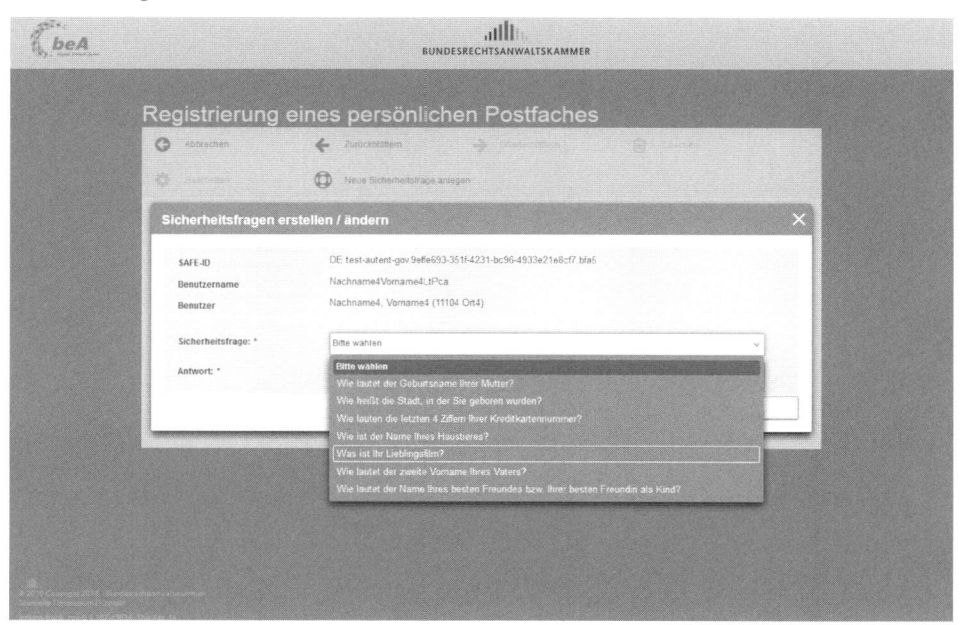

Typische Auswahl leicht zu merkender individuelle Sicherheitsfragen.
Ein besonders hoher Geheimhaltungsschutz ist aber eher fraglich

beA – Anzeige der Sicherheitsfrage(n) erfolgreich

91 beA – Benachrichtigung

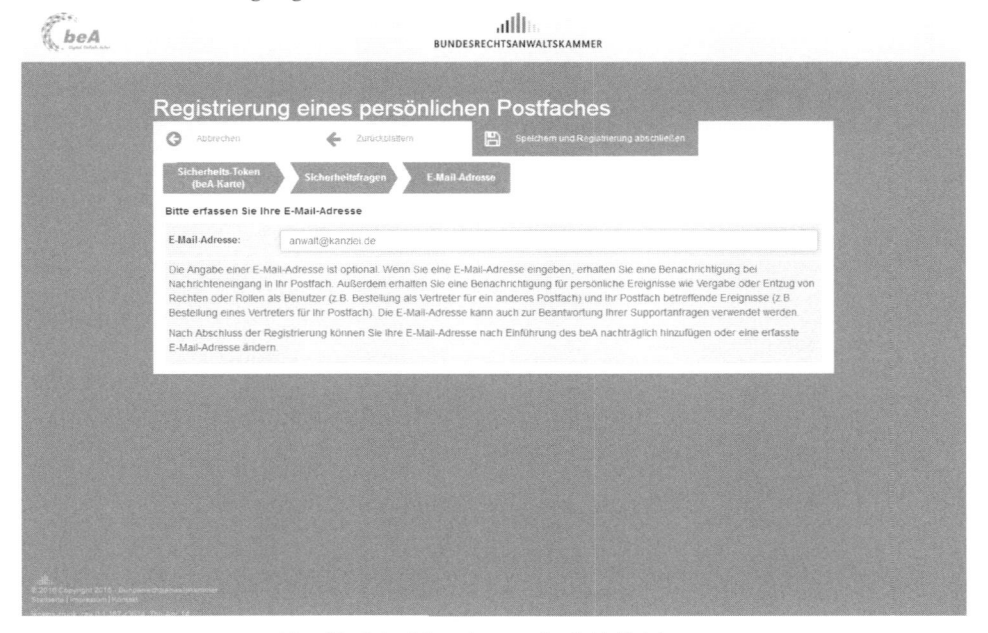

Unerlässliche Hinterlegung der E-Mail-Adresse

92 In der Praxis wird gegenwärtig die Frage kontrovers diskutiert, **ob die BRAK das beA eines Rechtsanwalts ab 1.1.2016 ohne dessen Erstregistrierung empfangsbereit schalten darf.** Hierzu ist auszuführen, dass eine ausdrückliche gesetzliche Grundlage fehlt. Insofern hat eine Auslegung des § 31a Abs. 1 Satz 1 BRAO zu erfolgen: grammatikalisch, systematisch, historisch, teleologisch. Diese führt im Ergebnis, auch unter Berücksichtigung verfassungsrechtlicher Leitlinien der Berufsausübungsfreiheit gem. Art. 12 Abs. 1 GG und dem Verhältnismäßigkeitsgrundsatz nicht zu einer „Durchgriffsbefugnis der BRAK" und Rechtsfolge im Sinne einer **passiven Überwachungspflicht unter haftungsrechtlich Gesichtspunkten,** erst recht nicht vor dem Hintergrund der von der BRAK kurzfristig ausgegebenen „Rückrufaktion" und Verschiebung der beA-Einführung.[43]

Es bleibt abzuwarten, ob der Gesetzgeber eine bundesgesetzliche Verpflichtung statuiert bzgl. mittels RVO die BRAK verpflichtet wird, das beA empfangsbereit einzurichten (vgl. zum Streit- und Sachstand u. a. → Rn. 29; 94 mwN).

93 Der BGH (Senat für Anwaltssachen) hat am 11.1.2016 entschieden, dass die **„beA-Umlage",** mit der Mitglieder der Rechtsanwaltskammer in pekuniärer Hinsicht belastet werden, rechtmäßig sei.[44] Im Streitfall ging es um die Umlageordnung der Rechtsanwaltskammer Hamm zur **Finanzierung des beA** als ERV-Vehikel. Nach Ansicht des BGH verstoßen die §§ 31a, 177 Abs. 2 Nr. 2 BRAO nicht gegen Verfassungsrecht, insbesondere nicht gegen die Berufsausübungsfreiheit gemäß Art. 12 GG, es

---

[43] I. E. ebenso *Werner*, werner-ri.de; a. A. wohl *Brosch/Sandkühler* NJW 2015, 2760 (2761); *dies.* BRAK-Magazin 4/2015, 3; zur BRAK-Rückrufaktion zB *Cosak*, aaO; vgl. auch *Dahns*, Blockade des beA? NJW-Spezial 14/2016, S. 447.
[44] BGH Urt. vom 11.1.2016, AnwZ (BrfG) 33/15.

handelt sich nur um Berufsausübungsregelungen. Diese Berufsausübungsregelungen sind nach Auffassung des BGH durch vernünftige Gründe des Allgemeinwohls, konkret der Vereinfachung und Vergünstigung des Rechtsverkehrs, gerechtfertigt.[45] Hintergrund dieser gesonderten Umlage, die zur Erhöhung des jährlichen Kammerpflichtbeitrags für natürliche und juristische Personen, die Mitglieder der regionalen Rechtsanwaltskammern sind, führt, ist der Umstand, dass die regionalen Kammern für jedes ihrer Mitglieder zusätzlich 67,00 EUR für das beA an die BRAK abführen müssen, insgesamt über 11,0 Mio. EUR.[46] mit dem Vorjahresbeitrag 2015 in Höhe von 63,00 EUR sind die Kammern unterschiedlich umgegangen: „Einige haben diese Gelder in den Mitgliedsbeitrag eingerechnet und zum Teil auch aus dem eigenen Vermögen finanziert, andere haben eine Umlageordnung erlassen."[47] In diesem Sinn hat der BGH betont, die Umlage der Kosten auf die Kanzleien, um die Nutzung des beA zu ermöglichen, wirke sich nicht als Verfassungsverstoß aus, weil die meisten Kanzleien bereits über eine entsprechende Infrastruktur verfügen würden und die Umstellungskosten eher gering seien. Unter Bezugnahme auf die in der Gesetzesbegründung angegebenen Portoeinsparungen von über 20 Mio. EUR für die Anwaltschaft füge sich die *„Umlage, welche die BRAK und dementsprechend die regionalen Anwaltskammern zur Einrichtung des beA erheben, (…) in diesem Rahmen ein."*[48]

Die Verfasser halten die Begründung des BGH und die Entscheidungen der Kammern im Ergebnis für sachangemessen und vertretbar.

Aber nach gegenwärtiger Rechtslage muss der Anwalt eine Kommunikation über das beA nur zulassen, wenn er hierfür etwa den Zugang eröffnen will, vgl. § 3a VwVfG, § 5 V 1 VwZG, § 36a SGB I, § 87a I 1 AO (so auch AGH Berlin, Beschl. vom 6.6.2016, II AGH 16/15). Diesbezüglich wird der Bundesgesetzgeber mit Inkrafttreten am 1.1.2018 verpflichtet durch RVO statuieren, die in Gleichklang mit der personellen Verpflichtung gem. § 174 III 4 ZPO die Eröffnung eines sicheren Übermittlungswegs für die Zustellung von E-Dokumenten ermöglichen soll.

Soweit die BRAK mit ihrem IT-Partner ATOS IT Solutions and Service GmbH den neuen Starttermin 29.9.2016 einhalten kann werden nach dem BMJ-Entwurf eine Zeitspanne von 5 Monaten verstreichen, in der die beA-Postfächer zuvor schon aktiv, aber ohne Nutzungspflicht ausgestattet waren.[49]

e) Eingang eines elektronischen Dokuments bei Gericht

Der **Eingang eines elektronischen Dokuments bei Gericht** wird gemäß § 130a Abs. 5 ZPO nF an den Zeitpunkt geknüpft, ab dem es auf der für den Empfang bestimmten Einrichtung des Gerichts gespeichert ist. Diesbezüglich ist dem Absender eine **automatisierte Bestätigung über den Zeitpunkt des Eingangs** zu erteilen. Soweit ein Dokument für das Gericht zur Bearbeitung nicht geeignet ist, muss dies dem Absender unter Hinweis auf die Unwirksamkeit des Eingangs und auf die geltenden technischen Rahmenbedingungen unverzüglich mitgeteilt werden (§ 130a Abs. 6 ZPO nF).

Das Dokument gilt als zum Zeitpunkt der früheren Einreichung eingegangen, sofern der Absender es unverzüglich in einer für das Gericht zur Bearbeitung geeigneten Form nachreicht und glaubhaft macht, dass es mit dem zuerst eingereichten Dokument inhaltlich übereinstimmt.

---

[45] BGH Urt. vom 11.1.2016, AnwZ (BrfG) 33/15.
[46] *Huff*, Alle müssen zahlen, 10.2.2016, www.lto.de.
[47] *Huff*, aaO.
[48] BGH Urt. vom 11.1.2016, AnwZ (BrfG) 33/15.
[49] Vgl. *Lorenz*, Anwälte müssen beA nutzen – ab 2018, LTO 10.5.2016 www.lto.de/recht.

97 Schließlich kann eine nach der Neufassung von § 169 ZPO in Papierform zuzustellende Abschrift künftig auch durch **maschinelle Bearbeitung beglaubigt** werden. Anstelle der handschriftlichen Unterzeichnung ist die Abschrift mit dem Gerichtssiegel zu versehen. Dasselbe gilt, wenn eine Abschrift per Telekopie zugestellt wird. Nach 169 Abs. 4 ZPO kann ein Schriftstück in beglaubigter elektronischer Abschrift zugestellt werden. Die Abschrift ist mit einer qeS des Urkundsbeamten der Geschäftsstelle zu versehen. Ein nach § 130b ZPO nF errichtetes gerichtliches elektronisches Dokument kann in Urschrift zugestellt werden; einer Beglaubigung bedarf es nicht.

f) Normative Funktion von Formularen

98 Nach der Neufassung des § 130c ZPO erhalten **Formulare normativ eine Funktion**. Sie werden als Steuerungselement verstanden, indem mit ihnen eine **strukturiert maschinenlesbare Datenübertragung** sichergestellt werden soll. Damit kann ein homogener ERV erzeugt werden. Allein die Gesetzesformulierung ist zu bemängeln. Dort heißt es:

„Die Rechtsverordnung **kann** bestimmen, dass die in den Formularen enthaltenen Angaben **ganz oder teilweise** in strukturierter maschinenlesbarer Form zu übermitteln sind".
Das Ermessen stellt es in das Belieben des Verordnungsgebers, die Datenübermittlung in maschinenlesbarer Form vorzuschreiben.

g) Die Elektronische-Akte (E-Akte)

99 **Die elektronische Akte wird kraft Gesetzes eingeführt** und die E-Aktenführung **ab 1.1.2018** zum Standard erhoben. Soweit während der Übergangszeit zur elektronischen Akte die Akte noch in Papier geführt wird, sind elektronische Einreichungen auszudrucken und Prüfvermerke über die Einreichung per qeS oder DE-Mail oder anderen Sicherungsmechanismen in die Papierakte aufzunehmen. Solche Sicherungsmechanismen können von der Bundesregierung mit Zustimmung des Bundesrates festgelegt werden, soweit Authentizität und Integrität der Schriftstücke sowie Barrierefreiheit gewährleistet sind. Damit ist das Gesetz technikoffen, und es können ohne Gesetzesänderung weitere sichere Übertragungsverfahren implementiert und für die Verwendung im ERV zugelassen werden. Dies ist begrüßenswert.

Im Gegensatz zur bislang geltenden Fassung des § 298a ZPO müssen **Papierakten nicht parallel aufbewahrt** werden, sondern können nach sechs Monaten vernichtet werden, sofern die Inhalte gescannt wurden und das Papierdokument nicht rückgabepflichtig ist oder wegen eines höheren Beweiswertes weiter aufbewahrt werden muss. Letzteres kann zB notarielle Urkunden, Wechsel oder Schecks betreffen.

100 Es wird bis 2022 dauern, bis die Justiz massenhaft und ausschließlich elektronische Datensätze erhält. Bis dahin wird bei der Aktenbearbeitung dank § 298 BGB ein **erhöhter Druck- und Scan-Aufwand** entstehen. Dadurch sind die bereits angesprochenen **Medienbrüche vorprogrammiert**. Das nimmt der Gesetzgeber in Kauf, ohne zuzugeben, dass die Umsetzung nicht kostenneutral realisierbar sein wird.

h) Die Barrierefreiheit

101 Die **Barrierefreiheit** wird als Verfahrensprinzip eingeführt.[50] Mit § 191a GVG wird zum 1.7.2014 gewährleistet, dass Schriftsätze barrierefrei auch für Blinde und Sehbehinderte lesbar eingereicht werden können. Die Barrierefreiheit soll einen systemüber-

---

[50] Vgl. *Sorge/Krüger* NJW 2015, 2764.

i) Die Verfahrensbeschleunigung und Effektivitätssteigerung

Eine **Verfahrensbeschleunigung** und **Steigerung der Effektivität** soll für Justiz, Anwälte und Bürger erreicht werden.

Für **Bürger** sei diesbezüglich auf die Möglichkeit der Identifikation durch Nutzung des elektronischen Identitätsnachweises nach § 18 Personalausweisgesetz hingewiesen. Die Justiz hat für Bürger aber sämtliche Kommunikationskanäle offen zu halten, weil die Teilnahme am ERV für diese nicht verpflichtend ist. Aufgrund der zu erwartenden **langen Umstellungsphasen** bei Justiz, Anwaltschaft, Verwaltung und Wirtschaft hin zur elektronischen Aktenführung mit **Schulungen** und **technischen Anschaffungen** (insbesondere von Scannern) werden die Verfahrensbeschleunigung und Effektivitätssteigerung sowie die geplanten **Kosteneinsparungen** eher lang- als kurzfristige Ziele sein.

j) Die E-Zustellungen

Zustellungen werden künftig gegen **Empfangsbekenntnis (EB)** oder **automatisierte Eingangsbestätigung** nachgewiesen. Insofern bestimmt § 174 Abs. 3 S. 3 und 4 ZPO nF, dass ein Dokument auf einem sicheren Übermittlungsweg iSd § 130a Abs. 4 ZPO nF zu übermitteln und gegen unbefugte Kenntnisnahme Dritter zu schützen ist. Neu ist, dass die Zustellung nach Absatz 3 durch ein **elektronisches EB** nachgewiesen wird, welches in strukturierter maschinenlesbarer Form zu übermitteln ist. Hierfür ist ein vom Gericht mit der Zustellung zur Verfügung gestellter strukturierter Datensatz zu nutzen. Gemäß § 182 Abs. 3 ZPO nF ist die Zustellungsurkunde der Geschäftsstelle in Urschrift oder als elektronisches Dokument unverzüglich zurückzuleiten. Nach § 195 Abs. 2 S. 2 ZPO nF gilt § 174 Abs. 4 S. 2 bis 4 entsprechend.

Aus Sicht der Anwaltschaft ist es erfreulich, dass die Neuregelung des § 174 ZPO im Hinblick auf den Nachweis des elektronischen Zugangs zugunsten der Anwälte novelliert wurde. Zunächst sah der Regierungsentwurf vor, dass das EB abgeschafft und mittels eines durch das neue E-Postfach der Anwälte automatisch generiertes EB ersetzt werden sollte. Die Zustellung sollte nach drei Tagen ab Eingang der Schriftstücke im elektronischen Anwaltspostfach unabhängig von dessen Kenntniserlangung als bewirkt gelten. BRAK und DAV hatten sich **gegen eine Zustellfiktion** und vielmehr dafür eingesetzt, auch beim Rechtsinstitut des elektronischen EB ein „**voluntatives Element**" zu berücksichtigen. Dies ist im Ergebnis nachhaltig zu begrüßen.

k) Die Neuregelungen der Beweiskraft und das ersetzende Scannen

Die geänderten **Vorschriften über die Beweiskraft und eingescannte Urkunden** sind von **erheblicher Praxisbedeutung**. So betrifft die **einzige Änderung, die bereits mit der Gesetzesverkündung in Kraft** getreten ist, die **Beweiskraft öffentlicher Urkunden**.

Damit Akten durch Behörden bereits kurzfristig auf elektronische Bearbeitung umgestellt werden können, werden gescannte Unterlagen von Behörden den Papierunterlagen durch § 371b ZPO nF (Beweiskraft gescannter öffentlicher Urkunden) vollständig gleichgestellt.
In diesem Zusammenhang ergeben sich viele Praxisvorteile: Es können Anfragen der Bürger auf Auskunft und Akteneinsicht elektronisch beantwortet werden, was erhebliche Kosteneinsparungen zur Folge haben und für die Anfragenden die Bearbeitung vereinfachen wird. Anwälte können

---

[49] *Emmert*, E-Justiz-Gesetz: Gleichstellung des Beweisrechtes von elektronischem Dokument und Papier, 30.6.2013, www.all-about-security.de.

Akten ohne längere Wartezeit einsehen und müssen sich nicht um rechtzeitigen Rückversand der Akten kümmern. Gerichte gehen nicht mehr das Risiko ein, dass Originalakten unterwegs „in Verstoß geraten", dh abhandenkommen. Es entstehen keine langen Bearbeitungspausen mehr durch den Aktenversand, die Akten stehen durchgehend zur Bearbeitung zur Verfügung.

Die beweisrechtliche Gleichstellung gescannter Behördenakten führt zu ganz **erheblichen Vorteilen** auch für den Rechtsverkehr zwischen Unternehmen.[52]

106 Für Behörden gibt es Vorschriften zur Beweissicherung von gescannten Akten, die vom Bundesamt für Sicherheit in der Informationstechnik (BSI) entwickelt wurden und als **Technische Richtlinie TR-RESISCAN** veröffentlicht sind. Unter Berücksichtigung dieser Grundsätze, die aus geltenden Rechtsnormen des Beweis- und Datenschutzrechts abgeleitet wurden, können Behörden sicherstellen, dass Original und gescannte Kopie übereinstimmen. Durch die **revisionssichere Speicherung der gescannten Daten** nach der Technischen Richtlinie **TR-ESOR** kann nachgewiesen werden, dass die Beweiskraft der gespeicherten Daten nicht verloren geht.[53] Voraussetzung hierfür ist, dass die Schlüsselstärke rechtzeitig erhöht wird, soweit die zur Sicherung eingesetzten **kryptographischen Verfahren** durch die fortschreitende Computertechnik nicht mehr als sicher angesehen werden können.

107 Weitere Gesetzesänderungen haben sich zum 1.7.2014 ergeben. So können durch Verordnung elektronische Formulare ins Internet gestellt werden, die elektronisch auszufüllen und deren Daten in strukturierter Form zu übermitteln sind. Die Authentifikation kann dabei, soweit die Verordnung das vorsieht, statt mit qeS oder DE-Mail durch den elektronischen Personalausweis bzw. das entsprechende Dokument nach § 78 Abs. 5 des Aufenthaltsgesetzes für Ausländer erfolgen. Die Zustellung kann auch elektronisch erfolgen. Entgegen dem ursprünglichen Entwurf muss die Empfangsbestätigung nicht automatisiert direkt bei Eingang zurückgesendet werden, es genügt vielmehr wie im bisherigen Rechtsverkehr, dass der Empfang durch gesonderten Vorgang nach Erhalt quittiert wird. Die Empfangsbescheinigung ist in dem strukturierten Datenformat abzugeben, welches vom Gericht bei Versand des Dokuments mitgesendet wird.

108 Die **bedeutendste Änderung des Beweisrechtes,** die auch für Unternehmen Auswirkungen hat, betrifft § 371a ZPO. So genügt neben der Möglichkeit der Einreichung von Schriftsätzen mit elektronischer Signatur auch die Einreichung mittels DE-Mail. Neben der **Beweisvermutung** über den Absender ist damit auch die Beweisvermutung des Inhalts verbunden. Die Beweisvermutung kann wie bei der elektronischen Signatur nur dadurch erschüttert werden, dass Zweifel am Versand der Nachricht durch den Absender mit diesem Inhalt begründet werden.

Begründet wird dies damit, dass sich die Verwendung der qeS in der Praxis als zu kompliziert erwiesen und den Erwerb eines Kartenlesers und die Beantragung eines personenbezogenen Zertifikates erfordert hat. Bei jeder Übermittlung eines Dokumentes, für das eine qeS vorgeschrieben ist oder war – wie eine elektronische Rechnung bis zum 30.6.2011 – musste eine Signaturprüfung sowohl vorgenommen als auch dokumentiert werden.

109 Ferner wird die Beschränkung des Signaturgesetzes auf Personenzertifikate als Behinderung der Verwendung von digitalen Signaturen angesehen. Es ist bislang nicht möglich, für Unternehmen oder Behörden **organisationsbezogene Zertifikate** zu erhalten, so dass eine gemeinsame Verwendung wegen der an die Person gebundenen Verantwortlichkeit erschwert wird. Die Beweisvermutung für den Versand via DE-Mail wurde darauf beschränkt, dass eine natürliche Person alleine Inhaber eines DE-Mail-Kontos ist und sich dort sicher angemeldet hat. Das E-Justiz-Gesetz hat die Gelegenheit

---

[52] *Emmert,* aaO.
[53] *Emmert,* aaO.

zur Einführung eines Organisationszertifikates ebenso wenig genutzt wie die Einführung einer Beweisvermutung für organisationsbezogene DE-Mail-Konten.

Für Behörden und mit öffentlichem Glauben versehene Personen wie Notare wird die Beweisvermutung der Echtheit indes dafür geschaffen, dass Dokumente im Namen der Organisation sowohl signiert als auch per DE-Mail im Auftrag der Behörde bzw. mit öffentlichem Glauben versehen Person mit der Signatur des Providers versendet werden. Dies widerspricht § 5 Abs. 1 SigG, wonach nur Personen Zertifikate beantragen dürfen. Dies wurde bisher als Beschränkung auf natürliche, nicht juristische Personen aufgefasst. § 371b ZPO geht dieser Regelung aber als Ausnahme vor.[54] Das Bedürfnis der Behörden wird diesbezüglich abnehmen, eine Organisationssignatur für Unternehmen einzuführen, da für sie eine Ausnahmeregelung geschaffen wurde.

l) Kosteneinsparung durch ERV

Bei Verwendung eines kostengünstigen DE-Mail-Systems werden erhebliche Kosteneinsparungen möglich sein. Die Transportkosten, die durch den DE-Mail-Provider berechnet werden, sind regelmäßig wesentlich geringer als die Portokosten, die von der Deutschen Post AG berechnet werden. Dadurch, dass die Deutsche Post AG die Kosten für ihren mit viel Marketingaufwand eingeführten E-Post-Brief in gleicher Höhe ansetzt wie den herkömmlichen Brief und damit wesentlich teurer als DE-Mail-Provider, könnte der E-Post-Brief wesentlich weniger Erfolg haben als von der Deutschen Post erhofft. Bisher kann mit dem E-Post-Brief auch nicht die Beweiswirkung wie mit DE-Mail erzielt werden, da nur DE-Mail nach dem DE-Mail-Gesetz vom E-Justiz-Gesetz privilegiert wird und die Deutsche Post AG kein zugelassener DE-Mail-Provider ist.

Aber nicht nur beim Porto sind erhebliche Einsparungen möglich. Die ganzen Geschäftsprozesse, die innerhalb des Unternehmens elektronisch ablaufen, werden durch den Medienbruch zum Papier bei der Kommunikation mit anderen Unternehmen unterbrochen und es ist auf Empfängerseite keine vollautomatische Erfassung der Inhalte möglich. Das liegt daran, dass auch die beste OCR-Software keine hundertprozentige Erfassung liefert und zum anderen per Software keine perfekte nachträgliche Strukturierung unstrukturierter Daten möglich ist. Per qualifiziert signierter oder per DE-Mail übertragener Mail lassen sich Daten auch so strukturiert übertragen, dass der Empfänger die Daten komplett elektronisch auswerten kann. Im Bereich der Finanzverwaltung mit ELSTER und im Bereich der Sozialversicherungen mit sv.net wird die strukturierte Übertragung von Daten bereits seit Jahren verwendet. Dafür sind bisher jedoch gesonderte Softwareprogramme erforderlich, die neben der qeS auch andere Authentifikationsverfahren mit entsprechendem Vorlauf vor der ersten Verwendung ermöglichen. Für den einmaligen Gebrauch im Rechtsverkehr sind solche Verfahren jedoch nicht geeignet.

m) Versendung elektronischer Rechnungen

Einen Optimierungsbedarf gibt es indes bei der **Versendung elektronischer Rechnungen**. Im Hinblick auf den bis November 2012 gültigen Abschnitt 2.1 der **Grundsätze zum Datenzugriff und zur Prüfbarkeit digitaler Unterlagen (GDPdU)** und Prüfungsaufwand beim Empfang qualifiziert elektronisch signierter Dokumente hat der elektronische Rechnungsversand eine viel zu geringe Bedeutung und erhebliches **Optimierungspotenzial**.[55]

---

[54] *Emmert*, aaO.
[55] *Emmert*, aaO.

114 Das Forum elektronische Rechnung Deutschland[56] hat es sich zur Aufgabe gemacht, im Einklang mit internationalen Empfehlungen (UNCEFACT Cross Industry-Invoice,[57]) einen Standard für elektronische Rechnungen zu entwickeln, der die automatische Verarbeitung auf Empfängerseite zulässt.

115 Bei Rechnungen ist seit dem 1.7.2011 durch das Steuervereinfachungsgesetz 2011 eine elektronische Signatur nicht mehr zwingend erforderlich, jedoch bleibt die Kontrolle der Authentizität und Integrität verpflichtend. Durch die Erhöhung des Beweiswertes für elektronisch versandte Dokumente wird die Verwendung elektronischer Rechnungen praktikabler[58]. Zwar gestattet das Bundesministerium der Finanzen (BMF) die Einführung eines internen Kontrollsystems und Verfahrens der Rechnungsprüfung sowie Dokumentation von Stichproben. Für die Rechtssicherheit ist es aber ein Gewinn, sofern das übermittelte Dokument den gleichen Beweiswert hat wie eine per Papier versandte Rechnung. Die Möglichkeit, gegenüber der Finanzverwaltung die Richtigkeit einer Rechnung nachzuweisen, änderte nicht die Beweisregeln.

116 Für den Nachweis gegenüber Lieferanten oder Dritten bleibt die mittels einfacher E-Mail versandte Rechnung ein **Objekt freier richterlicher Beweiswürdigung.** Damit kann der Richter frei entscheiden, ob er die Richtigkeit der Rechnung anerkennt oder nicht. **Beweisregeln für elektronische Rechnungen** existierten bislang nur mit § 14 Abs. 3 Umsatzsteuergesetz bei qualifiziert signierten oder per electronic data interchange (EDI) übertragenen Dokumenten.

n) Das elektronische Schutzschriftenregister

117 Ein **zentrales elektronisches Schutzschriftenregister** für den Bereich des gewerblichen Rechtsschutzes wird mit § 945a und b ZPO nF zum 1.1.2016 geschaffen.[59] Das ist für alle Praxisanwender sehr positiv, weil damit eine Schutzschrifthinterlegung bei 116 Landgerichten mit einem Mausklick ermöglicht wird. Ab dem 1.1.2017 sind Anwälte verpflichtet, Schutzschriften nur noch über das elektronische Schutzschriftenregister einzureichen.

o) Das Online-Mahnverfahren mit eID und DE-Mail

118 Ab 1.1.2018 können Naturparteien ebenso wie schon Rechtsanwälte seit 1.12.2008 das Online-Mahnverfahren nutzen. Zur Authentifizierung kann dazu nach dem geänderten § 690 Abs. 3 ZPO sowohl die eID nach § 18 des Personalausweisgesetzes bzw. § 78 Abs. 5 des Aufenthaltsgesetzes als auch das DE-Mail-Verfahren genutzt werden. Das Authentifizierungsverfahren und die Anbindung an DE-Mail-Gateways wird zentral vom Justizministerium Baden-Württemberg für alle 16 Bundesländer bereitgestellt[60]. Nach dem Regierungsentwurf über die elektronische Akte in Strafsachen[61] soll

---

[56] www.ferd-net.de.
[57] http://ec.europa.eu/enterprise/sectors/ict/files/35_fromyr_en.pdf.
[58] *Emmert/Weiß/Bücking*, Was ändert sich bei der elektronischen Rechnung durch das BMF-Schreiben zum Steuervereinfachungsgesetz und die Änderung der GdPdU?, VOI Solutions 1/2013.
[59] *Wehlau/Kalbfus* ZRP 2013, 101.
[60] Koordinierungsstelle für das automatisierte Mahnverfahren beim Justizministerium Baden-Württemberg, Einsatz von eID und DE-Mail im gerichtlichen Mahnverfahren, www.cio.bund.de/SharedDocs/Publikationen/DE/Innovative-Vorhaben/De-Mail/bw_mahnverfahren_per_eid.pdf?__blob=publicationFile.
[61] Gesetzentwurf der Bundesregierung zur Einführung der elektronischen Akte in Strafsachen und zur weiteren Förderung des elektronischen Rechtsverkehrs, www.bmjv.de/SharedDocs/Gesetzgebungsverfahren/Dokumente/RegE_elektronische_Akte_in_Strafsachen.pdf?__blob=publicationFile&v=1.

die Änderung ab 1.1.2018 nicht nur für den Mahnantrag, sondern für alle Anträge im Mahnverfahren nach 702 ZPO-E gelten. Rechtsanwälte und Inkassodienstleister dürfen laut diesem Entwurf ab 1.1.2018 keine gescannten Anträge mehr einreichen, sondern diese müssen maschinenlesbar sein und müssen nach diesem Entwurf ab 1.1.2020 auch Widersprüche elektronisch einreichen. Anwälte und Inkassodienstleister müssen darauf besonders nach § 692 ZPO-E darauf hingewiesen werden.

p) Gestaffeltes Inkrafttreten mit Übergangszeit bis 2022

Die Neuregelungen des E-Justiz-Gesetzes treten im Grundsatz zum **1.1.2018** in Kraft. Art 26 statuiert jedoch eine Reihe von – bereits angesprochenen – Ausnahmen, die ein **gestaffeltes Inkrafttreten der verschiedenen Vorschriften** bedingen. Dies ist dem justiziellen und pekuniären Bedürfnis nach einer möglichst gestreckten Umsetzung geschuldet, wobei **Abstriche bei der „Anwenderfreundlichkeit und Übersichtlichkeit" in Kauf genommen** werden. 119

So traten die Vorschriften über die Errichtung des besonderen elektronischen Anwaltspostfachs (beA) bereits zum **1.1.2016** in Kraft. 120

Zum **1.1.2018** besteht für die Anwaltschaft die Option, elektronische Dokumente auch ohne qualifizierte elektronische Signatur bei Gericht über das neue elektronische Anwaltspostfach einzureichen. Den Ländern wird ermöglicht, die Eröffnung des elektronischen Kommunikationswegs bis zum 31.12.2019 zu verschieben. Dieses Verschieben hat im Rahmen eines sog. „Opt-Out" durch die Länder einheitlich zu erfolgen (Art. 24 Abs. 1 S. 2). 121

Ab 1.1.2018 können Naturparteien nach § 690 Abs. 3 ZPO (mit eID und DE-Mail) das Online-Mahnverfahren nutzen. 122

Ab dem **1.1.2022** tritt die Nutzungsverpflichtung in Bezug auf das elektronische Anwaltspostfach für jeden Anwalt in Kraft. Die Landesjustizverwaltungen können dabei das Inkrafttreten auf den **1.1.2020** oder auf den **1.1.2021** für jedes Land und jede Gerichtsbarkeit getrennt vorverlegen (vgl. Art. 24 Abs. 2 S. 1, sog. „Opt-In"). Eine Vorverlegung ist nur statthaft, soweit allen Anwältinnen und Anwälten die fakultative Nutzung des elektronischen Anwaltspostfachs zwei Jahre lang freiwillig ermöglicht wurde. Die verpflichtende Nutzung darf ab **1.1.2020** nur eingeführt werden, sofern der Anwaltschaft der elektronische Zugang durch das besondere elektronische Postfach ab **1.1.2018** gewährt wurde. 123

Die Verpflichtung zur Einreichung elektronischer Dokumente über das elektronische Anwaltspostfach wird nach dem **1.1.2022** für die Anwaltschaft jedoch nicht ausgelöst, soweit die Justiz aus technischen Gründen nicht auf elektronischem Weg erreichbar sein sollte. Dabei ist die Unmöglichkeit des Versandes unverzüglich glaubhaft zu machen (§ 130d Abs. 1 S. 2, Abs. 1 S. 3 ZPO nF). 124

Übersichtstabelle: Gestaffeltes Inkrafttreten des E-Justiz-Gesetzes

Teil	Inkrafttreten
Beweiskraft gescannter öffentlicher elektronischer Dokumente	17.10.2013
– Verordnung zu elektronischen Formularen – Zustellung elektronischer Dokumente – Beweisvermutung DE-Mail und qual. Signatur – Schutzschriftenregisterverordnung	1.7.2014
– Einführung elektr. Formulare, Schutzschriftenregister – besonderes elektronisches Anwaltspostfach (beA)	1.1.2016 1.1.2016, verschoben auf 29.9.2016

Teil	Inkrafttreten
Pflicht zur Verwendung des elektronischen Schutzschriftenregisters	1.1.2017
Elektronische Aktenführung, elektronische Einreichung von Dokumenten, Vernichtung von Papierakten nach 6 Monaten, Mahnantrag mit eID oder DE-Mail	1.1.2018
Verschiebungsmöglichkeit der Einführung der Regelungen zum 1.1.2018 durch die Länder	1.1.2019/1.1.2020
Komplette Einführung des elektronischen Rechtsverkehrs, Vorziehung durch Länder möglich	1.1.2022/1.1.2021/1.1.2020

V. Gesetzentwurf zur Einführung der elektronischen Akte in Strafsachen

125 Zur Umstellung des Verfahrens in Strafsachen auf den elektronischen Rechtsverkehr liegt fast 3 Jahre nach Inkrafttreten des E-Justizgesetzes erst ein Regierungsentwurf[62] vor.

126 Danach soll die Umstellung in Strafsachen zum 1.1.2018 erfolgen. Übergangsweise können Papierverfahren bis längstens 1.1.2026 eingesetzt werden. Der Bund und die Länder können jedoch per Rechtsverordnung die Regelungen dieses Gesetzes für ihren Bereich auf 1.1.2019 verschieben und das Ende der Übergangsregelungen vorziehen[63]. Die Übermittlungsstandards zwischen Strafverfolgungsbehörden und Gerichten (bzw. die Einsendung von Dokumenten an diese) und damit auch die IT-Sicherheit der Übertragung sollen ebenfalls nicht im Gesetz selbst, sondern in einer Rechtsverordnung geregelt werden[64].

127 Dokumente sollen entweder mit qeS versehen sein oder signiert werden und auf einem „sicheren Übermittlungsweg" eingereicht werden. Als sicheren Übermittlungsweg sieht der Entwurf die DE-Mail mit sicherer Anmeldung[65] vor, die Übermittlung zwischen auf gesetzlicher Grundlage eingerichteten besonders geschützten elektronischen Anwalts-, Behörden- und Gerichtspostfächern[66] sowie weitere Übermittlungswege, die durch Rechtsverordnung der Bundesregierung mit Zustimmung des Bundesrates eingerichtet werden können, soweit die Authentizität und Integrität der Daten sowie die Barrierefreiheit gewährleistet sind[67].

128 Bei der Übertragung von Dokumenten ist nach Art. 1 § 32e RegE sicherzustellen, dass Schriftbild und Inhalt nicht verändert werden. Papierdokumente sollen mindestens ein halbes Jahr weiterhin aufbewahrt werden, soweit es sich nicht um sichergestellte Beweismittel handelt. Solche Daten dürfen maximal bis zum Ende des Jahres der Verjährung, bei Abschluss des Verfahrens maximal bis zum Ende des Folgejahres aufbewahrt werden.

---

[62] Gesetzentwurf der Bundesregierung zur Einführung der elektronischen Akte in Strafsachen und zur weiteren Förderung des elektronischen Rechtsverkehrs, www.bmjv.de/SharedDocs/Gesetzgebungsverfahren/Dokumente/RegE_elektronische_Akte_in_Strafsachen.pdf?__blob=publicationFile&v=1, vom 22.4.2016; hierzu *Kesper*, Elektronische Akte in Strafsachen, NJW-Aktuell 28/2016, S. 17.
[63] Art. 21 RegE, Art. 3 § 13, Art. 1 § 32 Abs. 2 RegE.
[64] Art. 1 § 32 Abs. 3 RegE bzw. § 32a Abs. 2 RegE.
[65] Art. 1 § 32a Abs. 4 RegE Nr. 1.
[66] Art. 1 § 32a Abs. 4 RegE Nr. 2/3.
[67] Art. 1 § 32a Abs. 4 RegE Nr. 4.

Der Strafprozessordnung werden zusätzlich in den §§ 496 ff. des Regierungsentwurfs Datenschutzregeln hinzugefügt. Es sind technische und organisatorische Maßnahmen zur Einhaltung von Datenschutz und Datensicherheit zu treffen sowie zur Sicherstellung der Verfügbarkeit und zur Vermeidung von Datenverlust. Die Auftragsdatenverarbeitung beim Speichern von Daten wird nach § 497 des Entwurfs hier im Unterschied zur ZPO durch nicht-öffentliche Stellen derart beschränkt, dass der Zugang und Zutritt zu den Datenverarbeitungsanlagen ausschließlich durch eine öffentliche Stelle kontrolliert werden kann, Unterauftragsverhältnisse sind ebenfalls diesen Regeln unterworfen und nur mit Zustimmung des Auftraggebers zulässig. Für derartige Daten wird zudem ein besonderer Pfändungs- und Beschlagnahmeschutz nach § 497 Abs. 3 des Entwurfs eingeführt. In der ZPO ist die Vergabe von Scan- oder Speicheraufträgen unbeschränkt zulässig, lediglich die höhere Beweiskraft nach den §§ 371b und 437 ZPO wird an das Tätigwerden einer Behörde geknüpft[68]. Es wäre zu wünschen, dass die höhere Beweiskraft in Verfahren nach der ZPO unter ähnlichen Voraussetzungen bei Auftragsdatenverarbeitung eingreift, die der Regierungsentwurf hier an Kontrolle und Zugangsbeschränkungen stellt. Durch § 498 des Entwurfes wird die Einhaltung der Zweckbindung sichergestellt und durch § 499 die Löschung nicht mehr benötigter elektronischer Aktenkopien.

Dokumente von Gerichten und Strafverfolgungsbehörden, die unterschrieben sein müssen, sind unabhängig von einer Übermittlung in jedem Fall mit einer qualifizierten elektronischen Signatur zu versehen. Der Zusatz „nach dem Signaturgesetz" ist im Hinblick auf die Rechtsänderungen im Zuge der EIDAS-Verordnung schon nicht mehr angefügt.

Elektronische Formulare sollen wie im E-Government-Gesetz mit einer eID nach § 18 des Personalausweisgesetzes bzw. § 78 Abs. 5 des Aufenthaltsgesetzes genutzt werden können.

Die Akteneinsicht wird nach Art. 1 § 32f des Entwurfs zukünftig standardmäßig durch Abruf der Daten gewährt. Nur auf Antrag soll die Einsichtnahme in Diensträumen, nur auf Antrag und in begründeten Ausnahmefällen die Übermittlung von Datenträgern oder Papierakten noch gewährt werden[69]. Die Übermittlung muss technisch so geschützt werden, dass keine Dritten davon Kenntnis nehmen können. Die Akteneinsicht muss nach Art. 1 § 32f mit einem Hinweis auf die Zweckbindung der übermittelten Daten verbunden werden und ergänzt insoweit den Art. 1 § 498 nF des Entwurfes.

Im Zivilprozessrecht soll dieses Verfahren durch Änderung von § 299 ZPO ebenfalls eingeführt werden, ebenso im Ordnungswidrigkeiten-Verfahren nach Art. 8 §§ 49 ff. des Entwurfs.

Die Aufbewahrung von Akten von Gerichten und Staatsanwaltschaften kann nach der Föderalismusreform jetzt einheitlich durch Bundesrecht geregelt werden[70]. Das Schriftgutaufbewahrungsgesetz soll wegen der anstehenden Umstellung auf elektronischen Rechtsverkehr umbenannt werden in die Bezeichnung „Gesetz zur Aufbewahrung und Speicherung von Akten der Gerichte und Staatsanwaltschaften nach Beendigung des Verfahrens (Justizaktenaufbewahrungsgesetz – JAktAG)"[71]. Die Fristen können durch Rechtsverordnung bestimmt werden, anderweitige Aufbewahrungspflichten bleiben unberührt.[72]

---

[68] → Rn. 105 ff.
[69] Art. 1 § 32c RegE.
[70] RegE, aaO, Begründung S. 81.
[71] AaO.
[72] AaO.

§ 3 Die elektronische Verwaltung und das E-Government-Gesetz

I. Überblick

Parallel zum E-Justiz-Gesetz hat der Gesetzgeber das **Gesetz zur Förderung der elektronischen Verwaltung sowie zur Änderung weiterer Vorschriften (E-Government-Gesetz)** vom 25.7.2013 auf den Weg gebracht, dessen Erwähnung im Zusammenhang mit dem elektronischen Rechts- und Geschäftsverkehr nicht fehlen darf. Die Schlagrichtung dieses Bundesgesetzes ist zu begrüßen, da die öffentliche Verwaltung hinter den Reformen und dem Digitalisierungswandel der Justiz nicht abfallen darf. Es darf auch nicht verkannt werden, dass die meisten Geschäftsprozesse auch nicht mit Hilfe der Gerichte im ordentlichen Instanzenweg umgesetzt und gelöst werden, sondern durch die Kontrahenten selbst im privaten Wirtschaftsmarkt oder bei öffentlich-rechtlicher Relevanz des Sujets mit den zuständigen Behörden. Das Gesetz und die am 8.4.2014 vom Bundeskabinett beschlossenen Eckpunkte des Programms „Digitale Verwaltung 2020" belegen die Leitentscheidung, in öffentlichen Leistungs- und Unterstützungsprozessen mehr IT-Unterstützung einzubringen. Die elektronische Kommunikation mit der Verwaltung soll somit vereinfacht und Bund, Ländern und Kommunen ermöglicht werden, nutzerfreundlichere und effizientere elektronische Verwaltungsdienste anzubieten.

135

Das E-Government-Gesetz führt – zusammengefasst – folgende Rechtsänderungen ein:
- Verpflichtung der Verwaltung zur Eröffnung einer elektronischen Verbindung und zusätzlich der Bundesverwaltung zur Eröffnung eines DE-Mail-Zugangs,
- Grundsätze der E-Aktenführung und des ersetzenden Scannens,
- Erleichterung bei der Erbringung von elektronischen Nachweisen und der elektronischen Bezahlung in Verwaltungsverfahren,
- Erfüllung von Publikationspflichten durch elektronische Amts- und Verkündungsblätter,
- Verpflichtung zur Dokumentation und Analyse von Prozessen,
- Regelung zur Bereitstellung von maschinenlesbaren Datenbeständen durch die Verwaltung („open data")

Das Gesetz gilt für die öffentlich-rechtliche Verwaltungstätigkeit der Bundesbehörden einschließlich der Bundes unmittelbaren Körperschaften, Anstalten und Stiftungen des öffentlichen Rechts, ferner für die Behörden der Länder sowie der Aufsicht des Landes unterstehenden juristischen Personen des öffentlichen Rechts, wenn sie Bundesrecht ausführen (§ 1 EGovG). Keine Geltung entfaltet das Gesetz für die Strafverfolgung, die Verfolgung und Ahndung von Ordnungswidrigkeiten, die Rechtshilfe für das Ausland in Straf- und Zivilsachen, die Steuer- und Zollfahndung, für Verfahren vor dem Deutschen Patent- und Markenamt (DPMA) und die Verwaltungstätigkeit nach dem Zweiten Buch Sozialgesetzbuch sowie für Maßnahmen des Richterdienstrechts.

136

Jede Behörde ist verpflichtet, elektronische Datenübermittlung zu gewährleisten, einschließlich der E-Signatur. Dieser Grundsatz wird nur eingeschränkt, soweit die Behörde des Bundes keinen Zugang zu dem zentral für die Bundesverwaltung angebotenen IT-Verfahren hat, dann kann sie auch keinen anbieten (§ 2 EGovG).

137

Ein erhebliches Hindernis für E-Government-Angebote der öffentlichen Verwaltung bestand bis dato darin, dass als elektronisches Äquivalent der Schriftform allein die qualifizierte E-Signatur zugelassen war und diese keine hinreichende Verbreitung ge-

138

funden hat. Der Gesetzgeber hat sich demzufolge entschieden, auch mit dem E-Government-Gesetz neben der qeS weitere sichere Technologien zur elektronischen Ersetzung der Schriftform zuzulassen. Hierfür wurden zwei Technologien aufgewertet, mit denen alle Funktionen der Schriftform abgebildet werden können:

139 Das erste dieser Verfahren ist DE-Mail mit der Versandoption „absenderbestätigt", welche eine „sichere Anmeldung" voraussetzt.

140 Das zweite Verfahren sind Internet-Anwendungen der Verwaltung in Verbindung mit sicherer elektronischer Identifizierung durch die eID-Funktion des neuen Personalausweises.

141 Darüber hinaus gestattet eine Rechtsverordnungsermächtigung der Bundesregierung mit Zustimmung des Bundesrates die rasche Anpassung an die deutschland- wie europaweite technologische Weiterentwicklung. Mit der Rechtsverordnung können weitere ausreichend sichere Verfahren als Schriftformersatz festgelegt werden.

142 Das Gesetz enthält überdies Neuregelungen in verschiedenen Rechtsgebieten zur Optimierung und Erweiterung von E-Government-Angeboten. Exemplarisch erwähnt seien die Ergebnisse einer Abfrage des IT-Planungsrates nach bundesrechtlichen Hindernissen für die elektronische Verfahrensabwicklung, die überwiegend die Abschaffung von Schriftformerfordernissen respektive Erfordernissen zur persönlichen Vorsprache in Fachgesetzen betrifft. Betroffen sind schließlich Regelungen zur Georeferenzierung von statistischen Daten und Registerdaten sowie zur Evaluierung und Weiterentwicklung.

143 Das Gesetz ist überwiegend am 1.8.2013 in Kraft getreten, wobei es für bestimmte Teile Inkrafttretungstermine gibt mit dem 1.7.2014, dem 1.1.2015 und 1 Jahr nach der DE-Mail-Dienstaufnahme (24.3.2016, BGBl. I 678) und dem 1.1.2020 (Art. 31 G vom 25.7.2013).

144 Das Gesetz tritt stufenweise in Kraft, da von Seiten der Verwaltung teilweise erhebliche Vorbereitungsarbeiten zur Herstellung der notwendigen Organisation und IT-Infrastruktur erforderlich sind.

II. Gestaffeltes Inkrafttreten

1. Regelungen zum ersetzenden Scannen (1.8.2013)

145 Die die Behörden des Bundes betreffenden Regelungen zum sogenannten ersetzenden Scannen und zur Akteneinsicht treten am Tag nach der Verkündung in Kraft.

2. Pflicht zur Zugangseröffnung (1.7.2014)

146 Die Pflicht der Behörden von Bund und Ländern, elektronische Dokumente anzunehmen, gilt auch dann, wenn diese mit einer qeS versehen sind („Pflicht zur Zugangseröffnung").

147 In der Verwaltung des Bundes gibt es die Möglichkeit, DE-Mail zum Ersatz der Schriftform einzusetzen. Die Möglichkeit, Online-Formulare in Verbindung mit dem elektronischen Identitätsnachweis des neuen Personalausweises zum Ersatz der Schriftform zu nutzen, besteht bereits seit dem Tag nach der Verkündung des Gesetzes.

3. Nutzung des elektronischen Identitätsnachweises (1.1.2015)

148 Seit Januar 2015 besteht die Pflicht der Bundesbehörden, die **Nutzung des elektronischen Identitätsnachweises** nach dem Personalausweisgesetz zu ermöglichen und dafür

die auf Seiten der Behörden notwendige Infrastruktur bereitzustellen gemäß Artikel 1 § 14 des Gesetzes ergebenden Pflichten der Behörden von Bund und Ländern zur Georeferenzierung.

4. Erreichbarkeit per DE-Mail (24.3.2016)

Ein Kalenderjahr nach der Aufnahme des Betriebs des zentral für die Bundesverwaltung angebotenen IT-Verfahrens, über das DE-Mail-Dienste für Bundesbehörden angeboten werden besteht die Pflicht für Bundesbehörden, per DE-Mail erreichbar zu sein. Das IT-Verfahren wurde zum 24.3.2015 bereitgestellt, so dass die Pflicht seit 24.3.2016 besteht.

5. Pflicht zur E-Aktenführung für Bundesbehörden (1.1.2020)

Ab 1.1.2020 besteht die Pflicht für Bundesbehörden, ihre Akten elektronisch zu führen.

Übersicht über die Umsetzungsverpflichtungen von Behörden durch das E-Government-Gesetz → **Anh. 1**.

III. Änderung des Verwaltungsverfahrensrechts des Bundes und der Länder

1. Zugangseröffnung mit digitalen Signaturen

Der Zugang zur Verwaltung im Wege elektronischer Kommunikation konnte bisher erst dann gewählt werden, wenn die entsprechende Behörde erklärt hat, sie wolle den Zugang eröffnen. Die war bisher sowohl im Verwaltungsverfahrensgesetz des Bundes als auch in den Verwaltungsverfahrensgesetzen der Länder so geregelt. Bis auf das Allgemeine Verwaltungsgesetz in Schleswig-Holstein sind die Verwaltungsverfahrensgesetze der Länder fast wortgleich mit dem Verwaltungsverfahrensgesetz des Bundes identisch. Dabei gibt es entweder eine Parallelgesetzgebung oder einen Verweis auf das Verwaltungsverfahrensgesetz des Bundes mit einzelnen Abweichungen.

2. VwVfG des Bundes

Das Verwaltungsverfahrensgesetz des Bundes wurde bereits gleichzeitig mit dem Erlass des E-Government-Gesetzes am 25.7.2013 im Hinblick auf elektronische Aktenbearbeitung, Akteneinsicht und elektronischen Zugang zu Behörden geändert.

Nach wie vor ist die Übermittlung elektronischer Dokumente nach § 3a Abs. 1 des VwVfG des Bundes an die Eröffnung des Zugangs durch den Empfänger geknüpft. Seit 1.7.2014 ist durch § 2 Abs. 1 des E-Government-Gesetzes jedoch jede Behörde des Bundes und der Länder verpflichtet, einen elektronischen Zugang für Dokumente zu eröffnen. Damit eröffnet der § 3a des VwVfG seit 1.7.2014 keinerlei Spielraum mehr für Behörden, den Zugang durch Verweigerung einer Zugangseröffnung zu verwehren.

Dies gilt auch für Landes- und Kommunalbehörden, da § 2 Abs. 1 des E-Government-Gesetzes auch für diese gilt, soweit sie nach § 1 Abs. 2 E-GovG Bundesrecht ausführen. Im Unterschied zu den Absätzen 2 und 3 des § 2 EGovG ist in Absatz 1 nur von „jede Behörde" die Rede, während die Absätze 2 und 3 auf „jede Behörde des Bundes" beschränkt sind.

155 Es gibt jedoch immer noch genug Behörden, die diese gesetzliche Vorschrift weiter ignorieren. Auf dem amtlichen Internetportal der Stadt Aachen ist noch im Mai 2016 zu lesen:[1]

**Verweigerung der Zugangseröffnung
der Stadt Aachen für rechtsverbindliche elektronische Nachrichten
(gem. § 3a Verwaltungsverfahrensgesetz NW)**

Der elektronische Zugang zur Verwaltung der Stadt Aachen – insbesondere die Übermittlung elektronischer Dokumente – für eine rechtsverbindliche elektronische Kommunikation zwischen Bürgern und Bürgerinnen, juristischen Personen des privaten und öffentlichen Rechts und der Verwaltung im Sinne des § 3a Abs. 1 Verwaltungsverfahrensgesetz (VwVfG) wird hiermit ausdrücklich zurzeit nicht eröffnet. Die Arbeiten zur Eröffnung laufen.

Die vorstehende Einschränkung gilt sowohl für die Zugänge per Email-Adresse, für Email-Kontaktformulare als auch für jede Art von Web-Formularen und sonstigen Zugängen.

Alle anderen bekannten Mailadressen, sowie personenbezogene Mail-Adressen von Mitarbeiterinnen/Mitarbeitern der Verwaltung stellen keinen offiziellen Maileingang dar und bewirken keinen rechtsverbindlichen Zugang.

Eine Benachrichtigung über die Nichtverwertbarkeit im Sinne des § 3a Abs. 1 Verwaltungsverfahrensgesetz (VwVfG), kann in der Regel nicht erfolgen, da damit ein unverhältnismäßig hoher Aufwand verbunden wäre.

156 Im Impressum des Landkreises Neu-Ulm ist ebenfalls noch im Februar 2016 Folgendes zu lesen:[2]

Hinweise zum E-Mail-Verkehr mit dem Landkreis Neu-Ulm:

Der elektronische Zugang zur Verwaltung des Landkreises Neu-Ulm – insbesondere die Übermittlung elektronischer Dokumente – für eine rechtsverbindliche elektronische Kommunikation zwischen Bürgerinnen und Bürgern, juristischen Personen des privaten und öffentlichen Rechts und der Verwaltung im Sinne des Art. 3a Abs. 1 BayVwVfG, wird hiermit ausdrücklich zurzeit nicht eröffnet. Die vorstehende Einschränkung gilt sowohl für die Zugänge per E-Mail-Adresse, für E-Mail-Kontaktformulare als auch für jede Art von Web-Formularen. Alle anderen bekannten Mailadressen sowie personenbezogene Mail-Adressen von Mitarbeiterinnen/Mitarbeitern der Verwaltung stellen keinen offiziellen Maileingang dar und bewirken keinen rechtsverbindlichen Zugang. Eine Benachrichtigung über die Nichtverwertbarkeit im Sinne des Art. 3a Abs. 3 BayVwVfG kann in der Regel nicht erfolgen, da damit ein unverhältnismäßig hoher Aufwand verbunden wäre.

157 Ungeachtet dieses bereits mehrere Monate zurückliegenden Stichtages haben bisher nicht einmal alle Bundesländer durch Änderung der entsprechenden Verwaltungsverfahrensgesetze reagiert.

158 Dafür sind die Verpflichtungen zu Überprüfungen bei Verwaltungsakten relativ streng, was zu weiterer Erschwerung der Nutzung von qualifizierten elektronischen Signaturen führt.

---

[1] *Stadt Aachen,* Verweigerung der Zugangseröffnung der Stadt Aachen für rechtsverbindliche elektronische Nachrichten (geAaO. § 3a Verwaltungsverfahrensgesetz NW), Mai 2016, www.aachen.de/de/stadt_buerger/allgemeines/keine_zugangseroeffnung.html.

[2] *Landkreis Neu-Ulm,* Impressum, Mai 2016, www.landkreis.neu-ulAaO.de/de/impressum/impressum-20001161.html.

In § 37a Abs. 3 VwVfG (Bund) heißt es:

„Wird für einen Verwaltungsakt, für den durch Rechtsvorschrift die Schriftform angeordnet ist, die elektronische Form verwendet, muss auch das der Signatur zugrunde liegende qualifizierte Zertifikat oder ein zugehöriges qualifiziertes Attributzertifikat die erlassende Behörde erkennen lassen. Im Fall des § 3a Absatz 2 Satz 4 Nummer 3 muss die Bestätigung nach § 5 Absatz 5 des De-Mail-Gesetzes die erlassende Behörde als Nutzerin des De-Mail-Kontos erkennen lassen."

Eine Stellvertretung oder das Ausstellen eines Zertifikates durch ein Rechenzentrum ist damit möglich, jedoch muss für jede Behörde ein eigenes Zertifikat genutzt werden. Erst ab dem Inkrafttreten der Implementing Acts der EU-Signaturverordnung ist es in Deutschland möglich, dass ein kommunales Rechenzentrum oder Landesrechenzentrum ohne Stellvertretung im Auftrag qualifizierte Signaturen für die jeweilige Behörde ausstellt.

Nach dem seit 2003 unveränderten[3] § 37 Abs. 4 VwVfG kann die Behörde sogar anordnen, dass die Signatur nach § 3a Abs. 2 VwVfG dauerhaft überprüfbar bleibt. Diese Bestimmung führt dazu, dass wegen der Alterung kryptographischer Schlüssel Maßnahmen zur Langzeitsicherung der Signaturen wie zB nach der Technischen Richtlinie **TR-ESOR** des BSI getroffen werden müssen[4]. Beim Begriff Signaturen ist nach der Gesetzesänderung und dem Inkrafttreten der EU-Signaturverordnung unklar, ob damit nur qualifizierte elektronische Signaturen nach dem Signaturgesetz, auch solche nach der neuen EU-Verordnung oder alle technischen Sicherungsmittel nach der Neufassung des § 3a Abs. 2 VwVfG mit oder ohne die Signaturen der EU-Signaturverordnung gemeint sind.

Ungeachtet des schon weit zurückliegenden Stichtages 1.7.2014 haben bisher nicht einmal alle Bundesländer durch Änderung der entsprechenden Verwaltungsverfahrensgesetze oder Schaffung anderweitiger Regelungen (vgl. Baden-Württemberg) reagiert.

3. Beispiel Baden-Württemberg

a) Verwaltungsverfahrensgesetz

Der § 3a LVwVfG wurde durch Gesetz vom 27.5.2015[5] geändert, aber nach wie vor nicht an die Verpflichtungen des E-Government-Gesetzes angepasst. Der elektronische Zugang zu Behörden soll weiterhin beschränkt bleiben und an die Zugangseröffnung gekoppelt werden, bei verschlüsselten oder signierten Dokumenten soll sogar eine Einzelvereinbarung notwendig sein. § 3a Abs. 1 LVwVfG lautet in der neuen Fassung:

„Die Übermittlung elektronischer Dokumente ist zulässig, soweit der Empfänger hierfür einen Zugang eröffnet. Für elektronische Dokumente an Behörden, die verschlüsselt oder signiert sind oder sonstige besondere technische Merkmale aufweisen, ist ein Zugang nur eröffnet, soweit dies ausdrücklich von der Behörde festgelegt oder im Einzelfall zwischen Behörde und Absender vereinbart wurde."

Den Konflikt zur EU-Dienstleistungsrichtlinie hat der Landesgesetzgeber in Baden-Württemberg gesehen, hält aber die Beschränkung in § 3a LVwVfG trotzdem für zulässig, da aus § 71e LVwVfG ein eigener Anspruch auf elektronische Verfahrensabwicklung bestehe[6]. In der Gesetzesbegründung zum E-Government-Gesetz wird davon aus-

---

[3] BGBl. 2003 I 102, www.bgbl.de/xaver/bgbl/text.xav?SID=&tf=xaver.component.Text_0&tocf=&qmf=&hlf=xaver.component.Hitlist_0&bk=bgbl&start=%2F%2F*[%40node_id%3D%271125823%27]&skin=pdf&tlevel=-2&nohist=1.
[4] Dazu unten unter TR-RESISCAN, TR-ESOR und Langzeitarchivierung, vgl. → Rn. 310 ff.
[5] GBl. des Landes BW 2015, S. 324, Landtags-Drucksache 15/6860, www.landtag-bw.de/files/live/sites/LTBW/files/dokumente/WP15/Drucksachen/6000/15_6860_D.pdf.
[6] Landtags-Drucksache BW 15_6618, www.landtag-bw.de/files/live/sites/LTBW/files/dokumente/WP15/Drucksachen/6000/15_6618_D.pdf, S. 21.

gegangen, dass das Recht auf elektronischen Verwaltungszugang schon seit Wirksamwerden der EU-Dienstleistungsrichtlinie bestehe[7]. Das ist zwar richtig, erklärt aber nicht, warum immer noch in § 3a VwVfG eine Zugangsbeschränkung enthalten ist, zumal seit 1.7.2014 auch das E-Government-Gesetz des Bundes einen elektronischen Zugang fordert und das baden-württembergische E-Government-Gesetz im Rahmen seines Anwendungsbereichs die Zugangseröffnung fordert. Für den Bürger wird hier der Anschein erweckt, als könne er von der Verwaltung abgeblockt werden. Dies ist keine transparente Regelung zur Regelung des elektronischen Verwaltungszugangs.

164 Es wurden in § 3a Regelungen zur Gleichstellung der mit sicherer Versandart verschickten DE-Mail (beide Richtungen) und von behördlichen Formularen mit Authentifizierung des Bürgers mittels eID aufgenommen sowie die Möglichkeit geschaffen, durch Rechtsverordnung der Bundesregierung weitere Verfahren zuzulassen. Dies ist schon aufgrund der Vorgaben der EU-Signaturverordnung und der dort vorgesehenen Akzeptanz von ausländischen eID-Verfahren anderer EU-Mitgliedsstaaten und qualifizierten Vertrauensdiensten in der gesamten EU ab 1.1.2018 erforderlich.

b) E-Government Gesetz Baden-Württemberg

165 Am 17.12.2015 hat der Landtag von Baden-Württemberg darüber hinaus ein eigenes E-Government-Gesetz erlassen[8]. Dort wird in § 2 im Unterschied zum Verwaltungsverfahrensgesetz gefordert, dass jede Behörde des Landes einen elektronischen Zugang zur Verwaltung eröffnen muss, wie dies auch vom E-Government-Gesetz des Bundes für alle Behörden der Länder gefordert wird. Zusätzlich muss jede Behörde spätestens ein Jahr nach Bereitstellung des zentralen Dienstes für die Landesverwaltung[9] einen DE-Mail-Zugang bereithalten. Die eID-Verfahren nach § 18 des Personalausweisgesetzes bzw. § 78 des Aufenthaltsgesetzes sind sechs Monate nach Aufnahme des Betriebes des zentralen Dienstes[10] bereitzustellen. Ab 1.1.2017[11] muss mindestens ein Zugang zur Verwaltung durch angemessene Sicherungsmaßnahmen gegen den unberechtigten Zugriff Dritter geschützt sein. Die Behörde hat diesen gesicherten Zugang grundsätzlich bei der Kommunikation in Verwaltungsverfahren zu nutzen und muss auf ihrer Webseite auf den gesicherten Zugang hinweisen.

166 Nach dem Wortlaut des Gesetzes ist die Vorrangregelung zwischen § 3a VwVfG und § 2 EGovG unklar, da § 2 Abs. 5 eigentlich eine Vorrangregelung zugunsten anderer Gesetze enthält. Dennoch geht der Gesetzgeber in der Begründung davon aus, dass das E-Government-Gesetz den Regelungen in § 3a VwVfG als Lex specialis jeweils vorgeht[12].

167 Durch die §§ 6 bis 8 führt das Land ebenfalls die elektronische Aktenführung nach den Vorgaben des E-Government-Gesetzes des Bundes ein. Die Pflicht zur elektronischen Aktenführung und zum ersetzenden Scannen (unter Wirtschaftlichkeitsvorbehalt) trifft jedoch nur die Landesbehörden, für Gemeinden und Landkreise ist dies freiwillig.

---

[7] Landtagsdrucksache 15_0728, https://beteiligungsportal.baden-wuerttemberg.de/fileadmin/redaktion/beteiligungsportal/IM/150728_EGovG_Begruendung.pdf, S. 7.

[8] Gesetz zur Förderung der elektronischen Verwaltung des Landes Baden-Württemberg (E-Government-Gesetz Baden-Württemberg – EGovG BW) vom 17. Dezember 2015, GBl. BW 2015, S. 1191 ff., www.landesrecht-bw.de/jportal/?quelle=jlink&query=EGovG+BW&psml=bsbawueprod.psml&max=true&aiz=true.

[9] Art. 8 Abs. 3 S. 2 des Gesetzes vom 17.12.2015.

[10] Art. 8 Abs. 3 S. 3 des Gesetzes vom 17.12.2015.

[11] Art. 8 Abs. 3 S. 1 des Gesetzes vom 17.12.2015.

[12] Landtagsdrucksache 15_0728, https://beteiligungsportal.baden-wuerttemberg.de/fileadmin/redaktion/beteiligungsportal/IM/150728_EGovG_Begruendung.pdf, S. 11 ff.

Unter anderem sind Schulen und Krankenhäuser generell vom Anwendungsbereich dieses Gesetzes ausgenommen.

Baden-Württemberg ist mit seinem E-Government-Gesetz weit über die Anforderungen des E-Government-Gesetzes hinausgegangen.

Die Behörden des Landes Baden-Württemberg sind durch § 16 des EGovG verpflichtet, ein eigenes angepasstes Sicherheitskonzept für jede einzelne Behörde zu erstellen. Eine solche Verpflichtung war auch in der neuen EU-Datenschutzverordnung für Unternehmen vorgesehen, ist aber leider auf Betreiben der Mitgliedsstaaten aus dem Entwurf von Kommission und Parlament wieder gestrichen worden[13].

Das Land und die der Aufsicht des Landes unterstehenden juristischen Personen des öffentlichen Rechts können sich nach § 15 EGovG gegenseitig elektronische Dienste zur Nutzung bereitstellen, so dass eine optimale Nutzung von Ressourcen erreicht werden kann. Zentrale Dienste sind nach § 15 Abs. 4 EGovG durch das Dienstleistungsportal des Landes zu erbringen:

„1. für den elektronischen Identitätsnachweis nach § 18 des Personalausweisgesetzes oder nach § 78 Absatz 5 des Aufenthaltsgesetzes,
2. für einen Zugang nach § 2 Absatz 2,
3. für die Verarbeitung von Stamm- und Verfahrensdaten, die mit Einwilligung der betroffenen Person in unterschiedlichen E-Government-Verfahren verwendet werden,
4. für die Entgegennahme, Verwaltung und Dokumentation von Einwilligungen nach dem Landesdatenschutzgesetz,
5. für den sicheren Übermittlungsweg zwischen
    a) den elektronischen Postfächern der beim Dienstleistungsportal und seinen zentralen Diensten registrierten natürlichen und juristischen Personen,
    b) den elektronischen Postfächern der an das Dienstleistungsportal und seinen zentralen Diensten angeschlossenen Behörden und
    c) den auf sonstiger gesetzlicher Grundlage eingerichteten elektronischen Postfächern von Behörden, Gerichten und sonstigen Institutionen sowie natürlichen und juristischen Personen."

Interessant ist hier, dass das Land für die Sicherheit des Übermittlungswegs verantwortlich ist. Damit erhält der Bürger ggf. einen Schadensersatzanspruch gegen das Land, wenn bei der Übermittlung von Daten zum oder vom Dienstleistungsportal Schäden durch Sicherheitsverletzungen entstehen, soweit hier eine drittschützende Wirkung beabsichtigt ist.

Interessant ist ferner, dass das Land auch für alle anderen auf gesetzlicher Grundlage eingerichteten elektronischen Postfächer die Aufgabe der sicheren Übertragung zugewiesen erhält. Dies betrifft auch die Erbringung von Diensten für elektronische Behörden- oder Gerichtspostfächer und die Sicherstellung der Übertragung zu und von besonderen elektronischen Anwaltspostfächern.

4. Beispiel Bayern

In Bayern wurde bereits durch Artikel 6 des Gesetzes vom 24.6.2013 das Verwaltungszustellungs- und -vollstreckungsgesetz im Hinblick auf die elektronische Zustellung per DE-Mail geändert. Im Hinblick auf die Zugangsbeschränkung ist nach dem Wortlaut des Verwaltungsverfahrensgesetzes nach wie vor jegliche Datenübertragung an Behörden an eine vorherige Zugangseröffnung gebunden, trotz der Änderung zum 1.6.2015, was jedoch im Anwendungsbereich des bayrischen E-Government-Gesetzes durch dieses überlagert wird:

---

[13] Synopse des Bayerischen Landesamts für Datenschutzaufsicht, www.lda.bayern.de/lda/datenschutzaufsicht/lda_daten/BayLDA_Synopse_DS-GVO_KOMM-EU-Parlament-Rat_160623TK.pdf.

174 Das Gesetz über die elektronische Verwaltung in Bayern vom 22.12.2015[14] gibt dem Bürger nach Art. 2 das Recht, „nach Maßgabe der Art. 3 bis 5 elektronisch über das Internet mit den Behörden zu kommunizieren und ihre Dienste in Anspruch zu nehmen". Es zwingt die Behörden des Landes in Bayern, nach Art. 3 Abs. 1 einen elektronischen Zugang zu Verwaltungsverfahren und nach Art. 3 Abs. 2 einen DE-Mail-Zugang zu eröffnen, soweit ein Anschluss an das DE-Mail System nach § 9 Abs. 2 erfolgt ist. Die Identifizierung in elektronischen Verwaltungsverfahren ist nach Art. 3 Abs. 3 BayEGovG durch eID-Verfahren zu ermöglichen. Elektronische Behördendienste werden durch Art. 4 unter einen Wirtschaftlichkeitsvorbehalt gestellt, so dass der Anspruch eines Bürgers auf die elektronische Abwicklung eines Verwaltungsverfahrens nach Art. 6 BayEGovG auch nur unter diesem Vorbehalt gewährt wird.

175 Das Verwaltungsverfahrensgesetz wurde in § 3a nach dem Muster des Bundesgesetzes geändert.

176 Die Einführung elektronischer Akten ist in Bayern nach Art. 7 BayEGovG als Soll-Vorschrift für die Landesbehörden und als Kann-Bestimmung für die sonstigen Behörden sowie die Landratsämter ausgestaltet. Im Rahmen der Bundesauftragsverwaltung haben die bayrischen Behörden jedoch das E-Government-Gesetz des Bundes nach Art. 1 Abs. 3 BayEGovG auszuführen, das eine zwingende Umstellung auf die elektronische Akte lediglich mit einem Wirtschaftlichkeitsvorbehalt vorsieht. Daher ist es in den meisten Fällen kaum zweckmäßig und langfristig auch kaum wirtschaftlich, auf die Umstellung zur elektronischen Akte zu verzichten, da die Prozesse wegen der Bundesauftragsverwaltung trotzdem eingeführt werden müssen und insoweit eine Aktenführung mit zwei verschiedenen Verfahren erforderlich wird.

5. Beispiel Mecklenburg-Vorpommern

177 Umfangreiche Änderungen des Verwaltungsverfahrensgesetzes hat das Land Mecklenburg-Vorpommern durchgeführt. Das mag darauf zurückzuführen sein, dass das Landesrechenzentrum, das aufgrund eines speziellen Landesgesetzes in der Form einer GmbH (DVZ MV GmbH) geführt wird, im Bereich der Softwareentwicklung für elektronische Akten und elektronische Aktivierung eine führende Rolle einnimmt. So hat das Projekt zur Digitalisierung der Fallakten im Landesbesoldungsamt (Projektname BEATA) unter anderem auf den Deutschen Signaturtagen 2013 und 2014 in Berlin bundesweite Beachtung gefunden.

178 § 3a Abs. 2 des Verwaltungsverfahrensgesetzes wurde entsprechend den Änderungen im VwVfG des Bundes und in Hamburg an DE-Mail und eID-Verfahren angepasst.

Bisheriger § 3a LVwVfG Mecklenburg-Vorpommern:

„Die Übermittlung elektronischer Dokumente ist zulässig, soweit der Empfänger hierfür einen Zugang eröffnet. Bei Behörden erfolgt die Eröffnung des Zugangs für Verwaltungsverfahren durch öffentliche Bekanntmachung; darin werden auch die technischen und organisatorischen Rahmenbedingungen angegeben. Für Landesbehörden erfolgt die Bekanntmachung nach Satz 2 im Amtsblatt für Mecklenburg-Vorpommern.

Eine durch Rechtsvorschrift angeordnete Schriftform kann, soweit nicht durch Rechtsvorschrift etwas anderes bestimmt ist, durch die elektronische Form ersetzt werden. In diesem Fall ist das elektronische Dokument mit einer qualifizierten elektronischen Signatur nach dem Signaturgesetz vom 16. Mai 2001 (BGBl. I S. 876) zu versehen. Die Signierung mit einem Pseudonym, das die Identifizierung der Person des Signaturschlüsselinhabers nicht ermöglicht, ist nicht zulässig.

Ist ein der Behörde übermitteltes elektronisches Dokument für sie zur Bearbeitung nicht geeignet, teilt sie dies dem Absender unter Angabe der für sie geltenden technischen Rahmenbedingungen unverzüglich mit. Macht ein Empfänger geltend, er könne das von der Behörde übermittelte elektronische Dokument

---

[14] GVBl. 2015, 458, www.verkuendung-bayern.de/gvbl/jahrgang:2015/heftnummer:17/seite:458.

III. Änderung des Verwaltungsverfahrensrechts des Bundes u. d. Länder 179–182 § 3

nicht bearbeiten, hat sie es ihm erneut in einem geeigneten elektronischen Format oder als Schriftstück zu übermitteln."

Darüber hinaus wurden jedoch in den §§ 3b und 3c VwVfG bereits jetzt Regelungen zur Einführung der elektronischen Akte und zum ersetzenden Scannen eingefügt, die für Landesbehörden entsprechend der Regelungen der §§ 6 und 7 des E-Government-Gesetzes gelten. 179

§ 3 EGovGesetz

Nach § 3 des E-Government-Gesetzes besteht ähnlich wie nach § 5 TMG für Unternehmen eine Impressumspflicht für Behörden (Bund und Land, nach Abs. 3 bei Anordnung durch Landesrecht auch Gemeinden). Dabei werden von Behörden noch deutlich mehr Angaben erwartet als von den Unternehmen.

Zu den verpflichtenden Angaben gehören elektronische Angaben zu
- Aufgaben
- ihrer Anschrift
- ihren Geschäftszeiten
- postalischen, telefonischen und elektronischen Erreichbarkeiten
- Angaben zu nach außen wirkenden Aufgaben (gegenüber dem Bürger)
- Gebühren
- beizubringende Unterlagen
- Formulare
- Ansprechpartner mit Erreichbarkeit

Bereits seit Ende 2009 gilt die EU-Dienstleistungsrichtlinie bzw. deren Umsetzung in Deutschland. Die Richtlinie wurde am 28.12.2006 im Amtsblatt der EU veröffentlicht und war bis zum 28.12.2009 in nationales Recht umzusetzen. 180

Die Richtlinie verlangt, dass die gesamte Kommunikation mit Behörden auch elektronisch abgewickelt werden können muss. Aus Gründen der Nichtdiskriminierung muss dies nicht nur für ausländische Dienstleister, sondern auch für Inländer gelten. 181

Qualifizierte elektronischer Signaturen (qeS) dürfen als Anforderung verlangt werden, da es dafür eine EU-Regelung auf Basis der EU-Signaturrichtlinie bzw. der neuen einheitlichen EU-Signaturverordnung gibt.

Es muss ein **einheitlicher Ansprechpartner (eA)** für Bürger bereitgestellt werden, der sich um alle Angelegenheiten des Dienstleisters kümmert und die interne Kommunikation mit den zuständigen Stellen führt. Daneben hat der Bürger jedoch die Wahl, ob er nicht doch nach Art. 8 der Richtlinie selbst mit der zuständigen Behörde kommuniziert. Daher ist es nicht ausreichend, wenn in den §§ 71a bis 71e der Verwaltungsverfahrensgesetze die elektronische Kommunikation ausschließlich für die einheitlichen Ansprechpartner geregelt wurde. Wegen dieses Wahlrechts ist es bereits seit 28.12.2009 und nicht erst seit 1.7.2014 nach § 2 des E-Governmentgesetzes erforderlich, für jede Behörde einen direkten elektronischen Zugang zur Verwaltung bereitzustellen, über den sämtliche Verwaltungsangelegenheiten geregelt werden können. 182

Umsetzung der EU-DLR:
- Die EU-Dienstleistungsrichtlinie ist in Mecklenburg-Vorpommern wie im Bund und in den übrigen Ländern mit fast wortgleichen Verwaltungsverfahrensgesetzen (bis auf Schleswig-Holstein) durch Ändern des § 3a VwVfG und Einfügen der §§ 71a–71e LVwVfG umgesetzt worden. Dabei werden die §§ 71a–71e entgegen der Richtlinie nur dann für anwendbar erklärt, wenn ein Verwaltungsverfahren nach einer Rechtsvorschrift über einen einheitlichen Ansprechpartner abgewickelt werden kann.
- Durch die Vorschrift des § 71a LVwVfG wird in diesem Fall ein Zugang für die elektronischen Dienste des einheitlichen Ansprechpartners eröffnet. Es reichte jedoch schon vor dem 1.7.2014 nicht aus, lediglich die einheitlichen Ansprechpartner mit elektronischen Zugangsmöglichkeiten auszustatten: Durch die Vorschrift des § 71a Abs. 2 LVwVfG iVm § 71e ist die zuständige Behörde ebenfalls verpflichtet, ein elektronisches Verfahren anzubieten.

- Der zuständigen Behörde obliegen die Pflichten aus § 71b Abs. 3, 4 und 6, § 71c Abs. 2 und § 71e auch dann, wenn sich der Antragsteller oder Anzeigepflichtige unmittelbar an die zuständige Behörde wendet.
- Das Verfahren nach diesem Abschnitt wird auf Verlangen in elektronischer Form abgewickelt. § 3a Abs. 2 S. 2 und 3 und Abs. 3 bleiben unberührt.

183 Damit gibt es seit 1.7.2014 folgende Möglichkeiten, sich wirksam in schriftlicher Form an eine Behörde zu wenden:

- Schriftlich
- E-Mail-Ausdruck vor Fristablauf
- Fax zur Fristwahrung
- Qualifizierte elektronische Signatur (qeS)

184 Der Empfänger einer elektronischen Nachricht an die Verwaltung kann nach § 71a VwVfG jede Dienststelle sein, eine Wirksamkeitsbeschränkung wegen fehlender Zugangseröffnung oder fehlender Verarbeitungsmöglichkeit von qualifizierten Signaturen ist nach § 2 E Government-Gesetz (ab 1.7.2014) und EU-DLR nicht mehr möglich. Es ist lediglich ein Verlangen nach § 71e iVm § 3a Abs. 3 möglich, ein anderes Datenformat nachzuschicken, dies impliziert jedoch keinen Aufschub von Fristen oder eine Unwirksamkeit.

185 Das Land Mecklenburg-Vorpommern hat rechtzeitig zum 1.7.2014 sein Landesverwaltungsverfahrensgesetz an die Anforderungen des E-Government-Gesetzes angepasst.

186 Der Gesetzentwurf der Landesregierung vom 17.12.2013 wurde am 29.1.2014 in den Landtag von Mecklenburg-Vorpommern eingebracht und am 19.5.2014 im Gesetzblatt des Landes veröffentlicht.

Der neue § 3a Abs. 2 VwVfG MV lautet:

Eine durch Rechtsvorschrift angeordnete Schriftform kann, soweit nicht durch Rechtsvorschrift etwas anderes bestimmt ist, durch die elektronische Form ersetzt werden. Der elektronischen Form genügt ein elektronisches Dokument, das mit einer qualifizierten elektronischen Signatur nach dem Signaturgesetz versehen ist. Die Signierung mit einem Pseudonym, das die Identifizierung der Person des Signaturschlüsselinhabers nicht unmittelbar durch die Behörde ermöglicht, ist nicht zulässig.

Schriftformersatz nach neuem § 3a VwVfG

Diese Schriftform kann auch ersetzt werden
1. durch unmittelbare Abgabe der Erklärung in einem elektronischen Formular, das von der Behörde in einem Eingabegerät oder über öffentlich zugängliche Netze zur Verfügung gestellt wird;
2. bei Anträgen und Anzeigen durch Versendung eines elektronischen Dokuments an die Behörde mit der Versandart nach § 5 Absatz 5 des DE-Mail-Gesetzes;
3. bei elektronischen Verwaltungsakten oder sonstigen elektronischen Dokumenten der Behörden durch Versendung einer DE-Mail-Nachricht nach § 5 Absatz 5 des DE-Mail-Gesetzes, bei der die Bestätigung des akkreditierten Dienstanbieters die erlassende Behörde als Nutzer des DE-Mail-Kontos erkennen lässt;
4. durch sonstige sichere Verfahren, die durch Rechtsverordnung der Bundesregierung mit Zustimmung des Bundesrates festgelegt werden, welche den Datenübermittler (Absender der Daten) authentifizieren und die Integrität des elektronisch übermittelten Datensatzes sowie die Barrierefreiheit gewährleisten;
5. der IT-Planungsrat gibt Empfehlungen zu geeigneten Verfahren ab.

eID nach neuem § 3a VwVfG MV:

„In den Fällen des Satzes 4 Nummer 1 muss bei einer Eingabe über öffentlich zugängliche Netze ein sicherer Identitätsnachweis nach § 18 des Personalausweisgesetzes oder nach § 78 Absatz 5 des Aufenthaltsgesetzes erfolgen."

6. Weitere Bundesländer

Schleswig-Holstein, das im Verwaltungsverfahrensrecht wegen des eigenen Verwaltungsverfahrensgesetzes eine Sonderstellung einnimmt, hat bereits seit 2009 ein Gesetz zur elektronischen Verwaltung[15]. Dort ist allerdings DE-Mail wegen des Inkrafttretens des DE-Mail-Gesetzes erst 2011 noch nicht erwähnt, sondern noch von einer virtuellen Poststelle die Rede. Im Sachsen ist schon 2014 ein E-Government-Gesetz in Kraft[16]. In weiteren Bundesländern sind E-Government-Gesetze bereits in Planung. Nordrhein-Westfalen ermöglicht seinen Bürgern über ein Online-Konsultationsverfahren an der Gestaltung des Gesetzentwurfes[17] mitzuwirken, Berlin ist ebenfalls noch im Entwurfsstadium[18].

Eine Übersicht zu den Verfahrensständen der E-Government-Gesetze findet sich unter Wikipedia und wird dort regelmäßig aktualisiert[19]:

- Baden-Württemberg: eigenes E-Government-Gesetz verabschiedet, dazu Änderungen und Anpassungen von einigen Landesgesetzen (u. a. LVwVfG BW, LDSG BW)
- Bayern: Gesetz über die elektronische Verwaltung in Bayern (Bayerisches E-Government-Gesetz – BayEGovG) vom 22.12.2015 (GVBl S. 458)
- Berlin: Gesetz noch in der Entwicklung
- Brandenburg: kein Gesetz in Planung aber Änderung des Verwaltungsverfahrensgesetzes
- Bremen: kein Gesetz, aber Anpassung des Verwaltungsverfahrensgesetzes
- Hamburg: Änderung und Anpassung des Verwaltungsverfahrensgesetzes
- Hessen: Änderung und Anpassung des Verwaltungsverfahrensgesetzes
- Mecklenburg-Vorpommern: Änderung und Anpassung Verwaltungsverfahrensgesetz
- Niedersachsen: Bedarf und Inhalt eines Gesetzes werden zurzeit geprüft
- Nordrhein-Westfalen: eigenes E-Government Projekt (e-nrw)
- Rheinland-Pfalz: Änderung und Anpassung Verwaltungsverfahrensgesetz
- Saarland: noch im Entwurf
- Sachsen: Gesetz zur Förderung der elektronischen Verwaltung im Freistaat ‚Sachsen (Sächsisches E-Government-Gesetz – SächsEGovG) (Art. 1 G vom 9.7.2014, SächsGVBl. S. 398)
- Sachsen-Anhalt: Änderung und Anpassung des Landesverwaltungsrechts
- Schleswig-Holstein: Gesetz zu elektronischen Verwaltung für Schleswig-Holstein vom 8.7.2009
- Thüringen: noch kein eigenes Gesetz, Anpassung und Änderung des Verwaltungsverfahrensgesetzes

---

[15] Gesetz zur elektronischen Verwaltung für Schleswig-Holstein, GVOBl. 2009, 398, www.gesetze-rechtsprechung.sh.juris.de/jportal/portal/t/189k/page/bsshoprod.psml;jsessionid=596E0624013689D1B 672545DB5838CC1.jp12?pid=Dokumentanzeige&showdoccase=1&js_peid=Trefferliste&documentnumber=1&numberofresults=1&fromdoctodoc=yes&doc.id=jlr-EGovGSH2009rahmen&doc.part=X& doc.price=0.0#jlr-EGovGSH2009V1P9-jlr-EGovGSH2009pP9.

[16] Sächsisches E-Government-Gesetz vom 9.7.2014 (SächsGVBl. S. 398) mit Änderung durch die Verordnung vom 4.4.2015 (SächsGVBl. S. 374).

[17] Landtags-Drucksache NRW 16/10379, egovg.nrw.de/egovg/de/home/file/fileId/92/name/MMD16–10379.pdf.

[18] Drucksache 17/2513, www.parlament-berlin.de/ados/17/IIIPlen/vorgang/d17–2513.pdf.

[19] https://de.wikipedia.org/wiki/Gesetz_zur_F%C3 %B6rderung_der_elektronischen_Verwaltung, Stand 1.6.2016, kann dennoch wegen der offenen Bearbeitungsmöglichkeit bei Wikipedia keinen Anspruch auf Aktualität und Vollständigkeit begründen.

IV. Elektronisches Behördenpostfach und virtuelle Poststelle

1. Bei den Gerichten

189 Die Bundesregierung kann nach Art. 25 des E-Jusitz-Gesetzes ab dem 1.1.2016 eine Verordnung über die Ausgestaltung der Behördenpostfächer für Gerichte nach den §§ 130a der Zivilprozessordnung, § 46c des Arbeitsgerichtsgesetzes, § 65a des Sozialgerichtsgesetzes, § 55a der Verwaltungsgerichtsordnung und § 52a der Finanzgerichtsordnung erlassen[20]. Dies ist bisher nicht erfolgt.

2. Bei übrigen Behörden

190 Die Behörden müssen nach den E-Government-Gesetzen des Bundes und – soweit vorhanden – der Länder einen elektronischen Zugang zur Verwaltung gewähren. Die technische Ausgestaltung dieses Zugangs wird in diesen Gesetzen nicht geregelt, es wird jedoch die Nutzung von DE-Mail für Ein- und Ausgangspost angeordnet. Lediglich im schleswig-holsteinischen E-Government-Gesetz wird noch auf das vom BSI entwickelte Verfahren „virtuelle Poststelle" verwiesen, das im Hinblick auf die Verpflichtungen der Behörden nach der EU-Dienstleistungsrichtlinie von vielen Behörden genutzt wurde. Das Elektronische Gerichts- und Verwaltungspostfach EGVP war ein Beispiel für eine virtuelle Poststelle. Die VPS bzw. das EGVP haben Kryptographie unterstützt, jedoch nur in Form von Softwarezertifikaten. Die geringe Akzeptanz führte allerdings dazu, dass das EGVP ab 1.1.2016 nicht mehr weiterentwickelt und zum 31.12.2017 deaktiviert wird.

---

[20] Art. 25 Gesetz zur Förderung des elektronischen Rechtsverkehrs mit den Gerichten, BGBl. I 2013, 3786.

§ 4 Elektronische Form und Sichere Übermittlungswege

I. Allgemeine Regeln

1. Schriftform und elektronischer Form
a) Anforderungen an die gesetzliche Schriftform nach dem BGB

Für die Erfüllung der gesetzlichen Schriftform im materiellen Zivilrecht ist nach § 126 BGB mindestens eine handschriftliche Unterschrift erforderlich: **191**

„Ist durch Gesetz schriftliche Form vorgeschrieben, so muss die Urkunde von dem Aussteller eigenhändig durch Namensunterschrift oder mittels notariell beglaubigten Handzeichens unterzeichnet werden."

Die Unterschrift soll dabei folgende Funktionen erfüllen[1]:

„Abschlussfunktion

Die eigenhändige Unterschrift ist der räumliche Abschluss eines Textes und bringt zum Ausdruck, dass die Willenserklärung abgeschlossen ist. Dadurch wird das Stadium der Vorverhandlungen und des bloßen Entwurfs von dem der rechtlichen Bindung abgegrenzt.

Perpetuierungsfunktion

Das Schriftformerfordernis führt dazu, dass die Unterschrift und vor allem der Text fortdauernd und lesbar in einer Urkunde wiedergegeben werden und einer dauerhaften Überprüfung zugänglich sind. Hierdurch wird gewährleistet, dass eine Information über die Erklärung nicht nur flüchtig möglich ist und die Erklärung dokumentiert werden kann.

Identitätsfunktion

Durch die eigenhändige Namensunterschrift wird zum einen der Aussteller der Urkunde erkennbar. Darüber hinaus soll der Erklärende identifiziert werden können, weil die unverwechselbare Unterschrift eine unzweideutige Verbindung zur Person des Unterzeichners herstellt.

Echtheitsfunktion

Die räumliche Verbindung der Unterschrift mit der Urkunde, die den Erklärungstext enthält, stellt einen Zusammenhang zwischen Dokument und Unterschrift her. Hierdurch soll gewährleistet werden, dass die Erklärung inhaltlich vom Unterzeichner herrührt.

Verifikationsfunktion

Die Verifikationsfunktion steht im engen Zusammenhang mit der Echtheits- und der Identitätsfunktion. Sie wird dadurch erreicht, dass der Empfänger eines Dokuments die Möglichkeit hat zu überprüfen, ob die unverwechselbare Unterschrift echt ist, zB durch einen Unterschriftenvergleich.

Beweisfunktion

Die eigenhändige Unterschrift unter einem fixierten Text dient dem Interesse an der Beweisführung und Offenlegung des Geschäftsinhalts und führt zu dauerhafter Klarheit. Die Schriftform erleichtert dem Beweispflichtigen seine Beweisführung, sofern der Beweisgegner die Echtheit der Unterschrift nicht bestreitet (§ 439 Abs. 1, 2, § 440 Abs. 1 ZPO).

Warnfunktion

Durch den bewussten Akt des Unterzeichnens wird der Erklärende hingewiesen auf die erhöhte rechtliche Verbindlichkeit und die persönliche Zurechnung der unterzeichneten Erklärung. Hierdurch soll er vor übereilten Rechtsgeschäften geschützt werden."

---

[1] BT-Drs. 14/4987, Entwurf eines Gesetzes zur Anpassung der Formvorschriften des Privatrechts und anderer Vorschriften an den modernen Rechtsgeschäftsverkehr, S. 16; zu den Schriftformfunktionen auch *Degen/Deister*, Computer- und Internetrecht Rn. 487.

b) Anforderungen an die elektronische Form nach dem BGB

192   Nach § 126a BGB wird für die elektronische Ersetzung der handschriftlichen Unterschrift eine qualifizierte Signatur nach dem Signaturgesetz verlangt.

> § 126a BGB lautet:
> *„(1) Soll die gesetzlich vorgeschriebene schriftliche Form durch die elektronische Form ersetzt werden, so muss der Aussteller der Erklärung dieser seinen Namen hinzufügen und das elektronische Dokument mit einer qualifizierten elektronischen Signatur nach dem Signaturgesetz versehen.*
> *(2) Bei einem Vertrag müssen die Parteien jeweils ein gleichlautendes Dokument in der in Absatz 1 bezeichneten Weise elektronisch signieren."*

193   Die elektronische Signatur erfüllt die Abschlussfunktion noch besser als die handschriftliche Unterschrift, da eine direkte Verknüpfung zwischen dem gesamten Text und der kryptographischen Hash-Funktion existiert.

194   Die Perpetuierungsfunktion ist nur zeitlich beschränkt, so lange das Zertifikat der Signatur gültig ist, kann aber durch Nachsignaturen zB nach der **Technischen Richtlinie TR-ESOR** des Bundesamts für Sicherheit in der Informationstechnik bzw. **RFC 4998** beliebig lange verlängert werden.

195   Die Identitätsfunktion ist noch besser gewährleistet als bei der handschriftlichen Unterschrift, da eine qualifizierte elektronische Signatur wesentlich schwerer als eine Handschrift zu fälschen ist und nach dem derzeit noch gültigen Signaturgesetz eine Zwei-Faktor-Authentifizierung mit Wissen und Besitz (einer Klasse-3-Chipkarte mit Chipkartenleser) erforderlich ist.

196   Auch die Echtheits- und Verifikationsfunktion werden von der qualifizierten Signatur hervorragend umgesetzt, da nur der rechtmäßige Besitzer bei ordnungsgemäßer Handhabung in der Lage ist, mittels Signaturkarte und PIN zu unterzeichnen und die Identität des Unterzeichnenden durch den vorgeschriebenen Verzeichnisdienst des Zertifizierungsdiensteanbieters nach dem Signaturgesetz gewährleistet ist.

197   Aus obigen Funktionen folgt, dass mit einer qualifizierten Signatur auch der technische Beweis erbracht werden kann, von wem die Unterschrift stammt. Ähnlich wie bei der Privaturkunde nach § 416 ZPO mit handschriftlicher Unterschrift gibt es auch bei der Verwendung von qualifizierten Signaturen nach § 1 SigG und § 371a ZPO Beweiserleichterungen, die im Zivilprozess bis zum Beweis des Gegenteils oder Erschütterung mit hoher Wahrscheinlichkeit beachtet werden müssen.

c) Anforderungen an die Schriftform im öffentlichen Recht

198   Nach § 2 des Einführungsgesetzes zum Bürgerlichen Gesetzbuch meint der Begriff „Gesetz" im BGB jegliche deutsche Rechtsnorm. Trotz des universellen Anspruchs von § 126 BGB hat das Bundesverwaltungsgericht schon 1974 festgestellt[2]:

> *„Die Vorschrift des § 126 Abs. 1 BGB […] gilt im öffentlichen Recht nicht."*

199   Im öffentlichen Recht wurde zB auch durch die meisten Verwaltungsverfahrensgesetze des Bundes und der Länder durch eine Änderung des § 3a VwVfG elektronische Formulare und die DE-Mail der Schriftform gleichgestellt. So lautet etwa § 3a Abs. 2 S. 4 des Verwaltungsverfahrensgesetzes des Bundes:

> *„Die Schriftform kann auch ersetzt werden*
> *1. durch unmittelbare Abgabe der Erklärung in einem elektronischen Formular, das von der Behörde in einem Eingabegerät oder über öffentlich zugängliche Netze zur Verfügung gestellt wird;*

---

[2] BVerwG Urt. vom 5.6.1974 – VIII C 1.74, BVerwGE 45, 189.

2. bei Anträgen und Anzeigen durch Versendung eines elektronischen Dokuments an die Behörde mit der Versandart nach § 5 Absatz 5 des DE-Mail-Gesetzes;
3. bei elektronischen Verwaltungsakten oder sonstigen elektronischen Dokumenten der Behörden durch Versendung einer DE-Mail-Nachricht nach § 5 Absatz 5 des DE-Mail-Gesetzes, bei der die Bestätigung des akkreditierten Diensteanbieters die erlassende Behörde als Nutzer des DE-Mail-Kontos erkennen lässt;
4. durch sonstige sichere Verfahren, die durch Rechtsverordnung der Bundesregierung mit Zustimmung des Bundesrates festgelegt werden, welche den Datenübermittler (Absender der Daten) authentifizieren und die Integrität des elektronisch übermittelten Datensatzes sowie die Barrierefreiheit gewährleisten; der IT-Planungsrat gibt Empfehlungen zu geeigneten Verfahren ab."

Diese Regelungen wurden aber bisher noch nicht ins Zivilrecht übertragen, so dass die DE-Mail nicht für den Abschluss privater Rechtsgeschäfte wie zB den Abschluss eines Kreditvertrages bei einer Bank oder Sparkasse genutzt werden kann.

d) Anforderungen an die Schriftform im Verfahrensrecht

Im Verfahrensrecht sind ebenfalls Erleichterungen gegenüber der strengen Regelung des BGB im materiellen Zivilrecht möglich. So reicht im Zivilprozessrecht bereits der Ausdruck eines Computerfaxes oder einer E-Mail vor Fristablauf aus, um den Formanforderungen für bestimmte Schriftsätze zu genügen.

Zum Computerfax schreibt der Gemeinsame Senat der obersten Gerichtshöfe des Bundes in seinem Beschluss vom 5.4.2000[3]:

„Die Erfüllung der gesetzlich erforderlichen Schriftform, zu der grundsätzlich die eigenhändige Unterschrift gehört, ist solchen bestimmenden Schriftsätzen nicht deshalb abzusprechen, weil sie durch moderne elektronische Medien – wie das im Streitfall zu beurteilende Computerfax – übermittelt werden und mangels Vorhandenseins eines körperlichen Originalschriftstücks beim Absender eine eigenhändige Unterzeichnung nicht möglich ist. Auch bei der von der Rechtsprechung zu Recht gebilligten und zum Gewohnheitsrecht erstarkten Übung der telefonischen Telegrammaufgabe existiert keine vom Absender unterschriebene Urschrift. Maßgeblich für die Beurteilung der Wirksamkeit des elektronisch übermittelten Schriftsatzes ist nicht eine etwa beim Absender vorhandene Kopiervorlage oder eine nur im Textverarbeitungs-PC befindliche Datei, sondern allein die auf seine Veranlassung am Empfangsort (Gericht) erstellte körperliche Urkunde. Der alleinige Zweck der Schriftform, die Rechtssicherheit und insbesondere die Verlässlichkeit der Eingabe zu gewährleisten, kann auch im Falle einer derartigen elektronischen Übermittlung gewahrt werden. Entspricht ein bestimmender Schriftsatz – wie im Ausgangsverfahren die Berufungsbegründung – inhaltlich den prozessualen Anforderungen, so ist die Person des Erklärenden in der Regel dadurch eindeutig bestimmt, dass seine Unterschrift eingescannt oder der Hinweis angebracht ist, dass der benannte Urheber wegen der gewählten Übertragungsform nicht unterzeichnen kann. Auch der Wille, einen solchen Schriftsatz dem Gericht zuzuleiten, kann in aller Regel nicht ernsthaft bezweifelt werden."

2. Fehlende Verbreitung der qeS für den flächendeckenden Einsatz

Durch die bisher hohen Anforderungen des deutschen Signaturgesetzes an die Hardware (Chipkarte und Chipkartenleser Klasse 3) und das vom ersten Signaturgesetz 1997 bis 2005 existierende Verbot von Massen- und Serversignaturen hat sich die Nutzung der qualifizierten elektronischen Signatur für den verbreiteten Einsatz nicht durchgesetzt[4].

Dabei beruhte der Glaube an eine schnelle Verbreitung der Technik vor allem auf einem Denkfehler:
- Auf der einen Seite entstehen dem einzelnen Nutzer durch die Kosten für die Hardware (Chipkarte und Chipkartenleser Klasse 3) erhebliche einmalige Kosten, dazu noch laufende Kosten für das jeweilige Zertifikat.

---

[3] Az. GmS-OGB 1/98.
[4] Vgl. auch *Heindl/Bücking/Emmert*, Der IT-Sicherheitsexperte, Rechtliche und technische Aspekte der Internetnutzung, S. 181.

- Auf der anderen Seite bringt die Beweissicherheit nicht dem Nutzer einen Vorteil, sondern dem Geschäftspartner, der den Nutzer sicher authentifizieren kann. Umgekehrt gedacht entsteht also dem Nutzer sogar ein Nachteil, weil er seine Willenserklärung nicht mehr abstreiten kann.

204 So lange also weder der Staat noch private Institutionen bereit sind, auf eigene Kosten die Nutzer mit Chipkarten, Chipkartenlesern und Zertifikaten auszustatten, wird sich die QeS auch weiterhin nicht durchsetzen können.

205 Beim neuen Personalausweis wird immerhin ein Chip mitgeliefert, der auch qualifizierte Signaturen erzeugen kann, der Bürger erhält jedoch keinen passenden Kartenleser ohne weitere Kosten. Auch die eID des neuen Personalausweises ist nur mit einem entsprechenden Kartenleser nutzbar.

206 Dies bedeutet, dass der Anbieter einer Authentifizierungstechnik dafür sorgen muss, auf eigene Kosten dem Nutzer eine sichere Authentifizierung anzubieten. Dafür sind biometrische Erkennungsmethoden der individuellen Unterschrift, die seit Jahrhunderten auf Papier der Authentifizierung dient, die kostengünstigste Möglichkeit.

II. Erfüllung der Schriftform durch elektronische Unterzeichnung auf einem Tablet oder Smartphone

207 Unterschriften auf einem Tablet können heute durch Messung biometrischer Merkmale wie Schreibgeschwindigkeit und Druck mit hoher Sicherheit einer Person zugeordnet werden. Da aber wegen Nichterfüllung der derzeitigen Anforderungen des deutschen Signaturgesetzes (Chipkarte und Chipkartenleser Klasse 3) die gesetzliche Schriftform nicht erreicht werden kann, können mit einer solchen Lösung nur Verträge unterschrieben werden, die entweder keinen Formvorschriften unterliegen oder nur der vertraglich vereinbarten Schriftform nach **§ 127 Abs. 3 BGB** unterliegen. Dieser Paragraph verlangt deutlich weniger als bei der gesetzlich angeordneten elektronischen Form:

„Zur Wahrung der durch Rechtsgeschäft bestimmten elektronischen Form genügt, soweit nicht ein anderer Wille anzunehmen ist, auch eine andere als die in § 126a bestimmte elektronische Signatur und bei einem Vertrag der Austausch von Angebots- und Annahmeerklärung, die jeweils mit einer elektronischen Signatur versehen sind. Wird eine solche Form gewählt, so kann nachträglich eine dem § 126a entsprechende elektronische Signierung oder, wenn diese einer der Parteien nicht möglich ist, eine dem § 126 entsprechende Beurkundung verlangt werden."

208 Folgerichtig hat das Oberlandesgericht München im Urteil vom 4.6.2012[5] entschieden, dass mit einer Unterschrift auf einem Tablet oder einem Signaturpad keine Verträge geschlossen werden können, die der gesetzlichen angeordneten Schriftform genügen müssen. Das OLG München schreibt:

„Da der Kläger lediglich mit einem elektronischen Stift seine Unterschrift auf dem Schreibtablett leistete, aber das elektronische Dokument nicht mit einer qualifizierten elektronischen Signatur versehen hat, liegen die Voraussetzungen des § 126a BGB ersichtlich nicht vor."

III. Rechtsverbindlichkeit und Beweisvorschriften bei der Nutzung von Tabletunterschriften für formfreie Verträge und Textform

209 Im deutschen Recht gilt, soweit nicht explizit Ausnahmen geregelt sind, der Grundsatz der Formfreiheit. Die allermeisten Verträge können auch ohne die Beachtung der

---

[5] OLG München Urt. vom 4.6.2012 – 19 U 771/12, NJW 2012, 3548.

Schriftform, also unproblematisch auch direkt per – digitaler – Unterschrift auf einem Tablet, geschlossen und Willenserklärungen wirksam abgegeben werden.

Praxisbeispiele:

Digitale Tabletunterschrift bei der Deutschen Post, Hermes Paketdienst, Sixt Autovermietung u. a.

Bei Formfreiheit wäre sogar ein mündlicher Vertragsabschluss möglich, dies ist jedoch in allen Fällen, in denen es auf die Beweisbarkeit des Vertragsschlusses ankommt, nicht ratsam. **210**

So lange keine qeS zum Einsatz kommt und im Verwaltungsrecht auch nicht die absenderbestätigte DE-Mail oder die eID-Funktion des neuen Personalausweises genutzt wird, gibt es keine Beweiserleichterungen durch das deutsche Verfahrensrecht. **211**

Die Frage, ob Beweiserleichterungen bestehen, weil die Tabletunterschrift als **Textform** gilt, haben bislang Gerichte noch nicht entschieden. Nur in Bezug auf die Textform von E-Mail liegen Entscheidungen vor, ebenso zur Unterzeichnung eines Darlehensvertrags auf einem elektronischen Schreibtablet, welche nicht die Schriftform nach §§ 492 I 1, 126 BGB wahrt.[6] **212**

Als Textform gemäß § 126b BGB gilt jede lesbare, dauerhafte Erklärung, in der der Ersteller der entsprechenden Urkunde genannt wird und aus der „durch Nachbildung der Namensunterschrift oder anders" der Abschluss der Erklärung hervorgeht und erkennbar ist, dass die Erklärung abgegeben wurde. In Abgrenzung zur Schriftform bedarf es somit bei der Textform keiner eigenhändigen Unterschrift. Sie umfasst daher neben klassischen Schriftstücken auch Telefax-Nachrichten (selbst ohne Unterschrift oder ohne verkörpertes Original direkt aus einem Computer durch Computerfax), maschinell erstellte Briefe, E-Mail-, Telegramm- oder SMS-Nachrichten. **213**

Dies bedeutet, dass freie Beweiswürdigung gilt, dh das Gericht kann selbst die Beweiswürdigung vornehmen, ohne an prozessuale Regeln gebunden zu sein. Bei einer Unterschriftsleistung auf einem Tablet können bei fortschrittlichen Modellen nach dem Stand der Technik so viele Eigenschaften und Charakteristika von Unterschriften erfasst werden, dass eine Identifizierung anhand dieser Daten möglich ist. Dies kann dem Gericht über Vorlage von technischen Spezifikationen, Gutachten und/oder ggf. Zertifikaten nähergebracht werden. Selbst wenn das Gericht ausnahmsweise von dieser Beweiseignung nicht überzeugt sein sollte, kann es die Beweiseignung nicht aus eigener Kenntnis ablehnen, sondern sollte darüber Beweis per Sachverständigengutachten erheben. Für die Kosten des Sachverständigengutachtens ist zunächst derjenige vorleistungspflichtig, der sich auf das Beweismittel beruft. Dies ist jedoch nur vorübergehend, die Prozesskosten fallen, wenn das Gutachten wie zu erwarten positiv ausfällt, dem Verlierer des Rechtsstreits vollständig inklusive Gutachtenkosten zur Last. **214**

IV. Rechtliche Formvorschriften für wirksame Stellvertretung in elektronischer Form

Nach § 167 Abs. 2 BGB bedarf die Erteilung der Vollmacht nicht der Erfüllung derjenigen Formvorschriften, denen das Grundgeschäft unterliegt. § 167 BGB lautet: **215**

---

[6] Vgl. KG Berlin vom 18.7.2006 – AZ 5 W 156/06; zum Unterschriftenpad/E-Schreibtablet: OLG München, Schlussurteil v. 4.6.2012, 19 U 771/12 = MMR-Aktuell 2012, 336277; aA: *Hoeren*, VersR 2011, 834: Unterschrift mittels Unterschriftenpad wahrt nach AGB-Banken bei Einzugsermächtigung und Abbuchungsauftrag die notwendige Schriftform.

> *„(1) Die Erteilung der Vollmacht erfolgt durch Erklärung gegenüber dem zu Bevollmächtigenden oder dem Dritten, dem gegenüber die Vertretung stattfinden soll.*
> *(2) Die Erklärung bedarf nicht der Form, welche für das Rechtsgeschäft bestimmt ist, auf das sich die Vollmacht bezieht."*

216 So lange keine Verfahrensvorschriften dem entgegenstehen, können also Vollmachten formfrei erteilt werden, lediglich aus Gründen der Beweissicherheit, vor allem wegen der Haftung des vollmachtlosen Vertreters für das Grundgeschäft nach § 179 BGB, sollte eine beweisbare Form der Bevollmächtigung gewählt werden.

217 § 29 GBO bestimmt zB für Grundstücksgeschäfte von nicht-öffentlichen Stellen, dass für die Eintragung relevante Erklärungen in öffentlich beglaubigter Form, dh also in der Regel durch notarielle Beglaubigung der Unterschrift unter der Vollmacht, nachgewiesen werden müssen. § 29 Abs. 1 GBO lautet:

> *„Eine Eintragung soll nur vorgenommen werden, wenn die Eintragungsbewilligung oder die sonstigen zu der Eintragung erforderlichen Erklärungen durch öffentliche oder öffentlich beglaubigte Urkunden nachgewiesen werden. Andere Voraussetzungen der Eintragung bedürfen, soweit sie nicht bei dem Grundbuchamt offenkundig sind, des Nachweises durch öffentliche Urkunden."*

218 Behörden genießen hier Formerleichterungen nach § 29 Abs. 3 GBO:

> *„Erklärungen oder Ersuchen einer Behörde, auf Grund deren eine Eintragung vorgenommen werden soll, sind zu unterschreiben und mit Siegel oder Stempel zu versehen."*

219 Abgesehen von dieser Ausnahme sind Vollmachtserklärungen jedoch formfrei zulässig. Dies ergibt sich auch aus der Prüfung der Funktionen der Unterschrift im Vergleich mit der Unterschrift auf einem Tablet.

220 Die Abschlussfunktion kann mit der Unterschrift auf einem Tablet ebenso gewahrt werden, da hier ebenfalls klar ist, dass sich die Unterschrift nur auf den darüberstehenden Text bezieht.

221 Die Identitätsfunktion wird durch biometrische Messungen von Schreibgeschwindigkeit, Schriftbild und Druck erreicht, anhand derer der Unterschreibende eindeutig identifiziert werden kann. Technisch sind diese Messungen der graphologischen Analyse eines Schriftbildes auf Papier mindestens gleichwertig[7].

222 Durch den späteren Vergleich des Schriftbildes und der biometrischen Merkmale mit Kontrollunterschriften kann die Echtheitsfunktion und die Verifikationsfunktion erfüllt werden.

223 Bei der Warnfunktion könnte man auf die Idee kommen, dass Gerichte wegen der einfacheren Unterschrift auf dem Tablet und der Situation zB am Bankschalter aus Gründen des Verbraucherschutzes einen Unterschied zur endgültig verkörperten Unterschrift aus Papier annehmen würden.

224 Eine solch einschränkende Auslegung aus Verbraucherschutzgründen kommt im Nachbarland Österreich zum Tragen. In § 1005 ABGB steht zwar, dass Bevollmächtigungen schriftlich und mündlich erfolgen können. Die Rechtsprechung des Obersten Gerichtshofes legt diese Vorschrift jedoch im Sinne der Gewährleistung des Verbraucherschutzes einschränkend aus. Der Oberste Gerichtshof schreibt in seiner Entscheidung vom 13.12.1984 (Rechtssatz: RS0019354):

> *„Bezweckt eine Formvorschrift die Dokumentation der Ernstlichkeit des Parteiwillens oder eine gründliche Überlegung durch die Partei, dann gilt die Formvorschrift für den abzuschließenden Vertrag auch für die Vollmachtserteilung zum Abschluss dieses Vertrages. Die Formvorschrift des § 159 Abs. 2 VersVG bezweckt den Nachweis der gründlichen Überlegung durch die Partei. Demnach genügt für die Zustimmungserklärung des Versicherten eine mündliche Vollmacht nicht."*

---

[7] Vgl. https://de.wikipedia.org/wiki/Unterschriftenpad.

Der BGH sieht das selbst bei Verbraucherschutzvorschriften auf Basis des § 167 Abs. 2 BGB wohl anders: In seinem Urteil vom 24.4.2011, Az. XI ZR 40/00, heißt es:

„*Eine Vollmacht, die zum Abschluss eines Verbraucherkreditvertrages erteilt wird, muss grundsätzlich nicht die Mindestangaben über die Kreditbedingungen (VerbrKrG § 4 Abs. 1 S. 4 Nr. 1) enthalten.*"

V. Formen elektronischer Signaturen und rechtswirksame Dokumentensignierung

1. Einfache E-Signatur

Für die **materiell-, verfahrens- und beweisrechtliche Wirksamkeit** eine E-Dokuments und die wirksame **Digitalisierung der höchstpersönlichen Unterschrift** kommt es auf die **richtige Signierung des Dokuments** an[8].

Die **einfache Signatur** (§ 2 Nr. 1 SigG) vermittelt in der Praxis nicht die erforderliche Sicherheit, weil diese in jeder Verknüpfung oder Beifügung elektronischer Daten bestehen kann, die der Authentifizierung dient. Hierfür reicht das bloße Einscannen der Unterschrift oder das Eingeben des Namens.[9] Der Empfänger kann diese Daten beliebig kopieren, was ihm bei der qualifizierten elektronischen Signatur nicht gelingt.

2. Fortgeschrittene E-Signatur

Die **fortgeschrittene E-Signatur** (§ 2 Nr. 2 SigG) bietet etwas mehr Sicherheit als die einfache Signatur, entsprechend der Unterart der Signaturrichtlinie (Art. 2 Nr. 2 Sig-RL). Für die technische Umsetzung ist eine eindeutige Identifizierung mit einem Schlüssel erforderlich, den der Signaturinhaber innehat, und die technisch mit einer Public-Key-Infrastruktur (PKI) vollzogen wird. Diese beinhaltet ein asymmetrisches Verschlüsselungsverfahren. Das heißt, dass für die Akte der Ver- und Entschlüsselung zwei verschiedene Schlüssel eingesetzt werden müssen.[10] Im E-Mail-Verkehr wird die Public-Key-Infrastruktur durch Programme wie zB PGP (Pretty Good Privacy) oder S/MIME verwendet. Im WWW wird das Protokoll https eingesetzt.

Zu beachten ist, dass auch die fortgeschrittene Signatur keine hinreichende Sicherheit gewährleisten kann. Denn der private Schlüssel *(private key)* zum Erstellen der Signatur ist in der Regel auf der Festplatte des Absenders gespeichert. Es besteht insofern eine Gefährdung der Daten durch **Hackerangriffe und trojanische Pferde**[11].

3. Qualifizierte E-Signatur (qeS)

Die **qualifizierte elektronische Signatur** (qeS) vermittelt materiell-, beweis- und verfahrensrechtlich die höchste Sicherheitsstufe.[12] Sie beinhaltete bis zum 1.7.2016 im Hinblick auf die oben dargestellte Bedrohung zusätzliche Sicherheitskomponenten neben den Voraussetzungen des § 2 Nr. 2 SigG. So muss diese auf einem zum Zeitpunkt ihrer Erzeugung gültigen qualifizierten Zertifikat beruhen und mit einer sicheren Signaturerstellungseinheit erzeugt werden. Dafür reichte nach dem bisherigen deutschen Signaturgesetz ein auf der Computerfestplatte hinterlegter privater Schlüssel nicht aus. Notwendig ist vielmehr eine externe Hardware wie ein Signaturkartenlesegerät mit einer entsprechenden Signaturkarte. Außerdem muss die Signatur auf einem qualifizier-

---

[8] Vgl. auch *Gennen* DuD 2009, 661; *Degen* DuD 2009, 665.
[9] *Degen/Deister*, Computer- und Internetrecht Rn. 485; *Degen/Breucker* Rn. 21.
[10] *Scheja* in Leupold/Glossner Rn. 196.
[11] *Scheja* in Leupold/Glossner Rn. 196.
[12] *Kulow* K&R 2015, 537.

ten Zertifikat gem. § 2 Nr. 7 SigG beruhen. Dies setzt wiederum voraus, dass der eingesetzte Schlüssel von einem Zertifizierungsdiensteanbieter ausgegeben wurde, der die Anforderungen der §§ 4 ff. SigG erfüllt. Nach der Anpassung des deutschen Signaturgesetzes an die **EIDAS-Verordnung** werden in Zukunft auch servergestützte Signaturen und Signaturen ohne den Einsatz von Chipkarten ermöglicht.

**Checkliste:
Signieren von Dokumenten**

Dokumente wie die E-Klage werden wie folgt qualifiziert elektronisch signiert:

1. **Dokument erstellen in Textverarbeitungsprogramm** (zB Word-Format)
2. **Bilddatei der eingescannten Unterschrift in Dokument einfügen** (nicht obligatorisch)
3. **Umwandlung des Dokuments in universell lesbare PDF/A-Datei** (empfohlen, aber nicht obligatorisch)
4. **Einfügen der digitalen Unterschrift in das PDF/A-Dokument, damit die Schriftsatzdatei rechtsgültig mit der digitalen Unterschrift versehen wird:** Zertifikat auswählen, Signaturkarte in Kartenlesegerät einführen, Signaturerstellung bestätigen, Eingabe der PIN (Bestätigung); **Tipp:** vorab Funktionalität der verwendeten Signatursoftware überprüfen, da es Software gibt, die Zusatzdateien erzeugen; diese müssten mit der Schriftsatzdatei eingereicht werden
5. **Dateiname der Schriftsatzdatei vergeben und kontrollieren:** Schriftsatzdokument sollte als „Schriftsatz" und die Anlagendokumente als „Anlage" bezeichnet werden
6. **Anlagen zum Dokument** (im PDF/A-Format empfehlenswert, aber nicht obligatorisch) vorbereiten
7. **Dokument (mit Anlagen) versenden;** Auswahl der zu übersendenden Dateien
8. ggf. automatische elektronische Eingangsbestätigung

VI. DE-Mail

1. Varianten der DE-Mail-Sicherheit

231 Nach dem DE-Mail-Gesetz müssen vom DE-Mail-Provider verschiedene Sicherheitsstufen angeboten werden. Akkreditiert hat das BSI nach § 21 De-Mail-Gesetz als zuständige Behörde folgende Diensteanbieter für den Postfach- und Versand- und Verzeichnisdienst als DE-Mail-Dienstanbieter:

Mentana Claimsoft GmbH

Deutsche Telekom GmbH
T-Systems International GmbH

United Internet
(1&1, GMX, Web.de,
1&1 De-Mail GmbH)

232 Beim normalen Versand von DE-Mails gibt es keine vom Provider unterstützte Ende-zu-Ende-Verschlüsselung, sondern die Mails werden nur abschnittsweise verschlüsselt.

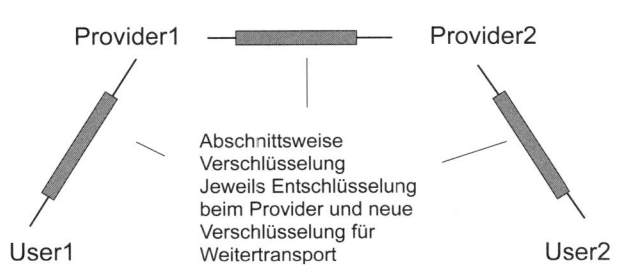

```
Provider1 ———————— Provider2
   |                        |
   |    Abschnittsweise     |
   |    Verschlüsselung     |
   |    Jeweils Entschlüsselung
   |    beim Provider und neue
   |    Verschlüsselung für
   |    Weitertransport     |
 User1                    User2
```

233 Standardmäßig ist die Verwendung von 2 verschiedenen Authentifizierungsmitteln bei DE-Mail vorgesehen. Erst seit April 2015 wird von den DE-Mail-Providern auch eine Ende-zu-Ende-Verschlüsselung unterstützt[13].

2. Rechtliche Bewertung

234 Die amtliche Verabschiedung von DE-Mail als sicheres elektronisches Kommunikationsmittel war von Beginn an erheblicher Kritik aus der Fachwelt ausgesetzt.[14]

235 Zur Amts- oder Berufsverschwiegenheit verpflichtete Stellen sollten, sofern Sie keine Einwilligung aller datenschutzrechtlich Betroffenen erhalten haben, ausschließlich Ende-zu-Ende-Verschlüsselung bei der Verwendung von DE-Mail einsetzen. Diese Empfehlung gibt auch der Bundesbeauftragte für Datenschutz und die Informationsfreiheit[15]. → **Anh. 2.**

---

[13] www.heise.de/security/meldung/De-Mail-Ende-zu-Ende-Verschluesselung-mit-PGP-gestartet-2616388.html.
[14] *Lapp* DuD 2009, 651.
[15] www.bfdi.bund.de/SharedDocs/Publikationen/Sachthemen/DEMail/DeMailHandreichung.pdf?__blob=publicationFile.

§ 5 Regeln für Anwälte und Gerichte

I. Elektronisches Mahnverfahren

Auf Grund seiner wirtschaftlichen Bedeutung spielt das Mahnverfahren in der Praxis eine zentrale Rolle. Mit dem E-Mahnverfahren kann der Anwalt das Verfahren beschleunigen, organisatorisch vereinfachen, Fehler weitgehend vermeiden und damit ohne großen personellen Aufwand ein wirtschaftliches Ergebnis erzielen. Dem Ziel eines vereinfachten und beschleunigten Verfahrens dient die Formalisierung und elektronische Verfahrensführung auf Seiten des Gerichts (§ 703b ZPO) wie auf Seiten des Antragstellers. Die ZPO sieht das Mahnverfahren als eine Möglichkeit vor, einfach, schnell und kostengünstig einen Vollstreckungstitel zu erwirken. Es ist für den ERV prädestiniert.[1] Bereits seit 1.12.2008 dürfen Mahnverfahren durch Anwälte nur noch in maschinell lesbarer Form geführt werden (§ 690 Abs. 3 ZPO). Ab 1.1.2018 sollen auch Naturparteien Mahnanträge nach § 690 III-E ZPO und nach dem Gesetzentwurf zur elektronischen Akte in Strafsachen nach § 702-E ZPO auch andere Anträge im Mahnverfahren elektronisch stellen können. 236

Praxistipp:
Dies bedeutet, dass Anträge entweder **elektronisch (zB über online-mahnantrag.de mit Übertragung an egvp.de)** unter Einsatz einer Signaturkarte (mit qeS), auf **Datenträgern** oder unter **Einsatz des Barcode-Verfahrens** übermittelt werden dürfen. Zum 31.12.2017 wird das EGVP-Verfahren abgeschaltet[2]. Ab 29.9.2016 können Rechtsanwälte das besondere elektronische Anwaltspostfach für die Einreichung von Online-Mahnanträgen nutzen. Ab 1.1.2018 dürfen sowohl Anwälte als auch Naturparteien ihre Identität mittels eID-Verfahren oder DE-Mail nachweisen[3].

Das **Barcode-Verfahren** ist dem Signaturkartenverfahren und den Authentisierungsverfahren mit eID und DE-Mail unterlegen, weil es fehleranfällig ist.[4] 237

So dürfen Barcode-Anträge nicht geknickt an das Gericht geschickt werden und zudem möglichst nur in mit Pappe verstärkten Umschlägen.

Für Anwälte empfiehlt sich als sicherste Datenübermittlung die Nutzung der qeS mit Verschlüsselung. Die im SigG geregelten Formanforderungen enthalten Sicherheitsstandards, die reine Datenträger nicht aufweisen. **Zukünftig kann auch die sichere Variante der DE-Mail nach § 5 Abs. 5 des DE-Mail-Gesetzes genutzt werden oder das eID-Verfahren nach § 18 des Personalausweisgesetzes, weil auch hier eine ausreichend sichere Authentifizierung gewährleistet ist.** 238

Die Justiz sieht verschiedene „Ausbaugrade" beim Mahnverfahren vor. Der Ausbaugrad steuert Mitteilungen des Gerichts. Sofern für eine bestimmte Mitteilungsart (wie zB Erlassnachricht, Kostenrechnung, Zustellungsnachricht Vollstreckungsbescheid) ein bestimmter Ausbaugrad vorgesehen ist, erfolgt die Mitteilung elektronisch, ansonsten schriftlich. Der Ausbaugrad errechnet sich je nachdem, welche Korrespondenz der Antragsteller elektronisch zurückerhalten möchte. Der vom Prozessanwalt angegebene Ausbaugrad wird grds. von allen Mahngerichten übernommen. 239

---

[1] *Degen/Breucker* Rn. 88 ff.
[2] www.egvp.de.
[3] → Rn. 118.
[4] *RAK Hamburg,* Kammerreport, 20.11.2008, S. 4; *Degen* NJW 2009, 199.

II. Elektronisches Klageverfahren

240 Für Rechtsanwälte und die von diesen vertretenen Verbraucher und Unternehmer wird mit dem elektronischen Klageverfahren eine **Erleichterung** und **Verfahrensbeschleunigung** sowie eine **Online-Akteneinsicht** ermöglicht. Statt dem fristwahrenden Einwerfen der Klage in den **Nachtbriefkasten** eines Landgerichts um 23:59 Uhr kann dem Gericht fristwahrend auch eine elektronische Klage zugestellt werden. Dies ist bei zunehmend nachgefragter **Online-Rechtsberatung**[5] auch nur konsequent.

241 Im Hinblick auf die Erstellung von elektronischem Klageschriftsatz und Anlagen (am Besten im universellen PDF-Format) sowie der richtigen qualifizierten elektronischen Signierung der Dokumente gelten die obigen Ausführungen zum Handling.

1. § 130a ZPO und Verwendung der Containersignatur

242 Die Praxis hat sich bis zum BGH-Beschluss vom 14.5.2013[6] mit der Frage beschäftigt, ob für die **Zulässigkeit und Zustellung der E-Klage** die im Mahnverfahren eingesetzte sog **Container-Signatur** (oder Transport-Signatur) genügt. Dies hat der BGH mit der vorgenannten Entscheidung überzeugend bejaht. Dagegen wurde der Wortlaut des § 130a ZPO angeführt wonach „das Dokument" mit einer Signatur zu versehen ist. Der BFH hatte eine Container-Signatur bereits zuvor als ausreichend angesehen wird;[7] eine Entscheidung, die in der Literatur ausdrücklich Zustimmung gefunden hat.[8] Diejenigen Bundesländer, die ihr EGVP für alle Gerichte geöffnet haben, gaben sich auch im Zivilprozess mit der Container-Signatur zufrieden. Die vereinzelten Zweifel knüpften daran an, dass der BFH die Frage nur beiläufig behandelt habe.[9] Aus dieser M.M. wurde gefolgert, unter dem Gesichtspunkt des sichersten Weges *„im streitigen Zivilprozess nicht nur den Container zu signieren, sondern – zusätzlich – auch das einzelne Dokument."* Dies ging aber gerade mit der Internet-Applikation egvp.de nicht, die gleichzeitig das einzige von der Justiz zugelassene Vehikel des ERV darstellte. Weder Wortlaut, Systematik, teleologische Auslegung von § 130a ff. ZPO, noch die mit den im JKomG verfolgten Ziele verlangen ferner die Erweiterung einer systemkompatiblen Spezialsoftware, mit welcher durch Eröffnung einer Schnittstelle (Add-on) eine Signierung von Einzeldokumenten möglich wäre. *Bacher* schlägt gleichwohl vor, die für das Mahnverfahren eingesetzte Ausrüstung *„lediglich um eine Software"* zu erweitern, *„mit der gängige Dateiformate (zB pdf, doc, odt) signiert werden können. Derartige Programme sind mittlerweile von verschiedenen Herstellern erhältlich und relativ einfach zu bedienen. Der dafür erforderliche finanzielle und organisatorische Aufwand sollte schon deshalb nicht gescheut werden, weil eine Dokument-Signatur zusätzliche Sicherheit bietet und – anders als die Container-Signatur – auch bei der Weiterleitung des Dokuments an andere Verfahrensbeteiligte nicht verloren geht."*

---

[5] Hierzu *Axmann/Degen* NJW 2006, 1457.
[6] BGH Beschl. vom 14.5.2013 – VI ZB 7/13, vgl. *Bacher* NJW 2015, 2753 (2754).
[7] BFH MMR 2007, 234 [235] sub 2d. Die Signatur der OSCI-Nachricht wird dort als Container-Signatur bezeichnet.
[8] *Viefhues* NJW 2005, 1009 [1010]; *Roggenkamp* jurisPR-ITR 5/2006 AnAaO. 2 sub C; *Fischer/Dieskau/Hornung* NJW 2007, 2897 [2899]; *Degen* VwBlBW 2005, 329 [330]; *Degen/Breucker* S. 23; *Hadidi/Mödl* NJW 2010, 2097.
[9] *Hähnchen/Hockenholz* JurPC Web-Dok. 39/2008 Abs. 19.

Praxistipp:
Dass die hM und der BGH auch unter Beachtung von § 130a ZPO und der eröffneten neuen Zugangstechnik die **Container-Signatur** als **ausreichend** ansehen, wird **auch „nach Einführung des beA maßgeblich"** bleiben.[10] Ab 2018 bedarf es der qeS als zwingendem Digitalersatz der höchstpersönlichen Unterschrift ohnehin nicht mehr.

Es reicht demnach die Signierung des „Containers", mit dem die Dokumente übermittelt werden. Eine Signierung jedes einzelnen Dokuments ist somit nicht erforderlich, soweit der signierte Container gespeichert bleibt. Denn an der mit der qualifizierten E-Signatur (§ 2 Nr. 3 SigG) verfolgten Ausstelleridentität bestehen keine Zweifel. Die qeS beinhaltet Sicherheitskomponenten, die mit der Container-Signatur gewährleistet sind, welche die einzelnen, bildlich gesprochen „innen liegenden E-Dokumente" mit einem „roten Unterschriftenfaden" umschließt. Dabei liegt ein zum Zeitpunkt der Signaturerzeugung gültiges qualifiziertes Zertifikat vor, das mit einer sicheren Signaturerstellungseinheit erzeugt wurde. Insofern sind die mit dem Digitalisierungsvorgang der höchstpersönlichen Unterschrift materiell- und verfahrensrechtlich zu erfüllenden Kriterien der Beweisqualität gegeben.[11]

Bislang hatte die Rspr.[12] sogar **bloße Computerfaxe mit eingescannter Unterschrift**[13] als ausreichend angesehen, auch wenn dies nach dem BGH[14] überholt sein dürfte.

2. Gerichtskostenvorschuss

Für die Praxis des elektronischen Mahn- und Klageverfahrens wäre die **Einzahlung von Gerichtskosten** durch gesonderte Briefübersendung eines Papier-Verrechnungsschecks oder Aufklebens von Gerichtskostenmarken auf ein Schriftstück als wolle man eine E-Mail mit der Postkutsche transportieren.

Der Gesetzgeber und die Landesjustizverwaltungen haben demgemäß grünes Licht erteilt für die vom Prozessbevollmächtigten **in der E-Klage zu erteilende Einzugsermächtigung.**

Diese kann im elektronischen Klageschriftsatz zum Beispiel wie folgt formuliert werden:

Wir entrichten den (Gerichtskosten-)Gebührenvorschuss bei einem Streitwert von ... EUR iHv ... EUR, in dem wir das Landgericht Mannheim ermächtigen diesen Betrag von unserem Konto (IBAN/BIC) bei der ...Bank abzubuchen.

3. Elektronische Gerichtsbriefkästen

Für das E-Klageverfahren wurden infolge des JKomG **verschiedene Systeme** verwendet, von E-Mail-Lösungen (wie das in Kooperation mit Microsoft für die Verwaltungs- und Sozialgerichtsbarkeit Rheinland-Pfalz praktizierte Verfahren), Web-basierte Upload-Lösungen (www.gerichtsbriefkasten.de) und die OSCI-basierte Kommunikation mit dem EGVP.[15] Anwälte konnten in Rheinland-Pfalz Dokumente per E-Mail mit Schriftsätzen als Dateianhang übermitteln; die Sendungen wurden automatisch entschlüsselt und an die zuständige Geschäftsstelle weitergeleitet. Wenn der Anwalt des Prozess-

---

[10] *Bacher* NJW 2015, 2753 (2754).
[11] Vgl. *Hadidi/Mödl* NJW 2010, 2097; *Viefhues* NJW 2005, 1010; *Degen* RA-HB § 66 Rn. 59; *Degen* VwBlBW 2005, 330; *Degen/Breucker* S. 23; *Degen* NJW 2008 1473 [1480].
[12] GmS-OGB NJW 2005, 2086.
[13] NJW 2000, 2340.
[14] BGH Beschl. vom 14.1.2010 – VII ZB 112/08; zu BGH Beschl. vom 4.12.2008 – IX ZB 41/08; *Degen* LMK 2009, 276151.
[15] Vgl. *Berlit* JurPC Web-Dok. 13/2006 Abs. 44; *Degen/Breucker* Rn. 70.

gegners per Mail erreichbar war, wurden die Dokumente auch diesem übermittelt. Der Anwalt benötigte keine Spezialsoftware außer der Software zur Signierung.[16] Beim BVerwG und beim BGH konnten Dokumente durch Datei-Upload eingereicht werden. Über einen Browser wird eine Website aufgerufen, die es ermöglicht, die Dokumente in den E-Gerichtsbriefkasten zu übertragen. Dieses Verfahren war umständlicher als das Mail-Verfahren. Denn ein Anwalt, der eine Revision beim BGH einlegt, muss den mit seiner Signaturkarte unterschriebenen Schriftsatz verschlüsselt in das Gerichtspostfach übertragen. Es war vorab die Registrierung und Installation einer Spezialsoftware erforderlich.[17] Es wurde wie beim Mail-Verfahren automatisch eine Empfangsbestätigung generiert, womit die E-Kommunikation genauso sicher war wie ein Einschreiben mit Rückschein, aber schneller und kostengünstiger. Über Zustellungen an die Verfahrensbeteiligten wurde automatisch informiert.

249 Der Bund hat durch Rechtsverordnungen die Einreichung elektronischer Dokumente zunächst beim BGH, beim BVerwG, beim BFH und beim BPatG ermöglicht. Der BGH hat im November 2001 den ERV in Zivilsachen eröffnet und es den beim BGH zugelassenen Rechtsanwälten ermöglicht, signierte Schriftsätze per E-Mail zu übermitteln. Ein technisch aufwändiger Weg wurde bis dato mit der Anwendung des **Elektronischen Gerichts- und Verwaltungspostfachs** (EGVP) beschritten, mit dem zum 1.12.2004 der BFH und das BVerwG den ERV eröffnet haben.[18]

250 Vor den Bundesgerichten sind allerdings nur sehr wenige Anwälte tätig. Die größeren **Praxiserfahrungen** konnten auf **Länderebene** gemacht werden. So wurde die Einreichung elektronischer Dokumente zum Beispiel bei der Finanzgerichtsbarkeit in Hamburg, Düsseldorf, Köln, Hamm, beim OVG Koblenz und bei den Mahngerichten in Coburg, Hamburg, München und Stuttgart ermöglicht.[19] Beim LG Mannheim können seit 1.9.2004 Schriftsätze elektronisch eingereicht werden.

251 Aufgrund der nicht besonders übersichtlichen **Benutzeroberfläche** von egvp.de und der für temporäre Inkompatibilitäten anfälligen IT-Architektur – verglichen mit handelsüblicher Software wie zB von Apple, Microsoft, SAP, RA-Micro, DATEV, E-Consult u. a. – hat sich statistisch gesehen die **E-Klage mittels egvp.de nicht durchgesetzt**. Dazu kommt, dass sich bei egvp.de mit dem OSCI-Standard *(Online Services Computer Interface, Protokollstandard für dt. öffentl. Verwaltung)* und der verwendeten **JAVA-Architektur** nach Updates von egvp.de zeitweise Probleme bei PC-Einstellungen ergeben. Die versehentliche mehrfache Versendung von Mahnanträgen und die mehrfache Installation von egvp-Postfächern auf Kanzlei-PCs sind keine Einzelfälle, die nicht allein auf Anwenderdefizite zurückzuführen sind. Außerdem haben Prozessbevollmächtigte bis heute Schwierigkeiten bei egvp.de mit der Container-Signatur bei der Richterschaft erfahren müssen, die mit dem elektronischen Verfahren noch nicht hinreichend vertraut waren.

Praxistipp:
Das neue beA wird sich in die bestehende EGVP-Infrastruktur mit den Standards OSCI-Transport einfügen und die Funktion übernehmen, die EGVP bislang innehatte.[20]

252 Infolgedessen wird das von der Anwaltschaft überwiegend kritisch betrachtete EGVP auch nach einer Übergangsphase zum 30.9.2016 bzw. der „EGUP-Classic-Client" zum 1.1.2018 endgültig abgeschaltet.[21]

---

[16] *Redeker* AnwBl 2005, 348.
[17] *Redeker* AnwBl 2005, 348.
[18] *Berlit* JurPC Web-Dok. 13/2006 Abs. 11.
[19] *Degen* VBlBW 2005, 329; *Gottwald/Viefhues* MMR 2004, 792 [795].
[20] *Brosch/Sandkühler* NJW 2015, 2760 (2761); vgl. auch → § 2 Rn. 57 ff.

II. Elektronisches Klageverfahren 253–257 § 5

Der ERV hat bis Ende 2015 das „vorab per Fax-Senden" von Schriftsätzen und der 253
Gang zum Nachtbriefkasten nicht ersetzen können. Das BMJ und die Landesjustizverwaltungen haben aber positiv zur Kenntnis nehmen dürfen, dass die für die Signatur erforderliche Signaturkarte bei den mittlerweile ca. 165.000 Anwälten insbesondere nach der Änderung des § 690 Abs. 3 ZPO und durch Modelle wie die (wieder eingestellte) RAK-Kombi-Anwaltssignaturkarte mehr Verbreitung gefunden hat, auch wenn der Verbreitungsgrad den behördlichen Erwartungen nie genügt hat.

Noch vor 2008 wurde dem ERV mangelnder Erfolg allein auf Grund bescheidener 254
Verbreitung von Signaturkarten und teilweise angeblich nicht vorhandener Internet-PCs in Kanzleien unterstellt.[22] Tatsächlich wäre es für die weitere Verbreitung von Signaturkarten bzw. Hochsicherheitsmodul-Speichern von entscheidender berufs- und verfahrensrechtlicher Bedeutung, dass alle Gerichte auch das hinterlegte Berufsattribut Rechtsanwalt überprüfen und nicht nur den Namen identifizieren.[23]

BMJ, DAV, BRAK und Rechtsanwaltskammern haben zu Recht darauf hingewiesen, 255
dass der Justizstandort Deutschland in Gefahr ist, wenn die Landesjustizvertretungen die Chancen des ERV nicht ergreifen. Dazu kommt aus Anwaltssicht die Befürchtung, dass rechtsuchende Unternehmen in Deutschland und Europa künftig nicht mehr München oder Stuttgart oder andere deutsche Justizplätze als Gerichtsstandort vereinbaren, sondern vielmehr gezielt Auslandsstandorte, die die moderne Kommunikationstechnik längst zum Verfahrensstandard gemacht haben. Eine solche Entwicklung sollten Anwaltschaft, Justiz und Wirtschaft im Interesse des Gemeinwohls nicht in Kauf nehmen. Aus Sicht der Anwaltschaft wurde frühzeitig ein flächendeckender ERV in allen Instanzen und Fachgerichtsbarkeiten sowie bei allen Behörden gefordert.[24]

Im Hinblick auf die bisherigen Erfahrungen wurde als elektronische Zugangsmög- 256
lichkeit zur Justiz die Verwendung von Online-Gerichtsportalen (wie in Brandenburg mit *gerichtsbriefkasten.de* bis 31.12.2011) an, um Anwälten bundesweit eine Alternative zu egvp.de anzubieten.

Die Vorzüge des E-Klageverfahrens sind aber gleichwohl gegenüber dem herkömm- 257
lichen Papier- und Briefkastenverfahren bestechend:

**Übersicht:
Vorzüge des Elektronischen Klageverfahrens**

- Rund um die Uhr-Zugang zu den teilnehmenden Gerichten/Behörden
- sichere und zuverlässige Datenübertragung
- geschützte Kommunikation durch den Einsatz kryptographischer Mechanismen
- Zeit- und Kostenersparnis
- Möglichkeit der elektronischen Weiterverarbeitung der Daten (DMS-Funktion vorbereitet für Justiz), **Metadatenaustausch** (letzteres eher Vision als Realität bis 2022)
- sofortige signierte Eingangsbestätigung der Empfangseinrichtung des Gerichts/der Behörde
- automatische E-Mail-Benachrichtigung bei Eingang von Nachrichten
- Multikompatibilität und Unterstützung fast aller gängigen Dateiformate
- Unterstützung aller akkreditierten Signaturkarten nach deutschem SigG

---

[21] Vgl. *Brosch/Sandkühler* NJW 2015, 2760 [2761].
[22] Vgl. *Degen* NJW 2008, 1473; *Degen* VBlBW 2005, 329 f.; *Lapp* BRAK-Mitt. 2004, 17.
[23] *Axmann/Degen* NJW 2006, 1457; *Degen/Breucker* Rn. 58 ff.
[24] Vgl. *Gassen/Wegerhoff* Rn. 99; *Degen/Breucker* Rn. 54 ff.

4. beA

258 Als „neue und sichere Plattform zur Kommunikation zwischen Rechtsanwälten und Justiz" kommt dem beA eine herausragende Bedeutung zu. Schon jetzt darf prognostiziert werden, dass dies trotz aller Startschweerigkeiten und dem verschobenen Einführungstermin nicht nur die „neue, einfache und sichere Alternative zum Versand anwaltlicher Dokumente", wie in der BRAK-Informationsbroschüre „beA kommt" beschrieben ist, abbildet, sondern das zentrale Vehikel für Rechtsanwälte und Justiz im Bereich des ERV.

Im Hinblick auf Rechtsrahmen und technischen Gegenstand wird auf die vorstehenden Ausführungen verwiesen unter → Rn. 52 ff.

III. Die elektronische Akte (E-Akte)

1. Allgemein

259 Bei der Einführung der elektronischen Akte (E-Akte) sind alle Papierdokumente nach Möglichkeit in die elektronische Akte zu integrieren. Nach § 7 des E-Government-Gesetzes soll in der Regel das Papierdokument nach Abwarten einer Übergangsfrist vernichtet werden und ausschließlich das elektronische Dokument für die Dauer der Aufbewahrungspflicht gespeichert werden. Bei der Einstellung von elektronischen Dokumenten in eine elektronische Akte ist zunächst zu prüfen, ob der Beweiswert durch Übertragung in die elektronische Akte erhalten werden kann und welche Voraussetzungen dafür erforderlich sind.

2. Aussortieren von Dokumenten mit höherem Beweiswert

260 Zunächst sind Dokumente mit einem höheren Beweiswert von der Digitalisierung auszuschließen, um einen Beweiskraftverlust zu vermeiden. Dazu gehören zum Beispiel gerichtliche Urteile, notarielle Urkunden, schriftliche Mahnbescheide, Schuldanerkenntnisse, Bürgschaften oder andere Titel nach § 794 ZPO.

3. Prüfung der Anforderungen an die Identitätsprüfung zwischen schriftlichem Dokument und gescanntem E-Dokument

261 Verschiedene Rechtsvorschriften gewähren Beweiserleichterungen nur für den Fall, dass bei der Übertragung von Dokumenten Prüfungen vorgenommen werden, ggf. sogar mit Personenidentität zwischen übertragender und prüfender Person.

§ 110d SGB IV lautet in der derzeitigen Fassung:

„Ist eine Unterlage nach § 110a Abs. 2 auf anderen dauerhaften maschinell verwertbaren Datenträgern als Bildträgern aufbewahrt und
1. die Wiedergabe mit einer qualifizierten elektronischen Signatur nach dem Signaturgesetz dessen versehen, der die Wiedergabe auf dem dauerhaften Datenträger hergestellt oder die Übereinstimmung der Unterlage mit Inhalt und Bild der Wiedergabe unmittelbar nach der Herstellung der Wiedergabe geprüft hat, oder
2. bei urschriftlicher Aufzeichnung des Textes nur in gespeicherter Form diese mit einer qualifizierten elektronischen Signatur nach dem Signaturgesetz dessen versehen ist, der den Text elektronisch signiert hat, und ist die qualifizierte elektronische Signatur dauerhaft überprüfbar, können der öffentlich-rechtlichen Verwaltungstätigkeit die Daten auf diesem dauerhaften Datenträger zugrunde gelegt werden, soweit nach den Umständen des Einzelfalles kein Anlass ist, ihre sachliche Richtigkeit zu beanstanden."

III. Die elektronische Akte (E-Akte)

Diese Beweiserleichterung setzt also voraus, dass Personenidentität zwischen der übertragenden und der prüfenden Person herrscht.

Ebenso legt § 371b ZPO in der Fassung des E-Justiz-Gesetzes fest:

„Wird eine öffentliche Urkunde nach dem Stand der Technik von einer öffentlichen Behörde oder von einer mit öffentlichem Glauben versehenen Person in ein elektronisches Dokument übertragen und liegt die Bestätigung vor, dass das elektronische Dokument mit der Urschrift bildlich und inhaltlich übereinstimmt, finden auf das elektronische Dokument die Vorschriften über die Beweiskraft öffentlicher Urkunden entsprechende Anwendung. Sind das Dokument und die Bestätigung mit einer qualifizierten elektronischen Signatur versehen, gilt § 437 entsprechend."

Hier besteht die Frage, ob das Scannen von der Behörde selbst erledigt werden muss, um nicht der Beweisvorteile des § 371b ZPO verlustig zu gehen. Eine mit öffentlichem Glauben versehene Person nach der Zivilprozessordnung ist auf jeden Fall bei so genannten Urkundspersonen wie Notaren, Gerichtsvollziehern, gerichtlichen Urkundsbeamten oder Standesbeamten gegeben[25]. Auch Rechtsanwälte sollen bei der Abgabe von Empfangsbekenntnissen dazu zählen[26]. Die Briefzusteller der Deutschen Post AG und andere Lizenznehmer im Bereich der Briefzustellung sind als Beliehene im Bereich der Zustellung ebenfalls als Urkundspersonen anzusehen[27]. Dies kann jedoch nur in dem Umfang angenommen werden, den die Beleihung mit hoheitlichen Aufgaben abdeckt. Eine Beleihung setzt die Übertragung hoheitlicher Aufgaben aufgrund eines Gesetzes voraus, eine vertragliche Beauftragung Privater ist hier nicht möglich.

Es wird die Meinung vertreten, dass die Person, die die Übertragung vornimmt und diejenige, die die Richtigkeit der Übertragung bestätige, nicht identisch sein müsse.[28] Aus dem Wortlaut des Gesetzes ergibt sich jedoch, dass die Übertragung selbst „von einer öffentlichen Behörde oder von einer mit öffentlichem Glauben versehenen Person" vorgenommen werden muss, eine Auftragsvergabe an einen Scandienstleister ist hier also nicht vorgesehen. Hier bleibt zu hoffen, dass im Rahmen der Anpassung der Beweisregeln an die EIDAS-Verordnung auch die Möglichkeit geschaffen wird, Dritte damit zu beauftragen, ohne die Beweisvorteile zu verlieren, so lange die Überprüfung der Richtigkeit und die entsprechende Bestätigung von der Behörde selbst vorgenommen wird.

4. Praxisbeispiele Arbeitsabläufe, IT-Infrastruktur, Software

Die Einführung der E-Akte sollte stufenweise erfolgen (vgl. zur technischen Sicherheit auch → Rn. 449).

Der Posteingang sollte zu einem Stichtag vollständig digitalisiert werden, das heißt Voraussetzung für die elektronische Akte ist die Erfassung sämtlicher neuer Schriftstücke aus jeglicher Quelle in digitaler Form.

Die neuen Akten sollten dann vollständig in elektronischer Form geführt werden, für eine Übergangszeit können neben den Schriftstücken mit höherem Beweiswert auch normale Schriftstücke in einer Papierakte parallel gespeichert werden. Die führende und vollständige Akte sollte in diesem Fall die elektronische Akte sein.

Die schon bestehenden Akten sollten nach und nach vollständig gescannt werden und in elektronische Akten überführt werden. Diese sollten ab Vervollständigung dann ebenfalls auf die elektronische Akte als vollständige und führende Akte umgestellt werden.

---

[25] BeckOK ZPO/*Krafka* § 415 Rn. 14.
[26] BGH NJW 1990, 2125.
[27] BGH NJW 1998, 1716; OLG Frankfurt a. M. NJW 1996, 3159.
[28] BeckOK ZPO/*Krafka* § 371b Rn. 8, *Stein/Jonas/Berger* ZPO § 371b Rn. 9.

5. Elektronische Akteneinsicht

266 Nach § 8 E-Government-Gesetz gibt es folgende Möglichkeiten der Akteneinsicht:

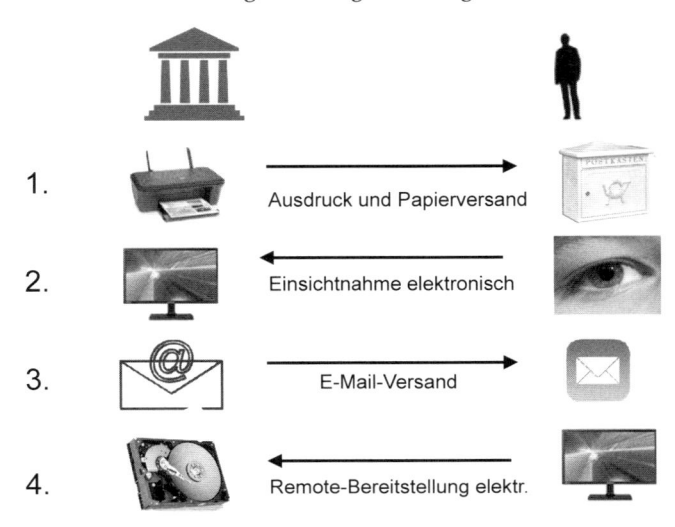

1. Ausdruck und Papierversand
2. Einsichtnahme elektronisch
3. E-Mail-Versand
4. Remote-Bereitstellung elektr.

267 Für Bürger sei diesbezüglich wie beim E-Justiz-Gesetz auf die Möglichkeit der Identifikation durch Nutzung des elektronischen Identitätsnachweises nach § 18 Personalausweisgesetz hingewiesen.

6. Begriff des E-Dokuments

268 Der Begriff des elektronischen Dokumentes (E-Dokuments) wird im deutschen Recht zwar an mehreren Stellen verwendet, jedoch an keiner Stelle legaldefiniert. § 130a ZPO ist sogar mit der Überschrift „**Elektronisches Dokument**" versehen, verzichtet jedoch auf eine Definition. Aus § 130a ZPO lässt sich jedoch ableiten, dass ein elektronisches Dokument nur eine Speicherung voraussetzt, jedoch weder ein bestimmtes Format noch eine Sicherung mit einer qualifizierten Signatur, da dies jeweils gesondert in § 130a ZPO erwähnt wird. Das Gleiche gilt für § 3a des Bundesverwaltungsverfahrensgesetzes, der die elektronische Kommunikation im Bereich des Verwaltungsrechts regeln soll.

269 Derzeit werden zwar Teile des Verwaltungshandelns bereits elektronisch abgewickelt, die zentrale und vollständige Sammelstelle der Dokumente ist jedoch in fast allen Fällen derzeit immer noch die Papierakte. Dadurch ergeben sich zahlreiche Medienbrüche. Daten, die auf Papier übermittelt werden, müssen entweder neu eingegeben werden oder mittels Scannen und anschließender Texterkennung digitalisiert werden. Durch das E-Government-Gesetz ist die Bundesverwaltung gehalten, dann, wenn es nicht völlig unwirtschaftlich ist, vollständig auf die elektronische Akte umzustellen. Gleiches gilt für die Landes- und Kommunalverwaltungen, soweit dies in den Landesverwaltungsverfahrensgesetzen der Länder vorgesehen ist. Die elektronische Akte übernimmt damit die führende Funktion, selbst wenn für eine Übergangszeit die Papierdokumente noch parallel vorgehalten werden.

Praxistipp:

Ein E-Dokument in der E-Akte sollte dabei mindestens die gleiche Sicherheit gegen Fälschung und unbemerkte Veränderung bieten wie ein Papierdokument.

§ 6 Ersetzendes Scannen

I. Begriff

Der Begriff „ersetzendes Scannen" bedeutet, dass mit der Digitalisierung der Papierdokumente auch die anschließende Vernichtung des Papiers verbunden wird, um einen echten Rationalisierungseffekt zu erzielen. Dieses Ziel kann aber nur dann erreicht werden, wenn durch die Digitalisierung keine Minderung des Beweiswertes der Dokumente eintritt und die Richtigkeit der Übertragung der Dokumentinhalte bei der Digitalisierung gewährleistet werden kann. Mit Hilfe von technischen Sicherungsmethoden kann dabei eine vollständige Erhaltung des Beweiswertes erreicht werden.

Bei einer an der Universität Kassel durch Prof. Dr. Alexander Rossnagel und Maxi Nebel von der Projektgruppe verfassungsverträgliche Technikgestaltung durchgeführten Simulationsstudie „Ersetzendes Scannen" wurde bestätigt, dass bei Umsetzung der in der TR-RESISCAN des BSI ausgesprochenen Empfehlungen kein Beweiskraftverlust zu befürchten ist[1].

II. Rechtsgrundlagen und Zielgruppenanalyse

Zunächst sind die Rechtsgrundlagen zu klären, die für das ersetzende Scannen maßgeblich sind. Dabei ist zwischen Unternehmen, Gerichten und dem öffentlichen Dienst zu unterscheiden.

1. Unternehmen

Unternehmen sind prinzipiell nicht verpflichtet, ihren Posteingang zu digitalisieren. Für Unternehmen gelten seit 1.1.2015 als **Nachfolgeregelung von GoBS und GdPdU** die **„Grundsätze zur ordnungsmäßigen Führung und Aufbewahrung von Büchern, Aufzeichnungen und Unterlagen in elektronischer Form sowie zum Datenzugriff (GoBD)"**[2]. Danach ist bei der Umstellung von Geschäftsprozessen, die beweisrelevante Dokumente und steuerrelevante Inhalte betreffen, die Anpassung bzw. falls eine solche noch gar nicht vorhanden ist, die Neuerstellung einer Verfahrensdokumentation erforderlich.

Der Beweiswert von elektronischen Dokumenten, die mit einer qeS versehen sind, wird durch die Regelungen des JKomG von 2005[3] und des E-Justiz-Gesetzes vom 16.10.2013[4] den Papierurkunden vollständig angeglichen und geht sogar, was den Beweis der Echtheit angeht, weit darüber hinaus.

---

[1] Simulationsstudie Ersetzendes Scannen, Prof. Dr. Alexander Roßnagel, Maxi Nebel, Projektgruppe verfassungsverträgliche Technikgestaltung (provet) im Forschungszentrum für Informationstechnik-Gestaltung (ITeG) der Universität Kassel, www.uni-kassel.de/uni/fileadmin/datas/uni/presse/anhaenge/2014/SIM.pdf.

[2] www.bundesfinanzministeriuAaO.de/Content/DE/Downloads/BMF_Schreiben/Weitere_Steuerthemen/Abgabenordnung/Datenzugriff_GDPdU/2014-11-14-GoBD.pdf?__blob=publicationFile&v=2.

[3] BGBl. 2005 I 837.

[4] BGBl. 2013 I 3786.

275 Nach § 371a ZPO Abs. 1 S. 1 finden „auf private elektronische Dokumente, die mit einer qualifizierten elektronischen Signatur versehen sind, die Vorschriften über die Beweiskraft privater Urkunden entsprechende Anwendung". Satz 2 erschwert den Gegenbeweis dadurch, dass der Anschein der Echtheit nur „durch Tatsachen erschüttert werden [kann], die ernstliche Zweifel daran begründen, dass die Erklärung vom Signaturschlüssel-Inhaber abgegeben worden ist". Demgegenüber erbringt die Privaturkunde nur dann den Beweis über die Abgabe der Erklärung, wenn die Echtheit der Unterschrift von demjenigen nachgewiesen ist, der sich auf die Gültigkeit der Erklärung beruft[5]. Nach § 440 ZPO muss bei der Papierurkunde die Echtheit der Unterschrift voll nachgewiesen werden. Nur dann, wenn die Echtheit der Unterschrift feststeht, greift die Beweiserleichterung des § 440 Abs. 2 ZPO für den darüberstehenden Text und gilt das Dokument nach § 416 ZPO als Privaturkunde[6].

276 Dagegen ist die Beweiskraft aufgrund der Verknüpfung des Inhalts der Nachricht mit der qualifizierten Signatur oder der durch die besondere Versandart per absenderbestätigter DE-Mail mit sicherer Anmeldung wesentlich höher[7].

277 Für Dokumente mit qeS gibt es schon seit Inkrafttreten des ersten Signaturgesetzes eine Beweisvermutung, dass ein qualifiziert signiertes Dokument vom Inhaber der zugehörigen Signaturerstellungseinheit stammt. Dies war zunächst in § 1 des Signaturgesetzes von 1997 geregelt und seit 2005 in § 371a Abs. 1 S. 2 ZPO.

278 Das Gleiche gilt für absenderbestätigte DE-Mails mit sicherer Anmeldung. Dafür sind dann aber einige weitere Voraussetzungen zur normalen Nutzung der DE-Mail erforderlich:

- Eine Anmeldung muss mit zwei unterschiedlichen Authentisierungsverfahren erfolgen, zB Wissen und Besitz[8] (EID des neuen Personalausweises und PIN). In § 4 Abs. 1 Satz 2 des DE-Mail-Gesetzes heißt es: *„Für die sichere Anmeldung hat der akkreditierte Diensteanbieter sicherzustellen, dass zum Schutz gegen eine unberechtigte Nutzung der Zugang zum DE-Mail-Konto nur möglich ist, wenn zwei geeignete und voneinander unabhängige Sicherungsmittel eingesetzt werden; soweit bei den Sicherungsmitteln Geheimnisse verwendet werden, ist deren Einmaligkeit und Geheimhaltung sicherzustellen."*
- Der Nutzer muss sogar zwischen zwei verschiedenen sicheren Anmeldemöglichkeiten wählen können, eine davon muss die Nutzung der E-ID-Funktion des neuen Personalausweises[9] beinhalten, sofern der Nutzer eine natürliche Person ist. Die bloße Anmeldung mit Benutzernamen und Passwort am DE-Mail-Konto ist für eine sichere Anmeldung dagegen nicht ausreichend[10].
- Der Absender muss sich vom Betreiber des DE-Mail-Dienstes bestätigen lassen, dass er sich sicher am DE-Mail-Konto angemeldet hat und der Betreiber bestätigt dies mit seiner qualifizierten Signatur[11].

279 Obwohl es sich um eine reine Transportsicherung handelt wird dann vermutet, dass die Nachricht vom angeblichen Absender der Nachricht stammt, da dieser ebenso wie bei der qualifizierten Signatur eine 2-Faktor-Authentisierung benötigt und zusätzlich ein unter staatlicher Aufsicht stehender Betreiber die Authentizität bestätigt. Der Inhalt der Nachricht ist sowohl bei der qualifizierten Signatur als auch bei der absenderbestätigten DE-Mail mit qualifizierter Signatur des Betreibers kryptographisch direkt mit dem Inhalt verbunden, dh jegliche Änderung oder Fälschung von dritter Seite ohne

---

[5] BGH Urt. vom 8.3.2006 – IV ZR 145/05.
[6] Gesetzentwurf der Bundesregierung zum E-Justizgesetz, Kommentierung zu Nummer 13 (§ 371a Abs. 2 ZPO), Seite 31, http://dipbt.bundestag.de/dip21/btd/17/126/1712634.pdf.
[7] AaO.
[8] § 4 Abs. 1 S. 2 DE-Mail-Gesetz.
[9] § 18 Personalausweisgesetz.
[10] § 4 Abs. 1 S. 3 DE-Mail-Gesetz.
[11] § 5 Abs. 5 DE-Mail-Gesetz.

Signaturerstellungseinheit und PIN hat sofort die Ungültigkeit der Signatur bei der Signaturprüfung zur Folge.

Die **Beweisvermutung** greift jedoch nicht bei der Verwendung eines DE-Mail-Gateways durch ein privates Unternehmen. Die Beweisvermutung ist nach § 371a Abs. 2 ZPO daran geknüpft, dass es sich um einen DE-Mail-Account einer natürlichen Person handelt. Bei der Verwendung eines DE-Mails-Gateways ist der Account nicht mehr der Person direkt zugeordnet, sondern die Sicherheit der Personenzuordnung ist von der Organisation der IT-Sicherheit des Mailtransportsystems nach dem DE-Mail-Gateway durch das Unternehmen selbst abhängig[12].

Zudem ist die Übertragung von Papierunterlagen in elektronische Dokumente nicht mit einer weiteren Beweiserleichterung wie im öffentlichen Bereich verbunden.

2. Behörden

Für öffentliche Behörden gibt es wesentlich weitergehende Beweisregeln als für Private. Nach § 437 ZPO wird anders als für Privaturkunden nach § 440 ZPO vermutet, dass die Urkunde echt ist:

„Urkunden, die nach Form und Inhalt als von einer öffentlichen Behörde oder von einer mit öffentlichem Glauben versehenen Person errichtet sich darstellen, haben die Vermutung der Echtheit für sich."

Wenn das Gericht Zweifel an der Echtheit hat, kann es sich nach § 437 Abs. 2 ZPO bei der jeweiligen Behörde erkundigen:

„Das Gericht kann, wenn es die Echtheit für zweifelhaft hält, auch von Amts wegen die Behörde oder die Person, von der die Urkunde errichtet sein soll, zu einer Erklärung über die Echtheit veranlassen."

Nach § 371a Abs. 3 S. 2 ZPO wird auf § 437 ZPO für öffentliche elektronische Dokumente verwiesen, die mit qualifizierter Signatur versehen sind und nach § 371a Abs. 3 S. 2 ZPO für Dokumente, die mittels absenderbestätigter DE-Mail mit sicherer Anmeldung versandt werden. Öffentliche Elektronische Dokumente sind nach der Legaldefinition des § 371a Abs. 3 S. 1 ZPO Dokumente, die „von einer öffentlichen Behörde innerhalb der Grenzen ihrer Amtsbefugnisse oder von einer mit öffentlichem Glauben versehenen Person innerhalb des ihr zugewiesenen Geschäftskreises in der vorgeschriebenen Form erstellt worden sind".

Bei der qeS ist nach derzeit gültiger Rechtslage nach dem deutschen Signaturgesetz die Zuordnung zu einer natürlichen Person erforderlich.

Bei der Verwendung von DE-Mail durch Behörden ist es nicht wie bei § 371a Abs. 2 oder derzeit bei der qualifizierten Signatur erforderlich, dass die Zuordnung zu einer bestimmten Person erfolgt, es reicht, dass der DE-Mail-Account der Behörde der Nachricht zugeordnet werden kann.

Die Beweiskraft eines öffentlichen E-Dokuments wird der öffentlichen Urkunde gleichgestellt, wenn dieses qualifiziert signiert wurde oder mittels absenderbestätigter DE-Mail mit sicherer Anmeldung versandt wurde. Bei einer solchen DE-Mail ist ebenfalls ausreichend, dass die Behörde identifiziert wird, eine Identifikation der Person ist nicht erforderlich. Daher kann für diese Zwecke ein DE-Mail-Gateway ohne Beweiskraftverlust eingesetzt werden.

Öffentliche Urkunden sind nach der Legaldefinition in § 415 ZPO „Urkunden, die von einer öffentlichen Behörde innerhalb der Grenzen ihrer Amtsbefugnisse oder von

---

[12] Gesetzentwurf der Bundesregierung zum E-Justizgesetz, Kommentierung zu Nummer 13 (§ 371a Abs. 2 ZPO), Seite 32.

einer mit öffentlichem Glauben versehenen Person innerhalb des ihr zugewiesenen Geschäftskreises in der vorgeschriebenen Form aufgenommen sind."

289 Die Beweiskraftregeln für öffentliche Dokumente sind in den §§ 415, 416a, 417 und 418 ZPO geregelt. Bei öffentlichen Urkunden wird nach den §§ 415, 417 und 418 ZPO der volle Beweis über den Inhalt erbracht, nur die möglichen Gegenbeweise sind unterschiedlich:

- Erklärungen vor einer Behörde oder Urkundsperson nach § 415 ZPO begründen den vollen Beweis über diesen Vorgang. Der Gegenbeweis, der Vorgang sei nicht richtig beurkundet worden, ist nach § 415 Abs. 2 ZPO zulässig.
- Öffentliche Urkunden mit einer amtlichen Anordnung, Verfügung oder Entscheidung begründen den vollen Beweis über deren Erlass. Hier gibt es keine Einschränkungen.
- Sonstige öffentliche Urkunden begründen den vollen Beweis der darin bezeugten Tatsachen, wenn es sich um Gegenstände eigener Wahrnehmung der Behörde oder der Urkundsperson handelt. Der Gegenbeweis der Unrichtigkeit ist dann zulässig, sofern dies nicht durch Landesgesetz beschränkt oder ausgeschlossen ist. Handelt es sich nicht um Gegenstände eigener Wahrnehmung, so greift die Beweiserleichterung nur, wenn nach Landesgesetz die Beweiskraft des Zeugnisses von der Wahrnehmung unabhängig ist.

290 Darüber hinaus gibt es seit dem E-Justiz-Gesetz Beweisregeln zum Beweiswert gescannter Dokumente. Diese sind 2013 direkt nach der Verkündung des Gesetzes in Kraft getreten, während die meisten Regelungen des E-Justiz-Gesetzes gestaffelt bis zum 1.1.2022 in Kraft treten (vgl. → § 2 Rn. 124).

291 Nach § 371b ZPO behalten gescannte Dokumente öffentlicher Behörden bei richtiger Verfahrensweise ihren vollen Beweiswert. § 371b S. 1 ZPO lautet:

„Wird eine öffentliche Urkunde nach dem Stand der Technik von einer öffentlichen Behörde oder von einer mit öffentlichem Glauben versehenen Person in ein elektronisches Dokument übertragen und liegt die Bestätigung vor, dass das elektronische Dokument mit der Urschrift bildlich und inhaltlich übereinstimmt, finden auf das elektronische Dokument die Vorschriften über die Beweiskraft öffentlicher Urkunden entsprechende Anwendung."

292 Die Beweiskraft der öffentlichen elektronischen Dokumente selbst entspricht also vollständig den entsprechenden öffentlichen Urkunden.

293 Wenn jedoch ein öffentliches elektronisches Dokument ausgedruckt wird, so erhält auch dieses die Beweiskraft einer beglaubigten Abschrift einer öffentlichen Urkunde, wenn der Ausdruck innerhalb der jeweiligen Amtsbefugnisse beglaubigt wurde.

3. Gerichte

294 Nach § 416a ZPO steht ein Ausdruck eines gerichtlichen elektronischen Dokuments, der einen Vermerk des zuständigen Gerichts gemäß § 298 Abs. 2 ZPO enthält, einer öffentlichen Urkunde in beglaubigter Abschrift gleich.

III. Pflicht zur Einführung des Ersetzenden Scannens?

1. Bundesbehörden

295 Nach § 6 des E-Government-Gesetzes sollen Bundesbehörden ab 1.1.2020[13] ihre Akten elektronisch führen. Diese Soll-Vorschrift gilt nur dann nicht, wenn bei einer Behörde „das Führen elektronischer Akten bei langfristiger Betrachtung unwirtschaftlich

---

[13] Art. 31 Abs. 5 E-Government-Gesetz v. 25.7.2013 I 2749, § 6 Abs. 1 S. 1 tritt am 1.1.2020 in Kraft.

ist."[14] Das bedeutet, dass nicht wegen der Einführungskosten die Einführung abgelehnt werden darf, sondern in erster Linie die laufenden Kosten und Einsparpotentiale bei einer langfristigen Betrachtung ins Gewicht fallen.

Nach § 7 des E-Government-Gesetzes soll in der Regel das Papierdokument eingescannt, nach Abwarten einer Übergangsfrist vernichtet und ausschließlich das elektronische Dokument für die Dauer der Aufbewahrungspflicht gespeichert werden. Die Behörde kann von einer Digitalisierung absehen, „wenn die Übertragung unverhältnismäßigen technischen Aufwand erfordert."[15] Bei der Einführung der elektronischen Akte sind alle Papierdokumente nach Möglichkeit in die elektronische Akte zu integrieren. Bei der Einstellung von elektronischen Dokumenten in eine elektronische Akte ist zunächst zu prüfen, ob der Beweiswert durch Übertragung in die elektronische Akte erhalten werden kann und welche Voraussetzungen dafür erforderlich sind. Nach § 7 S. 2 EGovG hat die Behörde für die Umwandlung in ein digitales Dokument nach dem Stand der Technik die Übereinstimmung zwischen Papierdokument und Scanergebnis sicherzustellen. Als Beispiel für den Stand der Technik kann die Technische Richtlinie „Rechtssicheres ersetzendes Scannen" (TR-RESISCAN) des BSI herangezogen werden.

2. Landesbehörden

Die Vorschriften des § 7 des E-Government-Gesetzes gelten nur für Bundesbehörden. Für die Länder werden die Regeln zur Digitalisierung in aller Regel in das Landesverwaltungsverfahrensgesetz aufgenommen.

In den Ländern ist wie bereits oben dargestellt der Stand der Änderungen höchst unterschiedlich. Die meisten Länder haben zwar Änderungen zur Anwendung der Schriftformregelungen für besonders gesicherte DE-Mails bereits in das Verwaltungsverfahrensgesetz aufgenommen, jedoch noch keine Regelungen zum ersetzenden Scannen getroffen. Da die Länder jedoch im Bereich der Bundesauftragsverwaltung zur Zusammenarbeit mit dem Bund verpflichtet sind und der Bund ab 2020 seine Geschäftsprozesse auf komplett elektronische Bearbeitung umstellen wird, wird für die Länder der Druck zunehmen, sich um das Thema zu kümmern.

Das Land Mecklenburg-Vorpommern hat bereits 2014 den Themenkomplex elektronische Akte und Digitalisierung zusammen mit der rechtzeitigen Neuregelung der elektronischen Kommunikation komplett in das Zweite Gesetz zur Änderung des Verwaltungsverfahrensgesetzes aufgenommen[16]. Für Landesbehörden soll ebenso wie für die Bundesbehörden nach dem E-Government-Gesetz nach dem neu eingefügten § 3b LVwVfG eine Soll-Pflicht bestehen, die elektronische Akte und ersetzendes Scannen einzuführen. Die §§ 3b und 3c des Landesverwaltungsgesetzes Mecklenburg-Vorpommern lauten:

> *„§ 3b Elektronische Aktenführung*
>
> *Die Behörden des Landes sollen, soweit nicht wichtige Gründe entgegenstehen, ihre Akten elektronisch führen. Satz 1 gilt nicht für solche Behörden, bei denen das Führen elektronischer Akten bei langfristiger Betrachtung unwirtschaftlich ist. Wird eine Akte elektronisch geführt, ist durch geeignete technisch-organisatorische Maßnahmen nach dem Stand der Technik sicherzustellen, dass die Grundsätze ordnungsgemäßer Aktenführung sowie die Aktennutzung durch andere Behörden und Gerichte eingehalten werden.*

---

[14] § 6 S. 2 EGovG.
[15] § 7 Abs. 1 S. 3 EGovG.
[16] Gesetzes- und Verordnungsblatt Mecklenburg-Vorpommern 2014, S. 190 ff.

§ 3c Übertragen und Vernichten des Papieroriginals

(1) Die Behörden des Landes sollen, soweit sie Akten elektronisch führen, anstelle von Papierdokumenten deren elektronische Wiedergabe in der elektronischen Akte aufbewahren. Bei der Übertragung in elektronische Dokumente ist nach dem Stand der Technik sicherzustellen, dass die elektronischen Dokumente mit den Papierdokumenten bildlich und inhaltlich übereinstimmen, wenn sie lesbar gemacht werden. Von der Übertragung der Papierdokumente in elektronische Dokumente kann abgesehen werden, wenn die Übertragung unverhältnismäßigen technischen Aufwand erfordert.

(2) Papierdokumente nach Absatz 1 sollen nach der Übertragung in elektronische Dokumente vernichtet oder zurückgegeben werden, sobald eine weitere Aufbewahrung nicht mehr aus rechtlichen Gründen oder zur Qualitätssicherung des Übertragungsvorgangs erforderlich ist."

300 Anfang 2016 gibt es ein Gesetzgebungsverfahren für das Berliner E-Government-Gesetz[17]. Die Vorschriften zur elektronischen Aktenführung und zum ersetzenden Scannen entsprechen weitgehend denen in Mecklenburg-Vorpommern. § 7 und 8 lauten:

„*§ 7 Elektronische Akten*

(1) Die Berliner Verwaltung soll ihre Akten elektronisch führen. Hierbei ist durch geeignete technisch-organisatorische Maßnahmen nach dem Stand der Technik sicherzustellen, dass die Grundsätze ordnungsgemäßer Aktenführung und die für die Berliner Verwaltung geltenden Standards eingehalten werden. Die Behörden der Berliner Verwaltung nutzen den landeseinheitlichen IT-Dienst für die elektronische Aktenführung, soweit nicht andere IT-Systeme für konkrete Aufgaben zur Aktenführung eingesetzt werden müssen oder bei Inkrafttreten dieser Vorschrift schon eingesetzt waren.

(2) Zwischen Behörden, die die elektronische Vorgangsbearbeitung und Aktenführung nutzen, sollen Akten und sonstige Unterlagen elektronisch übermittelt oder aber der elektronische Zugriff ermöglicht werden. Dabei ist eine sichere, dem Stand der Technik Rechnung tragende Kommunikationsinfrastruktur einzusetzen. Diese erfordert den Schutz der übermittelten Daten vor Einsichtnahme durch Unbefugte sowie vor Veränderung.

(3) Für die Archivierung elektronischer Akten gelten die Bestimmungen des Archivgesetzes des Landes Berlin vom 29. November 1993 (GVBl. S. 576), das zuletzt durch Artikel I § 19 des Gesetzes vom 15. Oktober 2001 (GVBl. S. 540) geändert worden ist, in der jeweils geltenden Fassung.

(4) Die Verpflichtung der Behörden nach Absatz 1 besteht nicht, wenn es im Einzelfall bei langfristiger Betrachtung nicht wirtschaftlich ist, die Akten elektronisch zu führen.

§ 8 Übertragen und Vernichten des Originals

(1) Die Berliner Verwaltung soll, soweit sie Akten elektronisch führt, an Stelle von Papierdokumenten deren elektronische Wiedergabe in der elektronischen Akte aufbewahren. Bei der Übertragung in elektronische Dokumente ist nach dem Stand der Technik sicherzustellen, dass die elektronischen Dokumente mit den Papierdokumenten bildlich und inhaltlich übereinstimmen, wenn sie lesbar gemacht werden.

Von der Übertragung der Papierdokumente in elektronische Dokumente kann abgesehen werden, wenn die Übertragung unverhältnismäßigen Aufwand erfordert.

(2) Papierdokumente nach Absatz 1 sollen nach der Übertragung in elektronische Dokumente vernichtet oder zurückgegeben werden, sobald eine weitere Aufbewahrung nicht mehr aus rechtlichen Gründen oder zur Qualitätssicherung des Übertragungsvorgangs erforderlich ist."

3. Kommunalbehörden

301 In Bezug auf Kommunalbehörden gibt es ebenfalls bisher nur in Mecklenburg-Vorpommern eine gesetzliche Regelung.

§ 3c Abs. 2 VwVfG MV lautet:

„*Die Behörden der Gemeinden, Ämter und Landkreise sowie der sonstigen der Aufsicht des Landes unterstehenden Körperschaften können ihre Akten elektronisch führen. § 3b Abs. 1 Satz 1 und 2 und § 3c finden Anwendung."*

---

[17] www.parlament-berlin.de/ados/17/IIIPlen/vorgang/d17–2513.pdf.

4. Gerichte

Gerichte sind derzeit noch nicht gezwungen, elektronische Akten zu führen. Die endgültige Einführung erfolgt durch Rechtsverordnung der Bundes- bzw. Landesregierung. Nach dem E-Justiz-Gesetz erfolgt die Einführung der E-Akte zum 1.1.2018, die Länder können aber durch Rechtsverordnung diesen Zeitpunkt bis spätestens zum 1.1.2022 verschieben. § 298a ZPO ist derzeit noch eine Kann-Vorschrift und lautet:

> *„(1) Die Prozessakten können elektronisch geführt werden. Die Bundesregierung und die Landesregierungen bestimmen für ihren Bereich durch Rechtsverordnung den Zeitpunkt, von dem an elektronische Akten geführt werden sowie die hierfür geltenden organisatorisch-technischen Rahmenbedingungen für die Bildung, Führung und Aufbewahrung der elektronischen Akten. Die Landesregierungen können die Ermächtigung durch Rechtsverordnung auf die Landesjustizverwaltungen übertragen. Die Zulassung der elektronischen Akte kann auf einzelne Gerichte oder Verfahren beschränkt werden.*
>
> *(2) In Papierform eingereichte Schriftstücke und sonstige Unterlagen sollen zur Ersetzung der Urschrift in ein elektronisches Dokument übertragen werden. Die Unterlagen sind, sofern sie in Papierform weiter benötigt werden, mindestens bis zum rechtskräftigen Abschluss des Verfahrens aufzubewahren.*
>
> *(3) Das elektronische Dokument muss den Vermerk enthalten, wann und durch wen die Unterlagen in ein elektronisches Dokument übertragen worden sind."*

Solange es noch Papierakten gibt und diese aufgrund von noch nicht angepasster Formvorschriften oder wegen höherwertigen Beweiswerten (zB Titel nach § 794 ZPO) noch benötigt werden, können diese erst nach rechtskräftigem Abschluss des Verfahrens vernichtet werden. Dies bedeutet aber im Umkehrschluss, dass auch im laufenden Verfahren ersetzendes Scannen durchgeführt werden kann, wenn keine Papierakten mehr benötigt werden.

Praxistipp:

Nach Rechtskraft der Entscheidung kann auf jeden Fall das Papierdokument entsorgt werden. Für die Archivierung auf Datenträgern ist § 299a ZPO zu beachten. Danach muss die Richtigkeit der Übertragung bestätigt werden. In diesem Fall können auch von den archivierten Akten beglaubigte Auszüge erteilt werden.

§ 7 Umsetzung und Muster-Workflow

I. Vorbereitende Analyse zur Beweiswerterhaltung durch Datenschutz

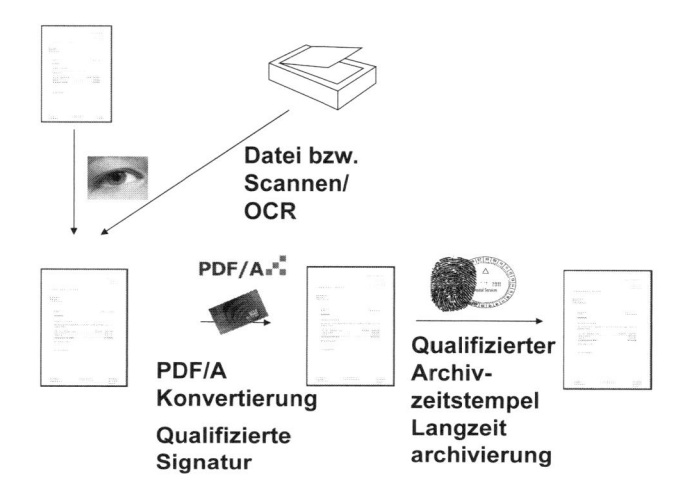

Datei bzw. Scannen/ OCR

PDF/A Konvertierung
Qualifizierte Signatur

Qualifizierter Archivzeitstempel
Langzeit archivierung

Dokumente, die digital oder auf Papier eingehen, müssen bei der Realisierung eines digitalen Posteingangs bzw. papierlosen Büros zunächst einmal in digitaler Form gespeichert werden. Papierdokumente werden dazu erst einmal gescannt. Dokumente können teilweise sehr langen Aufbewahrungspflichten unterliegen, während digitale Dokumentformate eher kurzen Innovationszyklen unterliegen. Daher ist es notwendig, Daten in einem Format zu speichern, das langfristig verfügbar ist. Das Dateiformat PDF/A ist vom Internationalen Standardisierungsgremium ISO[1] dafür ausgewählt worden, Daten unabhängig von Betriebssystem und Programm jeweils identisch anzuzeigen. Dabei handelt es sich nicht um das normale Dateiformat PDF, sondern um eine Abwandlung des PDF-Formates, die alle dynamisch generierten Inhalte, nachladbaren Schriftarten etc. verbietet. Inzwischen gibt es 3 verschiedene Versionen des PDF/A-Formates, die allerdings jeweils dauerhaft erhalten bleiben. Der Vorteil des PDF/A-2 Formates ist es, PDF-Dateien im Anhang eines PDF/A-Formates zu speichern, während das PDF/A-3-Format es erlaubt, beliebige Dokumentformate im Anhang einzubeziehen. Damit wird es möglich, die Dokumentversion unveränderbar und langzeitstabil in der Darstellung zu speichern und trotzdem mit der Originaldatei im Anhang weiterzuarbeiten. **304**

Wird in die PDF-A-Datei eine qualifizierte elektronische Signatur eingebettet, kann bereits damit die Unveränderlichkeit des Dokumentes nachgewiesen werden. Zudem können auch die besonderen Anforderungen des § 371b ZPO zur Bestätigung der Richtigkeit der Übertragung mit der elektronischen Signatur erfüllt werden, soweit mindestens Stichprobenkontrollen gemacht werden, wie es zB § 41 der Sozialversicherungs-Rechnungsverwaltungsvorschrift vorschreibt. **305**

---

[1] ISO 19005-1 bis ISO 19005-3.

306 Danach sollte zur Sicherung des Datums, das wie erwähnt auch durch eine qualifizierte elektronische Signatur nur unvollständig gesichert werden kann, eine Sicherung durch einen qualifizierten Zeitstempel erfolgen. Um kostenpflichtige externe Zeitstempel eines Anbieters qualifizierter Zeitstempel zu sparen, können diese wie in der TR-ESOR des BSI beschrieben nur auf einen kombinierten Hashwert aller Dokumente des Tages angebracht werden, statt jedes Dokument einzeln mit einem externen Zeitstempel zu versehen. Bei Ablauf der Sicherheit der verwendeten kryptographischen Sicherungsmittel muss dann zur Beweiswerterhaltung gemäß TR-ESOR bzw Art. 34 EIDAS-Verordnung ggf. nachsigniert bzw. neu „verhasht" und nachsigniert werden.

307 Bei der **Umsetzung eines Digitalisierungsprojektes und Etablierung eines Muster-Workflows** empfiehlt es sich, die rechtlichen Anforderungen, vor allem im Hinblick auf Beweiswerterhaltung und Datenschutz genau zu analysieren.

Das Bundesamt für Sicherheit in der Informationstechnik (BSI) hat zum **ersetzenden Scannen** eine Technische Richtlinie unter dem Namen TR-RESISCAN[2] (TR-3138) erlassen.

308 Diese Richtlinie ist weder für Unternehmen noch für Behörden rechtsverbindlich. In § 7 des E-Government-Gesetzes ist bei der Kontrolle der Richtigkeit der Übertragung eine Referenz auf den Stand der Technik enthalten. Dies wird bei techniklastigen Gesetzen immer mehr genutzt, um flexibel mit dem Gesetz auf neue technische Entwicklungen reagieren zu können.

309 Der Mini-Kommentar des Bundesinnenministeriums zum E-Government-Gesetz[3] empfiehlt, die TR-RESISCAN als Beispiel für den Stand der Technik für Scanprozesse und die TR-ESOR zur Beweiswerterhaltung kryptographisch signierter Dokumente (TR 3125)[4] des BSI für die Sicherung des Beweiswertes heranzuziehen[5].

1. Technik und Verfahren der TR-ESOR des BSI (TR 3125)

310 Die Technische Richtlinie TR-ESOR des Bundesamts für Sicherheit in der Informationstechnik enthält Regelungen zur Langzeitsicherung des Beweiswertes kryptographisch behandelter Dokumente. Sowohl die qualifizierte elektronische Signatur als auch die Verschlüsselung von Dokumenten sind in ihrer Sicherheit von der mathematischen Sicherheit der dazu eingesetzten Algorithmen und zugehörigen Schlüssellängen abhängig. Die Sicherheit der eingesetzten Algorithmen kann aus verschiedenen Gründen nicht mehr gewährleistet sein: Erstens kann es sein, dass Schwachstellen in dem verwendeten Signaturalgorithmus entdeckt werden, die zu einer Kompromittierung der gesicherten Dokumente führen können. Dies wird im allgemeinen in der Kryptographie als Kollision bezeichnet.

311 Zweitens können bisher als sicher geltende Schlüssellängen unsicher werden, da die Fortentwicklung der Computertechnik und die Verbesserung von Techniken wie verteiltes Rechnen bzw. Quantencomputing dazu führen können, dass die Zeit für das

---

[2] www.bsi.bund.de/SharedDocs/Downloads/DE/BSI/Publikationen/TechnischeRichtlinien/TR03138/TR-03138-Anlage-R.pdf;jsessionid=3D0F2B0FBEE892EE57922BBBEA4F3B7B.2_cid286?_blob=publicationFile&v=1.

[3] www.bmi.bund.de/SharedDocs/Downloads/DE/Themen/OED_Verwaltung/Informationsgesellschaft/egovg_minikommentar.pdf%3Bjsessionid%3D287954C656A017C136385DCB72CE0E32.2_cid295?__blob=publicationFile.

[4] www.bsi.bund.de/DE/Publikationen/TechnischeRichtlinien/tr03125/index_htAaO.html.

[5] EGov Minikommentar, S. 24; vgl. auch *Schumacher*, BLK: Rechtssicheres Scannen nach ResiScan, Rechtssicheres Scannen nach ResiScan und regelungstechnische Umsetzung in der Justiz am Beispiel der OT-Leit-ERV, 25.9.2014, PPT, www.edvgt.de/Veranstaltungen/Deutscher-EDV-Gerichtstag/edvgt2014/Arbeitskreise/B LK-rechtssicheres-scannen-nach-resiscan.

Brechen der Schlüssel wesentlich verkürzt werden kann. Die Bundesnetzagentur veröffentlicht jährlich auf Vorschlag des Bundesamts für Sicherheit in der Informationstechnik einen Algorithmenkatalog, in dem die als sicher geltenden Algorithmen mit zugehörigen Schlüssellängen aufgeführt werden. Rechtsgrundlage ist dafür bisher Anlage 1 Abschnitt I 2 der Signaturverordnung (SigV) vom 22.11.2001:

> „Die zuständige Behörde veröffentlicht im Bundesanzeiger eine Übersicht über die Algorithmen und zugehörigen Parameter, die zur Erzeugung von Signaturschlüsseln, zum Hashen zu signierender Daten oder zur Erzeugung und Prüfung qualifizierter elektronischer Signaturen als geeignet anzusehen sind, sowie den Zeitpunkt, bis zu dem die Eignung jeweils gilt. Der Zeitpunkt soll mindestens sechs Jahre nach dem Zeitpunkt der Bewertung und Veröffentlichung liegen. Die Eignung ist jährlich sowie bei Bedarf neu zu bestimmen. Die Eignung ist gegeben, wenn innerhalb des bestimmten Zeitraumes nach dem Stand von Wissenschaft und Technik eine nicht feststellbare Fälschung von qualifizierten elektronischen Signaturen oder Verfälschung von signierten Daten mit an Sicherheit grenzender Wahrscheinlichkeit ausgeschlossen werden kann. Die Eignung wird nach Angaben des Bundesamtes für Sicherheit in der Informationstechnik unter Berücksichtigung internationaler Standards festgestellt. Experten aus Wirtschaft und Wissenschaft sind zu beteiligen."

Hinweis:

Zukünftig können Schlüssellängen ggf. auch auf der Basis der zum 1.7.2016 in Kraft tretenden Implementing Acts zur EU-Signaturverordnung beschlossen werden. Die entsprechenden Formate fortgeschrittener und qualifizierter Signaturen wurden im Durchführungsbeschluss (EU) 2015/1506 der EU-Kommission vom 8. September 2015[6] zur Festlegung von Spezifikationen für Formate fortgeschrittener elektronischer Signaturen und fortgeschrittener Siegel, die von öffentlichen Stellen gemäß Artikel 27 Absatz 5 und Artikel 37 Absatz 5 der Verordnung (EU) Nr. 910/2014 des Europäischen Parlaments und des Rates über elektronische Identifizierung und Vertrauensdienste für elektronische Transaktionen im Binnenmarkt anerkannt werden, festgelegt.

Zur Prüfung der Sicherheit von Signaturerstellungseinheiten wurde am 25.4.2016 der Durchführungsbeschluss (EU) 2016/650 der EU-Kommission vom 25. April 2016 zur Festlegung von Normen für die Sicherheitsbewertung qualifizierter Signatur- und Siegelerstellungseinheiten gemäß Artikel 30 Absatz 3 und Artikel 39 Absatz 2 der Verordnung (EU) Nr. 910/2014 des Europäischen Parlaments und des Rates über elektronische Identifizierung und Vertrauensdienste für elektronische Transaktionen im Binnenmarkt veröffentlicht[7].

Da das deutsche Signaturgesetz und die dazugehörige deutsche Signaturverordnung nicht schon zum 1.7.2016 aufgehoben werden, sondern einstweilen nur mit einem Anwendungsvorrang der europäischen Verordnung belegt sind, können Bundesnetzagentur und BSI auch weiterhin auf Basis der deutschen Signaturverordnung den Algorithmenkatalog weiterführen.

Zur Langzeitsicherung von Dokumenten wurde im vom deutschen Bundesministerium für Wirtschaft und Arbeit geförderten ArchiSig-Projekt ein Verfahren entwickelt, das als „Long Term Archiving and Notary Service"[8], kurz LTANS, bezeichnet wird.

Dieses Verfahren ermöglicht es, sämtliche Dokumente eines Tages auf einfache Weise revisionssicher einem Datum zuzuordnen und die Unveränderheit des Dokumentes zu bestätigen sowie durch Nachsignierungen bzw. erneutes Erstellen eines digitalen Fingerabdrucks („Hashwert"), die Sicherheit der elektronischen Signaturen langfristig zu erhalten.

Das Verfahren wurde zum einen an die Internet Engineering Taskforce übergeben. Diese hat mehrere internationale Standards in der Form des RFC veröffentlicht, unter anderem die Standards RFC 4998 und 6283. Zum anderen hat das Bundesamt für Sicherheit in der Informationstechnik dieses Verfahren zum Gegenstand der Techni-

---

[6] http://eur-lex.europa.eu/legal-content/AUTO/?uri=CELEX:32015R1501&qid=1463573616995&rid=6.

[7] http://eur-lex.europa.eu/legal-content/DE/TXT/HTML/?uri=CELEX:32016D0650&qid=1463573616995&from=EN.

[8] https://datatracker.ietf.org/wg/ltans/documents/.

schen Richtlinie 3125 TR-ESOR gemacht. Die technische Richtlinie ist eine Empfehlung, wie zur langfristigen Sicherung des Beweiswertes mit kryptographisch gesicherten Dokumenten umzugehen ist. Der Mini-Kommentar zum E-Government-Gesetz interpretiert die TR-RESISCAN und die dort referenzierte TR-ESOR als Definition des Stands der Technik zur Beweiswerterhaltung, geht also davon aus, dass dieses Verfahren für Behörden, die dem E-Government-Gesetz unterliegen, als verpflichtend anzusehen ist[9].

315   Das Sicherungsverfahren funktioniert unter Verwendung fortgeschrittener bzw. qualifizierter elektronischer Signaturen, qualifizierter Zeitstempeldienste, digitalen Fingerabdruckverfahren (Hashverfahren) und der Langzeitsicherung mittels Kombination bzw. Wiederholung dieser Verfahren:

2. Digitale Signatur

316   Eine digitale Signatur besteht aus 2 verschiedenen Sicherungsverfahren:
a) Zunächst wird zu jedem Dokument ein eindeutiger Fingerabdruck erstellt. Das Verfahren – das so genannte Hash-Verfahren – ist mathematisch so komplex, dass es technisch nicht möglich ist, ein anderes Dokument zu erstellen, das den gleichen Fingerabdruck besitzt. Es handelt sich um ein Verlustkomprimierungsverfahren, das nicht alle Informationen des Dokuments enthält, so dass es auch nicht möglich ist, aus dem Fingerabdruck das Dokument zurück zu rechnen. Dieser Hashwert hat eine definierte Länge, die ausreichend lang sein sollte, um absolute Sicherheit zu gewährleisten, aber auch nicht zu lang sein sollte, um die Dauer der Berechnung für große Mengen von Dokumenten nicht in die Länge zu ziehen.
b) Dieser erstellte Fingerabdruck wird anschließend mit einem so genannten Public-Key-Verfahren verschlüsselt. Dafür werden für jeden Benutzer nicht nur ein Schlüssel, sondern gleich 2 Schlüssel erstellt. Diese haben die Eigenschaft, dass man nur mit dem jeweils zugehörigen anderen Schlüssel Dokumente entschlüsseln kann, es ist nicht möglich, diese mit dem Schlüssel zur Verschlüsselung rückgängig zu machen. Zur Erstellung von Schlüsselpaaren mit solchen Eigenschaften gibt es verschiedene mathematische Verfahren, die zB auf den Schwierigkeiten zur Faktorisierung von Produkten großer Primzahlen (RSA-Verfahren[10]) oder zur Berechnung elliptischer Kurven (zB Elgamal, Diffie-Hellman-Verfahren[11]) beruhen. Ein Schlüssel des Nutzers wird dabei geheim gehalten, während der andere Schlüssel veröffentlicht wird. Der geheime Schlüssel ist durch diese Geheimhaltung automatisch ausschließlich dem Nutzer zugeordnet, während der öffentliche Schlüssel dem Nutzer durch einen vertrauenswürdigen Verzeichnisdienst zugeordnet werden muss. Dieser Verzeichnisdienst muss jedem Nutzer über das Internet auf nicht fälschbare Weise Auskunft über die Zuordnung eines Schlüssels geben können. Auf diese Art und Weise funktioniert zum Beispiel auch die Verschlüsselung des elektronischen Anwalts- oder Behördenpostfachs.
Mit dieser Technik können zwei verschiedene Zwecke verfolgt werden, die sich auch kombinieren lassen:
Wenn der Absender Nachrichten sendet, deren Fingerabdruck mit dem geheimen Schlüssel (private key) des Absenders codiert wurde, kann über den ihm über den Verzeichnisdienst zugeordneten öffentlichen Schlüssel (public key) herausfunden

---

[9] www.bmi.bund.de/SharedDocs/Downloads/DE/Themen/OED_Verwaltung/Informationsgesellschaft/egovg_minikommentar.pdf%3Bjsessionid%3D287954C656A017C136385DCB72CE0E32.2_cid295?__blob=publicationFile.
[10] https://de.wikipedia.org/wiki/RSA-KryptosysteAaO.
[11] https://de.wikipedia.org/wiki/Elliptic_Curve_Cryptography.

werden, dass die Nachricht nur vom Absender stammen kann. Dieses ist also die Funktion einer digitalen Signatur unter Verwendung der Public-Key-Kryptographie. Wenn man eine Nachricht mit dem öffentlichen Schlüssel des Empfängers verschlüsselt, kann niemand außer dem Empfänger als Besitzer des zugehörigen geheimen Schlüssels die Nachricht lesen, dies ermöglicht also die Verwendung der Verschlüsselung zur Geheimhaltung der Nachricht ohne vorher notwendiger Vereinbarung einer gemeinsam verwendeten Chiffre.

3. Hashbaum-Verfahren

Der Informatiker *Ralph C. Merkle* hat bereits 1978 ein Verfahren entwickelt, mit dem durch mehrfache Erstellung von digitalen Fingerabdrücken eine große Menge von Dokumenten gegen unbemerkte Veränderung gesichert werden kann, ohne dass jedes Dokument digital signiert werden muss[12]. Dazu werden aus den erstellten Hashwerten der Dokumente jeweils weitere Fingerabdrücke erstellt. Jeweils mindestens 2 Dokumente bzw Hashwerte werden zu einem weiteren Hashwert zusammengefasst, bis schließlich nur ein Hashwert für alle Dokumente eines Tages übrigbleibt. Da dies eine Baumstruktur ergibt, wird auch von Hashbäumen gesprochen.

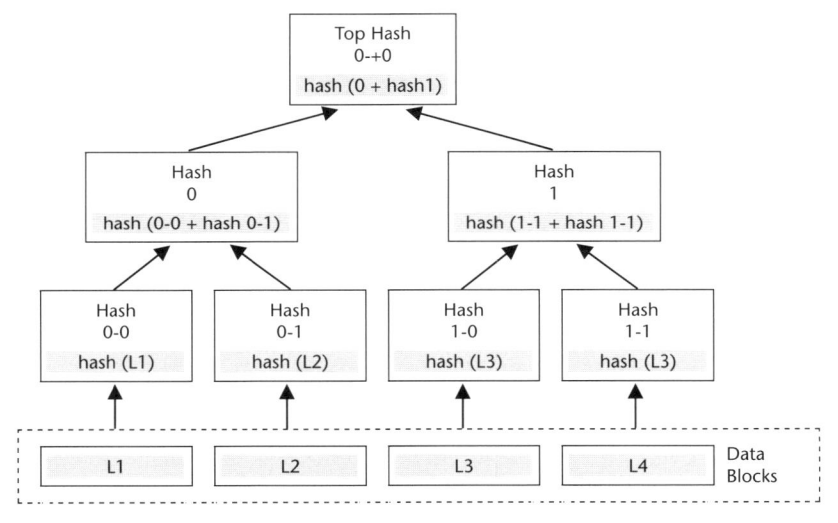

Der letzte übrig gebliebene Hashwert, der so genannte Top-Hash, wird nun mit einem qualifizierten Zeitstempel[13] versehen, der das Datum und die Uhrzeit enthält und mit dem geheimen Schlüssel eines anerkannten Zeitstempeldienstes verschlüsselt ist. Das Verfahren der Ermittlung der Uhrzeit muss durch mehrere Arten der Uhrzeitermittlung abgesichert sein, um eine Fälschung der Uhrzeit auszuschließen. Damit kann mit Sicherheit nachgewiesen werden, dass der Top Hash an diesem Tag mit dem Zeitstempel versehen wurde.

Die gesamte Baumstruktur aus Fingerabdrücken ist nun mit dem Top-Hash in einer Weise verknüpft, dass mit Hilfe des Dokuments, des Hash-Wertes des Dokumentes und einer Teilmenge der übrigen Hashwerte bis zum Top-Hash die Zugehörigkeit des Dokumentes zum Hash-Baum und damit auch die Uhrzeit jedes beteiligten Dokumentes

---

[12] R. C. Merkle, A digital signature based on a conventional encryption function, Crypto '87.
[13] § 9 SigG, zukünftig Art. 41 EIDAS-Verordnung.

bewiesen werden kann. Da sich der Hashwert bei jeder Änderung des Dokumentes ändert, kann bei stimmigem Hashwert auch gleichzeitig die Unverändertheit des Dokumentes seit der Erstellung des Zeitstempels bewiesen werden.

320 Zum Nachweis sind dabei nur der Hashwert des Dokumentes und die jeweils zur Generierung der nächsten Stufe bis zum Top-Hash befindliche Hashwerte notwendig, dies wird als reduzierter Hashbaum oder auch Evidence Record Syntax bezeichnet. Ein Beispiel ist in der nachfolgenden Grafik von Dr. Martin Bartonitz[14] zu erkennen.

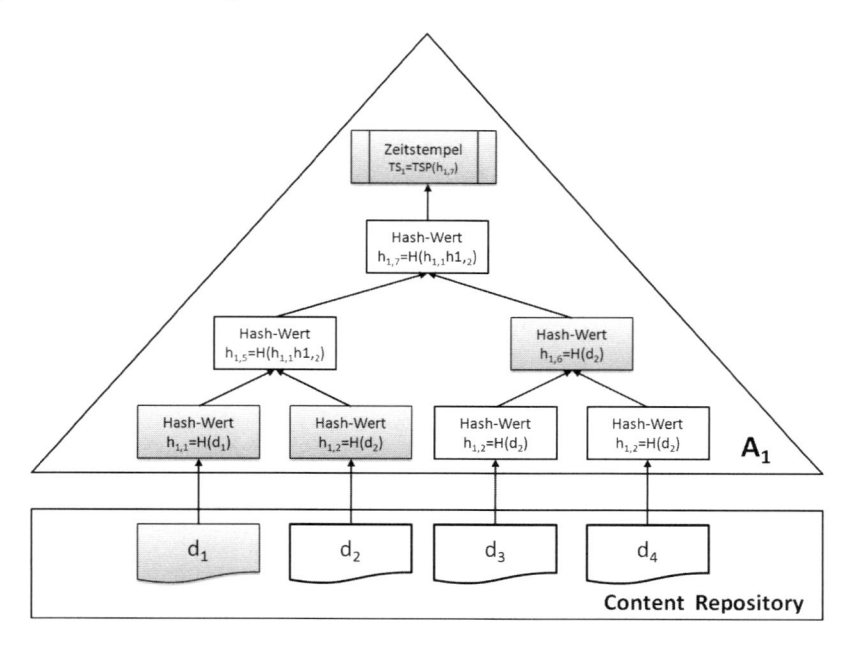

321 Für den Nachweis sind ausschließlich die grau hinterlegten Felder erforderlich. Aus diesen lässt sich bereits bei bekanntem Hashverfahren der benötigte Teil des Hashbaums herstellen und überprüfen. Auf jeden Fall ist natürlich die Speicherung des Zeitstempels in der Evidence Record Syntax erforderlich.

322 Dieses Verfahren hat mehrere Vorteile: Die digitale Signatur alleine kann keine verlässliche Aussage zur Uhrzeit treffen, dies ist nur bei einem vertrauenswürdigen Betreiber eines Zeitstempeldienstes möglich. Eine solche zeitliche Zuordnung kann durch die Signierung mit dem geheimen Schlüssel des Zeitstempeldienstes für die Laufzeit dieses Schlüssels sicher nachgewiesen werden. Bei einer vom Nutzer erstellten digitalen Signatur hat der Kartenleser dagegen nur die nicht besonders gesicherte Uhrzeit der Computeruhr zur Verfügung, die durch einfaches Verstellen manipuliert werden kann.

323 Auf dieses Verfahren der sicheren Uhrzeitfeststellung kann nur bei einer zentralen Protokollierung durch einen einzelnen vertrauenswürdigen Betreiber verzichtet werden. Vertrauenswürdigkeit ist deshalb erforderlich, weil bei einem normalen Protokoll der Uhrzeit dem Betreiber Uhrzeitmanipulationen möglich sind, während dies nachträglich selbst dem Betreiber eines Zeitstempeldienstes nicht mehr möglich ist.

324 Beispiele für eine unverschlüsselte Protokollierung stellen zum Beispiel kommerzielle Archivsoftwareprodukte wie Symantec Enterprise Vault, EMC Source One oder auch das

---

[14] https://de.wikipedia.org/wiki/Evidence_Record_Syntax#/media/File:Hash-Baum_mit_Archivzeitstempel.jpg.

besondere elektronische Anwaltspostfach (beA) dar. Bei letzterem vermerkt die Bundesrechtsanwaltskammer als Betreiberin des besonderen elektronischen Anwaltspostfachs den Eingang der elektronischen Nachricht, um bei Schwierigkeiten der Weiterübermittlung die Einhaltung einer Frist revisionssicher und rechtssicher nachweisen zu können. Die Unveränderbarkeit der Protokollierung wird hier lediglich durch einen Überschreib- und Löschschutz für die angelegten Protokolldaten realisiert, nicht über kryptographische Methoden. Die Bundesrechtsanwaltskammer schreibt dazu unter bea.brak.de:

> „Für den Fall, dass aber doch einmal etwas schiefgeht – beispielsweise das Netz zusammenbricht – wird es im beA-System nicht-veränderbare Nachrichten- und Postfach-Journale geben. Das heißt, alle Abläufe innerhalb des beA-Systems werden rechtssicher dokumentiert, sodass gegebenenfalls eine Wiedereinsetzung möglich ist. Im Übrigen sieht § 130d Absatz 1 Satz 2 und 3 ZPO vor, dass eine Übermittlung von Dokumenten nach den allgemeinen Vorschriften – das heißt nicht-elektronisch – zulässig ist, wenn die elektronische Übermittlung aus technischen Gründen zeitweilig nicht möglich ist. Die vorübergehende Unmöglichkeit ist dann bei der Ersatzeinreichung oder unverzüglich danach glaubhaft zu machen, auf Anforderung ist ein elektronisches Dokument nachzureichen."

Dagegen ist bei der Verwendung verschlüsselter Kommunikation durch Bundesbehörden die Erstellung von Beweisdokumenten nach der Evidence Record Syntax vorgesehen, wenn man mit dem Bundesinnenministerium von der TR-RESISCAN und der TR-ESOR als der Wiedergabe des Standes der Technik ausgeht.

4. Langzeitsicherung mit Hilfe von Beweisdokumenten nach Evidence Record Syntax

Durch die fortschreitende Entwicklung der Computertechnik und möglicherweise entdeckte Kollisionen sowie freiwillige Abkündigungen von Signaturalgorithmen durch das BSI[15] kann es passieren, dass entweder der Algorithmus des Hashverfahrens oder der Signaturalgorithmus nicht mehr den Sicherheitsanforderungen genügt. BSI und Bundesnetzagentur kündigen Abkündigungen von Schlüssellängen und/oder Algorithmen Jahre im Voraus an, um rechtzeitig reagieren zu können.

a) Abkündigung von Signaturalgorithmen

Im Fall der drohenden Unsicherheit des verwendeten Signaturalgorithmus ist lediglich vor dem Verfallzeitpunkt eine weitere digitale Signatur über die zu sichernden Daten erforderlich, um nachweisen zu können, dass während der sicheren Verwendungszeit der Top-Hashes an diesen keine Veränderungen mehr vorgenommen wurden. In RFC 4998 ist dazu definiert:

> „Hash-Tree Renewal: A new Archive Timestamp is generated, which covers all the old Archive Timestamps as well as the data objects. A new Archive Timestamp Chain is started. One or more Archive Timestamp Chains for a data object or data object group yield an Archive Timestamp Sequence."

b) Abkündigung des Hashalgorithmus

Im Fall der drohenden Unsicherheit des Hashalgorithmus ist wesentlich mehr Aufwand notwendig, so dass in diesem Fall rechtzeitig, je nach Größe des gesicherten Datenbestands Monate oder sogar Jahre vor dem Ende der Frist mit der Weitersicherung der kryptographisch behandelten Daten begonnen werden sollte.

Es ist in diesem Fall nämlich nicht ausreichend, den Datenbestand überzusignieren, um zukünftig den Datenbestand weiter kryptographisch sichern zu können. Durch die

---

[15] Zur Alterung von Schlüsseln → Rn. 311.

Schwäche des Hashalgorithmus geht die sichere Zuordnung des Dokumentes zum zugehörigen Hashwert verloren. Dadurch ist eine komplette Neuverhashung des gesamten Dokumentenbestandes erforderlich, bevor danach mit den neuen Hashwerten der Aufbau eines neuen Hashbaums begonnen werden kann. Zusätzlich muss der alte Hashbaum aufbewahrt werden, um die Unveränderheit vor der Neuverhashung nach wie vor beweisen zu können. Für die Evidence Record Syntax muss das alte Beweisdokument mit dem neuen Beweisdokument verkettet werden, um den Nachweis auf einfache Weise führen zu können. Dabei sollte beachtet werden, dass bei einer notwendigen Erneuerung des Hashverfahrens der Speicherbedarf für Beweisdokumente jeweils erheblich steigt.[16]

II. Praxisbeispiele Arbeitsabläufe, IT-Infrastruktur, Software

330 Die Einführung der elektronischen Akte sollte in zwei Stufen erfolgen.

331 Der Posteingang sollte zu einem Stichtag vollständig digitalisiert werden, dh Voraussetzung für die elektronische Akte ist die Erfassung sämtlicher neuer Schriftstücke aus jeglicher Quelle in digitaler Form.

332 Die neuen Akten sollten dann vollständig in elektronischer Form geführt werden, für eine Übergangszeit können neben den Schriftstücken mit höherem Beweiswert auch normale Schriftstücke in einer Papierakte parallel gespeichert werden. Die führende und vollständige Akte sollte in diesem Fall die elektronische Akte sein.

333 Die schon bestehenden Akten sollten nach und nach vollständig gescannt werden und in elektronische Akten überführt werden. Diese sollten ab Vervollständigung dann ebenfalls auf die elektronische Akte als vollständige und führende Akte umgestellt werden.

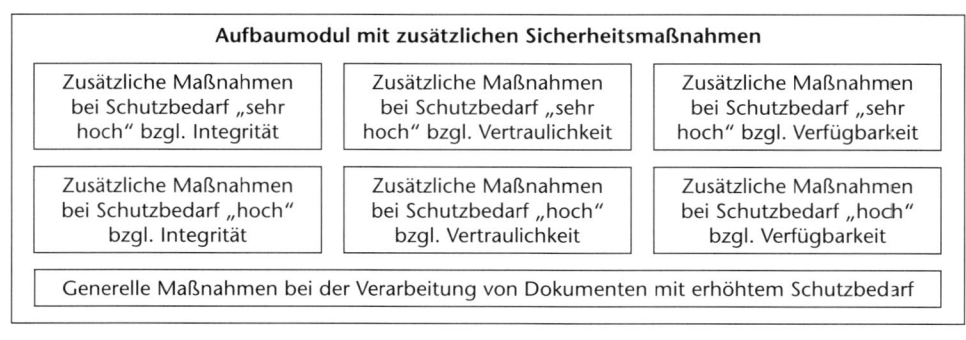

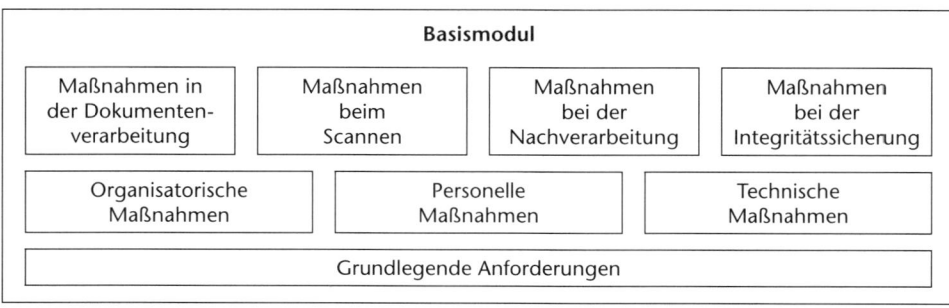

Aufbaumodul mit zusätzlichen Sicherheitsmaßnahmen		
Zusätzliche Maßnahmen bei Schutzbedarf „sehr hoch" bzgl. Integrität	Zusätzliche Maßnahmen bei Schutzbedarf „sehr hoch" bzgl. Vertraulichkeit	Zusätzliche Maßnahmen bei Schutzbedarf „sehr hoch" bzgl. Verfügbarkeit
Zusätzliche Maßnahmen bei Schutzbedarf „hoch" bzgl. Integrität	Zusätzliche Maßnahmen bei Schutzbedarf „hoch" bzgl. Vertraulichkeit	Zusätzliche Maßnahmen bei Schutzbedarf „hoch" bzgl. Verfügbarkeit
Generelle Maßnahmen bei der Verarbeitung von Dokumenten mit erhöhtem Schutzbedarf		

Basismodul			
Maßnahmen in der Dokumentenverarbeitung	Maßnahmen beim Scannen	Maßnahmen bei der Nachverarbeitung	Maßnahmen bei der Integritätssicherung
Organisatorische Maßnahmen	Personelle Maßnahmen		Technische Maßnahmen
Grundlegende Anforderungen			

---

[16] IETF. RFC 4998, S. 17.

Für verschiedene Branchen müssen wegen der Besonderheiten der Dokumente unterschiedliche Prozessabläufe zum Scannen und damit auch unterschiedliche Prüfkriterien zur Prüfung dieser Geschäftsprozesse erarbeitet werden.

Eine Zertifizierung nach TR-RESISCAN nach den Vorgaben des Bundesamts für Sicherheit in der Informationstechnik umfasst immer auch eine komplette Prüfung des Verfahrens nach **DIN ISO/IEC 27001** (IT-Sicherheitsverfahren-Informationssicherheits-Managementsysteme-Anforderungen) mit den Zusatzanforderungen durch den IT-Grundschutz. Die Prüfkriterien für ein solches Audit hat das BSI in Ergänzung zur TR-RESISCAN als Anlage P veröffentlicht[17]. Dabei wird nur das Verfahren zertifiziert, eine Konformitätsprüfung für Hardware oder Software wird hier nicht angeboten. Die Service-GmbH des Verbandes für Organisations- und Informationssysteme bietet in Absprache mit dem BSI weitere Zertifizierungen auf Basis der TR-RESISCAN an. Zum einen eine TR-RESISCAN-ready-Zertifizierung, die die Basisanforderungen der TR-RESISCAN umfasst, aber nicht die vollständige Erfüllung der Anforderungen des IT-Grundschutzes verlangt, zum anderen die Zertifizierung von Hard- oder Softwarekomponenten als geeignet für Verfahren nach TR-RESISCAN[18].

III. Revisionssichere Langzeitarchivierung

1. Aufbewahrungspflichten

Alleine nach Bundesrecht gibt es hunderte verschiedener Aufbewahrungspflichten, die von kurzen Fristen von einigen Monaten bis zu 110 Jahre für Geburtseinträge nach dem Personenstandsgesetz reichen. Die **praktisch wichtigsten Aufbewahrungspflichten sind in § 257 HGB und § 147 AO geregelt.** Danach ist jegliche textbasierte geschäftliche Kommunikation, egal ob papiergebunden oder elektronisch, archivierungspflichtig. Die Regelung bezieht sich auch auf E-Mail-Kommunikation sowie bei entsprechender Einbeziehung in geschäftliche Prozesse auch auf SMS- oder Messenger-Kommunikation. Beispiele dafür sind die Nutzung von SMS zur Authentifizierung eines Nutzers beim Homebanking per SMS-TAN-Verfahren oder Support per Messenger.

Um ihrer Nachweisfunktion zu genügen, müssen die aufzubewahrenden Unterlagen in unveränderbarer revisionssicherer Form vorliegen. Im Handelsgesetzbuch ist ebenso wie in der Abgabenordnung nicht ausdrücklich der Begriff der Revisionssicherheit erwähnt, die darin beschriebenen Anforderungen sind jedoch deckungsgleich. In § 239 Abs. 3 HGB heißt es: *„(3) Eine Eintragung oder eine Aufzeichnung darf nicht in einer Weise verändert werden, dass der ursprüngliche Inhalt nicht mehr feststellbar ist. Auch solche Veränderungen dürfen nicht vorgenommen werden, deren Beschaffenheit es ungewiss lässt, ob sie ursprünglich oder erst später gemacht worden sind."* Nach § 239 Abs. 4 HGB ist dies entsprechend auf elektronische Aufzeichnungen anzuwenden. Dies gilt nach § 146 Abs. 4 und 5 der Abgabenordnung in gleicher Weise für steuerrechtlich relevante Buchungen und Aufzeichnungen.

Um prüfen zu können, ob eine Veränderung auch später durchgeführt worden sein kann, ist es zwingend, technisch die Nachdatierung oder Fälschung von Aufzeichnungen ausschließen zu können bzw. sicherzustellen, dass jeder Versuch der Nachdatierung oder Fälschung nicht unbemerkt bleibt, sondern durch Kontrolle und Protokollierung entdeckt werden kann.

---

[17] www.bsi.bund.de/SharedDocs/Downloads/DE/BSI/Publikationen/TechnischeRichtlinien/TR03138/TR-03138-Anlage-P_V1_1.pdf?__blob=publicationFile&v=1.
[18] www.voi-cert.de/index.php?option=com_content&view=article&id=4276&Itemid=847.

339 Revisionssicherheit ist daher nur dann gewährleistet, wenn die Daten nicht unbemerkt verändert werden können oder jede Änderung der Daten protokolliert wird sofern eine Umgehung der Protokollierung technisch nicht möglich ist. Dazu gehört eine vollständige Beschreibung der technischen Verfahrensabläufe, eine so genannte **Verfahrensdokumentation**. Der Begriff der revisionssicheren Archivierung wurde bereits vor über 20 Jahren vom VOI e. V., Verband für Organisations- und Informationssysteme, und dessen Gründer Dr. Ulrich Kampffmeyer, geprägt[19].

340 Der VOI hat dazu **10 Merksätze zur revisionssicheren Archivierung** veröffentlicht[20]:
1. Jedes Dokument muss nach Maßgabe der rechtlichen und organisationsinternen Anforderungen ordnungsgemäß aufbewahrt werden.
2. Die Archivierung hat vollständig zu erfolgen – kein Dokument darf auf dem Weg ins Archiv oder im Archiv selbst verloren gehen.
3. Jedes Dokument ist zum organisatorisch frühestmöglichen Zeitpunkt zu archivieren.
4. Jedes Dokument muss mit seinem Original übereinstimmen und unveränderbar archiviert werden.
5. Jedes Dokument darf nur von entsprechend berechtigten Benutzern eingesehen werden.
6. Jedes Dokument muss in angemessener Zeit wiedergefunden und reproduziert werden können.
7. Jedes Dokument darf frühestens nach Ablauf seiner Aufbewahrungsfrist vernichtet, dh aus dem Archiv gelöscht werden.
8. Jede ändernde Aktion im elektronischen Archivsystem muss für Berechtigte nachvollziehbar protokolliert werden.
9. Das gesamte organisatorische und technische Verfahren der Archivierung kann von einem sachverständigen Dritten jederzeit geprüft werden.
10. Bei allen Migrationen und Änderungen am Archivsystem muss die Einhaltung aller zuvor aufgeführten Grundsätze sichergestellt sein.

2. Grundsätze ordnungsgemäßer DV-gestützter Buchführungssysteme und Grundsätze zum Datenzugriff und zur Prüfbarkeit originär digitaler Unterlagen

341 Die Grundsätze ordnungsgemäßer DV-gestützter Buchführungssysteme und Grundsätze zum Datenzugriff und zur Prüfbarkeit originär digitaler Unterlagen sind als Schreiben des Bundesfinanzministeriums, als Verwaltungsanweisung zu qualifizieren. Diese haben jedoch erhebliche Auswirkungen auf die Steuerbürger und Unternehmen, da die Finanzämter dieser Verwaltungsanweisung bei der Prüfung der Steuerunterlagen unterworfen sind.

342 Die GoBD lösen zwei Verwaltungsanweisungen ab: die Grundsätze ordnungsgemäßer Buchführungssysteme (GOBs) aus dem Jahr 1995 und die Grundsätze der Prüfung digitaler Unterlagen (GDPdU) aus dem Jahr 2001, die seit 1.1.2002 in Kraft sind.

343 Seit der Einführung der GDPdU sind auch digitale Unterlagen aufzubewahren, ein Ausdruck der Unterlagen bewahrt nicht vor der Prüfung der digitalen Inhalte. Die Inhalte müssen im Nachhinein auf unveränderte Speicherung geprüft werden können, um Manipulationen ausschließen zu können.

---

[19] *Kampffmeyer/Rogalla*, Grundsätze der elektronischen Archivierung, Code of Practice Band 1, VOI Verband Organisations- und Informationssysteme e. V., 2. Aufl. 1997.
[20] VOI e. V., www.ulshoefer.de/voi_merksaetze_der_archivierung.pdf.

Dazu ist es erforderlich, dass die Daten in einer Weise gespeichert werden, die jede 344
unbemerkbare Manipulation der Daten ausschließt. Die GoBD sind grundsätzlich
technikoffen ausgestaltet, das heißt, die Art und Weise der technischen Gestaltung sind
dem Unternehmen überlassen.

Die GoBD enthalten Regelungen zu 4 Bereichen, die helfen sollen, die **Compliance-** 345
Vorgaben in Bezug auf die Unveränderbarkeit von Daten nach Handelsgesetzbuch und
Abgabenordnung zu erfüllen:
1. Datenintegrität
2. Kontrolle und Aufzeichnungen von Beweisdaten
3. Verfahrensdokumentation
4. Erhalt der Beweiseignung bei Migration

Zur Sicherstellung der Datenintegrität sind verschiedene Möglichkeiten vorhanden: 346
In der GoBD Rn. 59 heißt es dazu: „Veränderungen und Löschungen von und an
elektronischen Buchungen oder Aufzeichnungen (vgl. Rn. → 3 bis 5) müssen daher so
protokolliert werden, dass die Voraussetzungen des § 146 Abs. 4 AO bzw. § 239 Abs. 3
HGB erfüllt sind (siehe auch → Rn. 337). Für elektronische Dokumente und andere
elektronische Unterlagen, die gem. § 147 AO aufbewahrungspflichtig und nicht Buchungen oder Aufzeichnungen sind, gilt dies sinngemäß."

Protokollierungen sind nur dann ausreichend vor Änderungen geschützt, wenn die 347
nachträgliche Änderung der Protokollierung nicht auf einfache Weise möglich ist. Um
dies zu verhindern, muss die Unmöglichkeit der unbemerkten Protokolländerung durch
die Verfahrensdokumentation nachgewiesen werden. Es ist möglich, die Integrität der
Daten durch qualifizierte Signaturverfahren zu sichern, aber nicht zwingend vorgeschrieben. Durch lückenlose und indexierte Protokollierung oder sofortige sichere
Speicherung auf Datenträgern, die keine Änderung oder Löschung bis zum Ablauf der
Speicherdauer mehr erlauben, ist eine Beweissicherung ebenso möglich.

Die GoBD legt wesentlich mehr Wert auf die vollständige und nachvollziehbare Ver- 348
fahrensdokumentation als die Vorgängerregelungen GDPdU und GOBS[21]. Unternehmen sollten darauf achten, dass spätestens bei der Prüfung der Steuererklärung 2015
alle notwendigen Voraussetzungen zur ordnungsgemäßen Prüfung der Buchführungssysteme und der aufbewahrungspflichtigen Unterlagen gegeben ist.

IV. Vertrauensdienste nach der EIDAS-Verordnung

Die EIDAS-Verordnung regelt elektronische Identifikationsdienste sowie Vertrauens- 349
dienste.

Die Vertrauensdienste umfassen Änderungen bei der elektronischen Signatur und die 350
Einführung eines elektronischen Siegels sowie weitere neue Vertrauensdienste.

1. eID-Verfahren

Elektronische Identifikationsdienste nach der EIDAS-Verordnung ermöglichen ab 351
18.9.2018 die europaweite Anerkennung dieser Dienste. Die Sicherheit der von den
Mitgliedstaaten eingesetzten Verfahren muss dabei dem Durchführungsbeschluss der
Kommission vom 8.9.2015 zur Festlegung von Mindestanforderungen an technische
Spezifikationen und Verfahren für Sicherheitsniveaus elektronischer Identifizierungsmittel gemäß Artikel 8 Absatz 3 der Verordnung (EU) Nr. 910/2014 des Europäischen

---

[21] Die GoBD in der Praxis, Version 1.9, 13.4.2016, Herausgeber: Peters, Schönberger & Partner mbB, www.psp.eu/media/allgemein/GoBD-Leitfaden_Version_1_9_FINAL.pdf.

Parlaments und des Rates über elektronische Identifizierung und Vertrauensdienste für elektronische Transaktionen im Binnenmarkt[22] entsprechen.

352   Es sind hier drei Sicherheitsstufen vorgesehen, die für unterschiedliche Zwecke mit unterschiedlichem Schutzbedarf eingesetzt werden können: niedrig, substantiell und hoch.

353   Zur Identifizierung natürlicher Personen mit der Stufe „substanziell" sollen 2 unabhängige Identifizierungsverfahren eingesetzt werden, für die Stufe „hoch" unter Verwendung biometrischer Merkmale oder Fotografien[23] oder die zur Identifikation eingesetzten Mittel haben bisher in den Mitgliedstaaten entsprechende Voraussetzungen erfüllt. Für juristische Personen müssen zusätzlich mit Hilfe von verlässlichen Quelle Nachweise für die Repräsentation vorgelegt werden.

354   Es wird nach Punkt 2.4.3 bei der Absicherung der eID-Dienste ein Informationssicherheitsmanagementsystem vorgeschrieben und nach 2.4.4 die Aufbewahrung der Daten nach allgemeinen Regelungen der Aufbewahrungspflichten und des Datenschutzes verlangt.

2. Vertrauensdienste

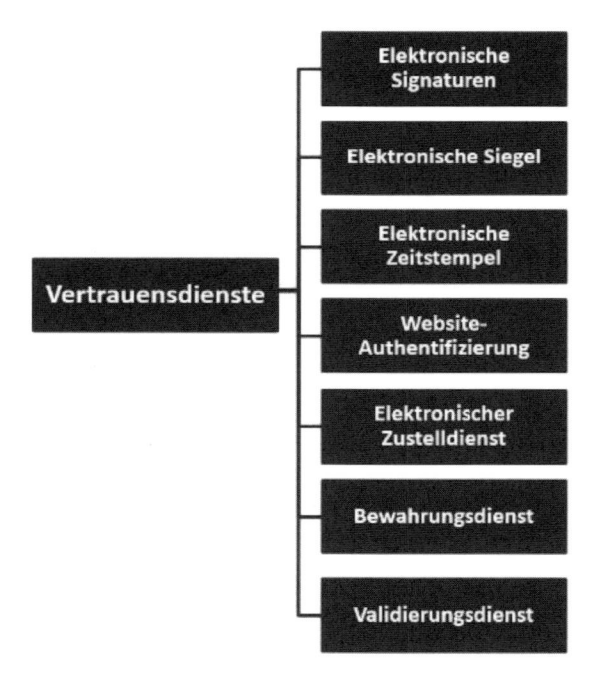

355   Diese Vertrauensdienste können von Unternehmen ohne besondere Voraussetzungen erbracht werden, soweit sie nicht zur Bewahrung oder Validierung von qualifiziert signierten Dokumenten erbracht werden sollen und die Beweissicherheit erhalten bleiben soll.

---

[22] ABl. L 235 vom 9.9.2015, S. 7–20, http://eur-lex.europa.eu/legal-content/DE/TXT/PDF/?uri=CELEX:32015R1502&qid=1463677849104&from=DE.
[23] Anhang 2.1 zum Beschluss 2015/1502 der Kommission.

IV. Vertrauensdienste nach der EIDAS-Verordnung

356 Wenn die Vertrauensdiensteanbieter jedoch die besonderen Anforderungen der EIDAS-Verordnung für qualifizierte Vertrauensdiensteanbieter erfüllen, hat dies mehrere Vorteile:
- Der qualifizierte Vertrauensdiensteanbieter wird in die Trusted List der EU Kommission eingetragen.
- Die Erbringung qualifizierter Vertrauensdienste wird ab 18.9.2018 durch alle öffentlichen Stellen der Mitgliedstaaten auch dann anerkannt, wenn der Vertrauensdiensteanbieter aus einem anderen Mitgliedstaat der europäischen Union stammt.

Am 28.8.2014 wurde im Amtsblatt der EU die Signaturverordnung veröffentlicht. Die neue europaweit geltende EIDAS-Verordnung sieht auch die Möglichkeit von serverbasierten qualifizierten Signaturen und Signaturleistungen für Dritte in deren Namen vor[24]. Ab 1.7.2016 werden die Implementierungsvorschriften zur EIDAS-Verordnung in Kraft gesetzt, die zumeist auf der verbindlichen Festschreibung von Normen des ETSI[25] oder des CEN[26] beruhen[27]. Die Vorschriften der EIDAS-Verordnung werden dann die Vorschriften des deutschen Signaturgesetzes im Rahmen eines Anwendungsvorrangs überlagern, dh bei gleichem Regelungsgehalt gilt die EIDAS-Verordnung vor dem Signaturgesetz, von der Verordnung nicht tangierte Bereich bleiben aber durch das deutsche Signaturgesetz geregelt[28]. Das Signaturgesetz und die zugehörige Signaturverordnung sollen erst im Laufe des Jahres 2016 durch ein Vertrauensdienstegesetz abgelöst werden, das außer der qualifizierten elektronischen Signatur auch das qualifizierte elektronische Siegel nach der EIDAS-Verordnung in dem Umfang neu regelt, der den Mitgliedstaaten durch die direkt geltende EU-Verordnung noch verblieben ist[29].

a) Elektronische Signaturen

357 Zur Sicherstellung der Integrität ist es möglich, fortgeschrittene oder qualifizierte Signaturverfahren einzusetzen. Eine qualifizierte Signatur nach dem Signaturgesetz ist derzeit noch mit dem Einsatz einer Chipkarte und einem Chipkartenleser Klasse 3 verbunden.

358 Seit der Änderung des Signaturgesetzes 2001 und dem Schreiben des Bundesfinanzministeriums vom 29.1.2004 wurde die Massensignatur nach deutschem Signaturrecht ermöglicht. Vor 2001 war nach dem Signaturgesetz von 1997 eine Einzelprüfung jeder Signatur mit Sichtkontrolle erforderlich. Durch die Änderung des § 17 SigG im Zuge der Anpassung an die EU-Signaturrichtlinie von 1998 heißt es nunmehr in § 17 Abs. 2 S. 4: *„Die Signaturschlüssel-Inhaber sollen solche Signaturanwendungskomponenten einsetzen oder andere geeignete Maßnahmen zur Sicherheit qualifizierter elektronischer Signaturen treffen."* Damit ist auch die automatisierte Signatur für andere unter Verwendung

---

[24] *Dennis Kügler,* BSI, Remote Signatures und mögliche Angriffe, www.bsi.bund.de/SharedDocs/Downloads/DE/BSI/ElekAusweise/SmartCard_Workshop/Workshop_2015_Kuegler.pdf?__blob=publicationFile.

[25] ETSI – das Europäische Institut für Telekommunikationsnormen (englisch European Telecommunications Standards Institute),www.etsi.org/.

[26] CEN – das Europäische Komitee für Normung (französisch Comité Européen de Normalisation; englisch European Committee for Standardization), www.cen.eu.

[27] Vgl. auch http://toolbox.bearingpoint.com/ecomaXL/files/eiDAS_Paper.pdf.

[28] *Rossnagel* MMR 2015, 359; *Paul C. Johannes,* Die Novellierung des Signaturgesetzes, www.teletrust.de/fileadmin/docs/veranstaltungen/Signaturtag_2015/13–150917_TeleTrusT_Informationstag_Elektronische-Signatur_Johannes.pdf.

[29] *Sabine Maass,* Leiterin des Referats VI A 3 im BMWi, Stand der Anpassung des nationalen Rechts an die eIDAS-Verordnung, www.dihk.de/branchen/...elektronisches.../vortraege/vortrag-maas.pdf.

einer zuvor ausgestellten Vollmacht möglich. Eine echte Serversignatur des Kunden im Auftrag des Kunden, wie dies schon nach der bisherigen EU-Verordnung die Mitgliedstaaten Österreich und Italien ermöglicht haben, war damit aber noch nicht möglich.

359 Das Bundesfinanzministerium hat im Schreiben vom 29.1.2004 für Zwecke der Rechnungssignatur erklärt[30]: *„Der Rechnungsaussteller kann die Rechnungen auch in einem automatisierten Massenverfahren signieren."*

360 Bis 2005 war auch der Einsatz von fortgeschrittenen Signaturen nur mit Zertifikaten möglich. Durch die Streichung dieser Anforderung in § 2 Nr. 9 des Gesetzes wurde auch der Einsatz von biometrischen Verfahren für fortgeschrittene Signaturen möglich. Beispielsweise können Unterschriften auf Tablets bei Ermittlung von Schreibgeschwindigkeit, Druck und Schriftbild als biometrisch erzeugte fortgeschrittene Signaturen anerkannt werden.

361 Die neue Verordnung sieht keine Anforderungen mehr an Signaturanwendungskomponenten vor, wie dies bisher durch die §§ 15 und 17 des Signaturgesetzes der Fall war. Die neue Verordnung macht auch Lösungen in Deutschland möglich, wie sie bisher schon zB in Österreich mit der Handy-Signatur auf Anforderung nach Authentifizierung in einem Webformular möglich war.

362 Anbieter können zukünftig Nutzern anbieten, deren Signaturen in einem Signaturspeicher zu verwalten und auf Anforderung des Nutzers, die dieser über SMS oder Webformular dem Anbieter übermittelt, abrufen. Damit wird die Bestätigung von Dokumenten mit qualifizierten elektronischen Signaturen erheblich vereinfacht. Gerade für Zwecke, in denen es nur um die Bestätigung der Echtheit und Unverändertheit von Dokumenten geht, ist die Identifizierung des Signaturschlüsselinhabers von untergeordneter Bedeutung.

363 Bisher waren einige Beschränkungen des Signaturgesetzes für die beschränkte Verbreitung von qualifizierten elektronischen Signaturen in der Praxis verantwortlich:
1) Teure Hardware durch Notwendigkeit des Einsatzes von Chipkarte und Kartenleser sowie kompliziertes Verfahren zur Beantragung von Zertifikaten.
2) Keine zentrale und kostenneutrale Verbreitung von Lesegeräten und Zertifikaten.
3) Keine professionelle Verwaltung der Zertifikate im Kundenauftrag Praxisbedeutung.
4) Keine Organisationssignatur, sondern nur qualifizierte Signaturen für natürliche Personen.

364 Die Abschaffung des komplizierten Beschaffungsverfahrens für Smartcards und Kartenleser Gruppe 3 zur Erstellung von qualifizierten Signaturen wird aller Voraussicht nach zu einem erheblichen Schub für die Verbreitung qualifizierter elektronischer Signaturen führen. Das zeigt die Verbreitung der qualifizierten elektronischen Signatur in EU-Mitgliedstaaten, die schon auf der Basis der bisherigen EU-Richtlinie die Möglichkeit von serverbasierten Signaturen ohne Einsatz von Chipkarten auf Clientseite geschaffen haben.

365 Zudem werden die Regelungen zu Elektronischen Identifizierungsdiensten wie zB die EID-Funktion des neuen Personalausweises deshalb zu einer breiteren Nutzung führen, da diese Funktion bereits mit jedem neuen Personalausweis ausgeliefert wird. Hier ist trotzdem noch ein Kartenleser notwendig, der die ID per Kontaktleser oder RFID-Leser auslesen kann.

b) Elektronisches Siegel

366 Die Funktion des elektronischen Siegels ermöglicht eine Organisationssignatur für Behörden und Unternehmen. Damit ist es in Verbindung mit dem oben geschilderten

---

[30] BMF Schreiben vom 29.1.2004 – IV B 7 – S 7280 – 19/04 BStBl. 2004 I 258.

§ 371b ZPO möglich, dass unabhängig von der Person des Ausstellenden ohne eine zusätzlich notwendige Vollmacht bzw. ein entsprechendes Attribut oder Attributzertifikat direkt für eine Behörde elektronisch signiert werden kann. Der einzige Unterschied zwischen den Begriffen qualifiziertes elektronisches Siegel und qualifizierter elektronischer Signatur ist die Verwendung für eine Behörde statt für eine natürliche Person.

Ein solches Siegel kann von der Behörde auch dafür genutzt werden, nach ausreichender Authentifizierung des Bürgers für den Bürger in Stellvertretung Erklärungen abzugeben[31]. Bisher war dies kaum möglich, derartige Bürgerdienste anzubieten, da Zertifikate nur für natürliche Personen ausgestellt werden konnten.

c) Bewahrungsdienste

Für die Sicherung der Unveränderlichkeit von Dokumenten die qualifizierte Signatur geeignet, aber keineswegs erforderlich. Die Unveränderlichkeit von Dokumenten kann schon mit der Verknüpfung der digitalen Fingerabdrücke und einem zugehörigen Tageszeitstempel nach der TR-ESOR (TR 3125) des Bundesamts für Sicherheit in der Informationstechnik nachgewiesen werden.

Zukünftig kann die Beweissicherheit auch durch Anbieter von qualifizierten Bewahrungsdiensten nach Art. 34 der EIDAS-Verordnung erbracht werden. Dazu muss nach Art. 34 Abs. 1 der EIDAS-Verordnung die Vertrauenswürdigkeit qualifizierter elektronischer Signaturen erhalten bleiben. Zur Aufrechterhaltung der Sicherheit qualifizierter elektronischer Signaturen ist es nicht ausreichend, eine Protokollierung und Schreibschutzmaßnahmen vorzusehen, sondern es ist eine Aufrechterhaltung des kryptographischen Schutzes für die Dokumente erforderlich. Die Technik, die die technische Richtlinie TR-ESOR zur Langzeitsicherung des Beweiswertes kryptographisch gesicherter Dokumente einsetzt, entspricht wie unter → Rn. 317 gezeigt mit Hasherzeugung und qualifiziert signiertem Zeitstempel der Technik, die bei der Erstellung qualifizierter elektronischer Signaturen selbst eingesetzt wird. Daher ist damit zu rechnen, dass die Kommission ihre Verordnungsermächtigung in Art. 34 Abs. 2 dazu nutzen wird, um Vorgaben auf Basis von ETSI- und CEN-Normen zu machen, die den Regelungen des LTANS-Standards entsprechen, wie er in den RFC 4998 bzw. 6293 und der Technischen Richtlinie TR-ESOR geregelt ist.

Damit ist der Einführungszeitpunkt der Durchführungsrechtsakte zur EIDAS-Verordnung am 1.7.2016 jedoch nicht berührt, weil es sich hier um eine Kann-Bestimmung handelt und mit der Veröffentlichung des Beschlusses 2016/650[32] der letzte zwingend erforderliche Durchführungsbeschluss der Kommission erlassen worden ist.

d) Zeitstempeldienste

Die Erbringung von Zeitstempeldiensten war bisher in § 9 SigG geregelt. Die Technik entspricht der für fortgeschrittene bzw. qualifizierte Signaturen.

Der Unterschied ist jedoch, dass eigene digitale Signaturen einen Beweiswert haben, eigene Zeitstempel jedoch nicht, da nur bei Verwendung eines externen Zeitstempels das Vertrauen aller Vertragsparteien zur korrekten Ermittlung der jeweiligen Uhrzeit vorausgesetzt werden kann. Das Verstellen einer Uhrzeit vor dem Einsatz einer quali-

---

[31] *Theresa Vogt* IWP 2016, 61 ff.
[32] Durchführungsbeschluss (EU) 2016/650 der EU-Kommission vom 25. April 2016 zur Festlegung von Normen für die Sicherheitsbewertung qualifizierter Signatur- und Siegelerstellungseinheiten gemäß Art. 30 Abs. 3 und Art. 39 Abs. 2 der Verordnung (EU) Nr. 910/2014 des Europäischen Parlaments und des Rates über elektronische Identifizierung und Vertrauensdienste für elektronische Transaktionen im Binnenmarkt.

fizierten Signatur ist jedem Windows-User auf einfache Weise möglich. Daher sollten für Zwecke der Beweisführung ausschließlich Zeitstempels einer vertrauenswürdigen Zertifizierungsstelle eingesetzt werden.

372 Die Erbringung von Zeitstempeln ist in der EIDAS-Verordnung als eigener Vertrauensdienst geregelt. Auch Zeitstempel, die nicht den Status der qualifizierten Zeitstempel erreichen, sind als Beweismittel in Gerichtsverfahren zuzulassen.

373 Für qualifizierte Zeitstempeldienste sind 3 Voraussetzungen erforderlich:
aa) Er verknüpft Datum und Zeit so mit Daten, dass die Möglichkeit der unbemerkten Veränderung der Daten nach vernünftigem Ermessen ausgeschlossen ist.
Dies bedeutet zwar nicht, dass jeder Manipulationsversuch ausgeschlossen sein muss, aber dass auf jeden Fall jeder Versuch durch die technische Gestaltung des Verfahrens zwingend auffallen muss.
bb) Er beruht auf einer korrekten Zeitquelle, die mit der koordinierten Weltzeit verknüpft ist.
Bisher wurde vom BSI empfohlen, zur Ermittlung der Uhrzeit mindestens zwei verschiedene Zeitquellen zu nutzen, um zB die Beeinträchtigung des DCF77-Signals der Physikalisch-Technischen Bundesanstalt durch Störsender auszuschließen.
cc) Er wird mit einer fortgeschrittenen elektronischen Signatur unterzeichnet oder einem fortgeschrittenen elektronischen Siegel des qualifizierten Vertrauensdiensteanbieters versiegelt oder es wird ein gleichwertiges Verfahren verwendet.
Zur Erfüllung der Anforderungen an qualifizierte Zeitstempeldienste sind fortgeschrittene Signaturen oder Siegel eines qualifizierten Vertrauensdiensteanbieters erforderlich, deren Sicherheit sich nach dem Beschluss 650/2016 der EU-Kommission richtet.
Die Kommission kann für qualifizierte Zeitstempeldienste Anforderungen an die Verknüpfung der Zeitangabe mit Daten und die Ermittlung der Zeitquellen vorsehen, davon hat die Kommission bisher allerdings noch keinen Gebrauch gemacht. Es ist zu erwarten, dass die Kommission die bereits bestehenden Normen des ETSI als Durchführungsrechtsakte beschließen wird:

EN 319 421: Anforderungen an Vertrauensdiensteanbieter, wenn diese einen (qualifizierten) Zeitstempeldienst anbieten
EN 319 422: Formate und Prozeduren verbunden mit der Anfrage, Erstellung und Auslieferung von Zeitstempeln
EN 319 423: Anforderungen an die Richtlinien für die Überwachung und Evaluierung von (qualifizierten) Vertrauensdiensteanbietern, die einen (qualifizierten) Zeitstempeldienst anbieten

Zeitstempel sind auch für die künftigen qualifizierten Bewahrungsdienste erforderlich bzw. bisher für beweiswerterhaltende Langzeitarchivierung nach TR-ESOR und TR-RESISCAN.

e) Validierungsdienste

374 Validierungsdienste können nach Art. 33 EIDAS-VO nur von qualifizierten Vertrauensdiensteanbietern erbracht werden. Diese müssen in der Lage sein, die Gültigkeit von fortgeschrittenen elektronischen Signaturen bzw. Siegeln qualifizierter Vertrauensdiensteanbieter zu überprüfen und automatisiert eine Bestätigung abzurufen. Dies entspricht den Diensten, die bisher nach der deutschen Signaturverordnung den Anbietern von Zertifizierungsdiensten selbst als verpflichtender Verzeichnisdienst auferlegt war[33].

---

[33] § 4 SigVO.

f) Elektronische Einschreibe- bzw Zustelldienste

Elektronische Einschreibe- und Zustelldienste sollen den rechtssicheren Zugang von elektronischen Nachrichten sicherstellen. In Deutschland gibt es seit 2011 das DE-Mail-Gesetz, das die sichere Zustellung von Nachrichten regelt. Die Verwaltungsverfahrensgesetze des Bundes und der Länder haben, wie oben beschrieben, für die sichere Versandart nach § 5 Abs. 5 DE-Mail-Gesetzes eine Gleichstellung mit der gesetzlichen Schriftform angeordnet. Durch das E-Government-Gesetz des Bundes und – soweit vorhanden – entsprechende Regelungen der Länder sind die Behörden nach Ablauf einer Übergangsfrist gezwungen, einen DE-Mail-Account zu eröffnen.

Ab Inkrafttreten der Implementing Acts zu Einschreib- und Zustelldiensten müssen diese den Vorgaben der EIDAS-Verordnung entsprechen, wenn diese in die Trust List aufgenommen werden wollen. Die Höhe der Sicherheitsanforderungen an diese Dienste ist noch nicht klar, da in diesem Bereich auch die entsprechenden ETSI-Normen noch nicht vollständig verabschiedet sind. Ab 18.9.2018 werden diejenigen Einschreibe- und Zustelldienste in den anderen EU-Staaten anerkannt, die den Vorgaben für qualifizierte Einschreibe- bzw. Zustelldienste entsprechen.

g) Websiteauthentifizierung

Im Bereich Websiteauthentifizierung nach Art. 45 EIDAS-VO sind noch keine Durchführungsrechtsakte ergangen.

§ 8 Datenschutz und IT-Sicherheit

I. Rechtlicher Rahmen

Der rechtliche Rahmen im Bereich der IT-Sicherheit wurde in der Vergangenheit in erster Linie durch das Bundesdatenschutzgesetz für Unternehmen und Bundesbehörden sowie für Landesbehörden durch die Landesdatenschutzgesetze bestimmt. Dort sind technische und organisatorische Maßnahmen bestimmt, die im Bereich des Datenschutzes und der Datensicherheit umzusetzen sind. Zusätzliche Anforderungen legen für den Bereich der Kommunikation das Telekommunikationsgesetz und das Telemediengesetz fest sowie die jeweiligen Fachgesetze, wie zB die umfangreichen Datenschutzregelungen in den Polizei- und Ordnungsgesetzen der Länder, in den Meldegesetzen oder im Bereich des Sozialdatenschutzes im Sozialgesetzbuch.

378

1. BDSG

Das Bundesdatenschutzgesetz verlangt im Anhang zu § 9 BDSG bisher die Umsetzung der **technisch-organisatorischen Maßnahmen.** Die Maßnahmen müssen nur insoweit umgesetzt werden, als sie im Hinblick auf die zu schützenden Daten verhältnismäßig sind.

379

„1. Unbefugten den Zutritt zu Datenverarbeitungsanlagen, mit denen personenbezogene Daten verarbeitet oder genutzt werden, zu verwehren (Zutrittskontrolle),
2. zu verhindern, dass Datenverarbeitungssysteme von Unbefugten genutzt werden können (Zugangskontrolle),
3. zu gewährleisten, dass die zur Benutzung eines Datenverarbeitungssystems Berechtigten ausschließlich auf die ihrer Zugriffsberechtigung unterliegenden Daten zugreifen können, und dass personenbezogene Daten bei der Verarbeitung, Nutzung und nach der Speicherung nicht unbefugt gelesen, kopiert, verändert oder entfernt werden können (Zugriffskontrolle),
4. zu gewährleisten, dass personenbezogene Daten bei der elektronischen Übertragung oder während ihres Transports oder ihrer Speicherung auf Datenträger nicht unbefugt gelesen, kopiert, verändert oder entfernt werden können, und dass überprüft und festgestellt werden kann, an welche Stellen eine Übermittlung personenbezogener Daten durch Einrichtungen zur Datenübertragung vorgesehen ist (Weitergabekontrolle),
5. zu gewährleisten, dass nachträglich überprüft und festgestellt werden kann, ob und von wem personenbezogene Daten in Datenverarbeitungssysteme eingegeben, verändert oder entfernt worden sind (Eingabekontrolle),
6. zu gewährleisten, dass personenbezogene Daten, die im Auftrag verarbeitet werden, nur entsprechend den Weisungen des Auftraggebers verarbeitet werden können (Auftragskontrolle),
7. zu gewährleisten, dass personenbezogene Daten gegen zufällige Zerstörung oder Verlust geschützt sind (Verfügbarkeitskontrolle),
8. zu gewährleisten, dass zu unterschiedlichen Zwecken erhobene Daten getrennt verarbeitet werden können.
Eine Maßnahme nach Satz 2 Nummer 2 bis 4 ist insbesondere die Verwendung von dem Stand der Technik entsprechenden Verschlüsselungsverfahren."

Im Bereich der elektronischen Kommunikation gibt es jedoch bisher keine Vorschriften des Bundesdatenschutzgesetzes außer dem unter → Rn. 379 stehenden Hinweis in der Anlage zu § 9, zwingend Verschlüsselung einzusetzen. Die technisch-organisatorischen Maßnahmen sind jedoch bei der Kommunikation in paketvermittelten offenen Datennetzen nur dann zu erfüllen, wenn eine wirksame Verschlüsselung eingesetzt wird.

380

2. Landesdatenschutzgesetze

381 Demgegenüber ist es in manchen Landesdatenschutzgesetzen verpflichtend, bei der externen Kommunikation von Landesbehörden eine Verschlüsselung einzusetzen, wie zB in § 22 LDSG MV. Der Bund und die Länder haben bisher darauf verzichtet, die internen Datennetze mit einer Grundverschlüsselung auszustatten, sondern vertrauen darauf, dass bei höherem Schutzbedarf eine Verschlüsselung der fachspezifischen Anwendung oder eine Transportverschlüsselung für bestimmte Empfänger erfolgt.

3. Telemediengesetz

382 Das Telemediengesetz verlangt in § 13 Abs. 3, dass der Nutzer Tele- und Mediendienste geschützt egen die Kenntnisnahme Dritter in Anspruch nehmen kann. Damit müssen sowohl angezeigte Informationen als auch Formulare, bei denen die Eingabe personengezogener Daten erwartet wird, verschlüsselt werden. Das TMG weist in dem 2015 mit dem IT-Sicherheitsgesetz neu geschaffenen § 13 Abs. 7 S. 3 darauf hin, dass Schutz gegen Datenschutzverletzungen, Störungen und unerlaubte Zugriffe, insbesondere durch die Anwendung eines als sicher anerkannten Verschlüsselungsverfahrens, erreicht werden kann. Beim Angebot von Dienstleistungen über Webschnittstellen wie DE-Mail, einer virtuellen Poststelle der Verwaltung oder auch dem besonderen elektronischen Anwalts- oder Behördenpostfach ist das Telemediengesetz anwendbar.

4. EU-Datenschutzgrundverordnung

383 Die EU-Datenschutzgrundverordnung vom 27.4.2016, die am 4.5.2016 im Amtsblatt der EU veröffentlicht wurde, am 24.5.2016 in Kraft getreten ist und am 25.5.2018 vollständig anwendbar wird, wird in wesentlichen Teilen das Bundesdatenschutzgesetz ablösen. Dort sind nur noch diejenigen Regeln enthalten, die nach der EU-Verordnung der gesonderten Regelung durch die Mitgliedsstaaten vorbehalten sind. Deutschland wird versuchen, trotz einer 2-jährigen Übergangsfrist bereits innerhalb von 12 Monaten die Weichen für ein neues Datenschutzrecht zu schaffen, um möglichst schnell Rechtssicherheit für die Unternehmen und Behörden zu schaffen.

384 Zukünftig verfolgt die EU-Datenschutzgrundverordnung den Ansatz „Datenschutz durch Technik" in Art. 25 und (bei Auftragsdatenverarbeitung = ADV) Art. 32 der Verordnung. Damit hat der für das Verfahren Verantwortliche für die Sicherheit der Datenverarbeitung zu sorgen und die unbefugte Kenntnisnahme durch Maßnahmen nach dem Stand der Technik zu verhindern. Solche Maßnahmen bei der Auftragsdatenverarbeitung nach Art. 32 Abs. 2 sind insbesondere:
- *Pseudonymisierung und Verschlüsselung*
- *Vertraulichkeit, Integrität, Verfügbarkeit und Belastbarkeit der Systeme und Dienste auf Dauer*
- *Zugang und Verfügbarkeit sowie Wiederherstellung bei einem physischen oder technischen Zwischenfall;*
- *regelmäßige Überprüfung der technischen und organisatorischen Maßnahmen zur Gewährleistung der Sicherheit*

385 Diese Verpflichtungen sind ernst zu nehmen, sowohl für den Verantwortlichen als auch für den Auftragsverarbeiter: Der Rahmen für Bußgelder wurde von derzeit 300.000 EUR auf zukünftig 20 Mio. EUR bzw. 4 % des weltweiten Umsatzes (höherer Betrag zählt) angehoben[1]. Die Verantwortlichkeit der Auftragsverarbeiter gegenüber

---

[1] Artikel 83 Abs. 5 der Verordnung.

I. Rechtlicher Rahmen

Dritten ist nicht mehr wie im Bundesdatenschutzgesetz weitgehend auf Regressansprüche beschränkt[2].

International wird die EU-Datenschutzverordnung EU-Bürger zukünftig auch bei Angeboten aus dem Nicht-EU-Ausland besser schützen.

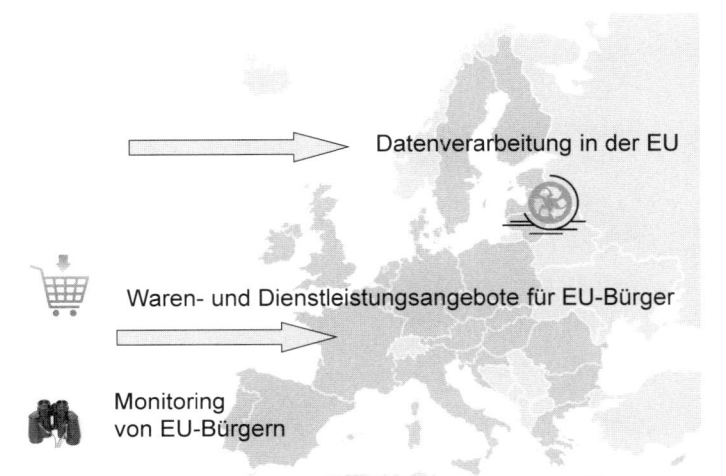

386

Datenverarbeitung in der EU

Waren- und Dienstleistungsangebote für EU-Bürger

Monitoring von EU-Bürgern

Verarbeitung nach Recht eines Mitgliedsstaates

So gilt die Verordnung nach Art. 3 Abs. 2 unter anderem auch für Waren- und Dienstleistungsangebote für EU-Bürger sowie für das Monitoring von EU-Bürgern durch zB Auskunftsdienste aus Drittstaaten.

387

Die Verordnung bietet mit neuen Regeln zu **Binding Corporate Rules** und **Standardvertragsklauseln** Möglichkeiten zur Datenübertragung in Drittstaaten an. Wie es allerdings mit der vereinfachten Datenübertragung nach dem Ende von Safe Harbor weitergeht, ist ungewiss. Nach der Begründung des Europäischen Gerichtshofes stehen auch die bisherigen Standardvertragsklauseln und die Binding Corporate Rules sowie ihre Nachfolgeregelungen in der neuen Verordnung auf tönernen Füßen[3].

388

Die Nachfolgevereinbarung **EU-US Privacy Shield** ist nach Stand 1.6.2016 noch nicht einmal in Kraft getreten, da zweifelt die irische Datenschutzaufsichtsbehörde bereits an der Vereinbarkeit mit dem EU-Recht und will diese wieder dem Europäischen Gerichtshof zur Prüfung vorlegen[4].

389

---

[2] Artikel 82 Abs. 1 der Verordnung.
[3] *Emmert*, Europäische und nationale Regulierungen, Konsequenzen für den Datenschutz nach dem Ende von Safe Harbor, DuD Datenschutz und Datensicherheit 2016, S. 34.
[4] *Heise News/Martin Holland*, 25.5.2016, http://AaO.heise.de/newsticker/meldung/Nach-Safe-Harbor-Facebooks-Datentransfer-soll-wieder-vor-den-EuGH-3218186.html.

390 Praxistipp: Kritische Infrastrukturen (KRITIS)

Infrastrukturen, die von hoher Bedeutung für das Funktionieren des Gemeinwesens sind, weil durch ihren Ausfall oder ihre Beeinträchtigung erhebliche Versorgungsengpässe oder Gefährdungen für die öffentliche Sicherheit eintreten würden.

Gesundheit	Rasse oder ethnische Herkunft	Politische Überzeugungen
Sexualleben	Religions- oder Glaubenszugehörigkeit	Genetische Eigenschaften
Strafurteile oder damit zusammenhängende Sicherungsmaßregeln		Zugehörigkeit zu einer Gewerkschaft

391 Übersicht: BSI-Kritis-Verordnung
- Verordnung vom 22.4.2016, veröffentlicht im BGBl vom 2.5.2016
- Bestimmung der Größengrenzen für kritische Infrastrukturen

392 Änderungen für alle Telemediendienste

Diensteanbieter haben, soweit dies technisch möglich und wirtschaftlich zumutbar ist, im Rahmen ihrer jeweiligen Verantwortlichkeit für geschäftsmäßig angebotene Telemedien durch technische und organisatorische Vorkehrungen sicherzustellen, dass
1. kein unerlaubter Zugriff auf die für ihre Telemedienangebote genutzten technischen Einrichtungen möglich ist und
2. diese
   a) gegen Verletzungen des Schutzes personenbezogener Daten und
   b) gegen Störungen, auch soweit sie durch äußere Angriffe bedingt sind, gesichert sind.

Vorkehrungen nach Satz 1 müssen den Stand der Technik berücksichtigen. Eine Maßnahme nach Satz 1 ist insbesondere die Anwendung eines als sicher anerkannten Verschlüsselungsverfahrens.

393 Übersicht: Neue EU-Datenschutzgrundverordnung
- Veröffentlicht im Amtsblatt der EU am 4.5.2016, L 119/1;
- http://eur-lex.europa.eu/legal-content/DE/TXT/HTML/?uri=CELEX:32016R0679&from=DE
- Einheitliche Regelung für ganze EU
- Richtlinie 95/46/EU aus 1995 wird aufgehoben
- Tritt am 25.5.2018 in Kraft
- BDSG wird bis 2017 angepasst und nur noch Ausnahmeregelungen zur Verordnung enthalten

I. Rechtlicher Rahmen 394–397 § 8

Übersicht: Datenschutzgrundsätze 394

- Rechtmäßigkeit
- Treu und Glauben
- Transparenz
- Zweckbindung
- Datenminimierung
- Richtigkeit
- Aktualität
- Speicherminimierung
- Wirksamkeit (Rechtewahrnehmung Betroffener)
- Integrität
- Rechenschaftspflicht

Europäisches Datenschutzniveau: 395

- Die EU-Datenschutzrichtlinie 95/46/EG verlangt, dass personenbezogene Daten nur in Länder mit gleichem Datenschutzniveau übertragen werden dürfen.
- generelle Anerkennung zB Schweiz, Norwegen
- EuGH: Veröffentlichung im Internet keine Übertragung aus der EU
- Cloud-Dienste nur außerhalb der EU erlaubt, wenn Selbstverpflichtungserklärungen abgegeben wurden und Vereinbarungen getroffen sind, dass europäisches Datenschutzniveau eingehalten wird

Übersicht: Länder mit EU-Datenschutzniveau 396

- Andorra
- Argentinien
- Kanada
- Schweiz
- Färöer-Inseln
- Guernsey
- Isle of Man
- Jersey
- Israel (seit 2011)
- teilweise sind folgende Drittstaaten als sicher anerkannt:
  – Australien: in Bezug auf die Übermittlung von Passenger Name Records (PNR)
  – USA: in Bezug auf „**EU Privacy Shield**" und auf die Übermittlung von Passenger Name Records (PNR)

Übersicht: Datenübermittlung in Drittländer, Art. 46 397

- Sichere Drittländer Art. 45
  – Entscheidung der EU-Kommission
  – Veröffentlichung im Amtsblatt der EU
- Binding Corporate Rules Art. 47
- Europäisches Datenschutzsiegel für Verantwortlichen oder Auftragsverarbeiter Art. 42
- Von Aufsichtsbehörde oder EU-Kommission nach Art. 93 angenommene Standarddatenschutzklauseln
- Genehmigte Verhaltensregeln Art. 40
- Rechtlich durchsetzbares Dokument zwischen Behörden

398 Übersicht: Safe Harbour bis 6.10.2015

- Selbstverpflichtungserklärung von Unternehmen außerhalb der EU zur Einhaltung europäischer Datenschutzstandards
- politischer Kompromiss mit USA
- Liste beim amerikanischen Handelsministerium im Internet verfügbar
- Durch EuGH in der Rechtssache Max Schrems/Facebook wegen NSA-Überwachung aufgehoben (C-362/1 4 Maximilian Schrems/Data Protection Commissioner)
- Nachfolgeregelung **EU US Privacy Shield**
- Keine signifikante Verbesserung des Datenschutzes gegenüber Safe Harbor

399 Übersicht: EU-US Privacy Shield neu

- Angemessenheitsentscheidung der EU-Kommission
- In Kraft seit 12.7.2016
- http://ec.europa.eu/justice/data-protection/files/privacy-shield-adequacy-decision_en.pdf
- Pressemitteilung http://europa.eu/rapid/press-release_IP-16-2461_de.htm
- Eintragung für amerikanische Unternehmen ab 1.8.2016
- Überwachung durch US-Handelsministerium
- Verpflichtung zur Veröffentlichung von Unternehmensdatenschutz-Richtlinien. Verstöße sind in den USA durch eine staatliche Kommission verfolgbar.
- Bei Verarbeitung von Personaldaten Entscheidungen europäischer Datenschutzbehörden zu beachten.
- Die USA haben schriftlich erklärt, den Zugriff von staatlichen Stellen zu limitieren und Schutzmechanismen zu ergreifen.
- Zugriffe dürfen nur noch in Ausnahmefällen und in einem Umfang erfolgen, der notwendig und verhältnismäßig ist. Keine Massenüberwachung, jährliche Prüfung US-Unternehmen müssen innerhalb gewisser Fristen auf Beschwerden von Bürgern reagieren.
- Beschwerden können von europäischen Datenschutzbehörden u.a. an das US-Handelsministerium weitergegeben werden.
- Für Beschwerden gegen US-amerikanische Geheimdienste soll ein Ombudsmann zuständig werden.
- Heise News hat am 25.05.2016 eine Ankündigung der irischen Datenschutzaufsicht veröffentlicht, dass das EU Privacy Shield dem EuGH vorgelegt werden solle.[5]
- Darüber hinaus hat Heise News am 30.05.2016 berichtet, der EU-Datenschutzbeauftragte halte EU Privacy Shield auch für ungenügend.[6]

400 Übersicht: EU Standardvertragsklauseln

- Neufassung seit 15.5.2010
- Datenschutzkonforme Regelung für Verträge mit Drittstaaten, die kein gleiches Datenschutzniveau zur EU aufweisen
- Seit Neuregelung Auftragsdatenverarbeitung möglich

---

[5] www.heise.de/newsticker/meldung/Nach-Safe-Harbor-Facebooks-Datentransfer-soll-wieder-vor-den-EuGH-3218186.html)

[6] www.heise.de/newsticker/meldung/Privacy-Shield-Auch-EU-Datenschutzbeauftragter-weist-Safe-Harbor-Nachfolger-zurueck-3222856.html)

- Schiedsklauseln gestrichen
- http://ec.europa.eu/justice/policies/privacy/docs/modelcontracts/c_2010_593/c_2010_0593_de.doc

Übersicht: Neue EU-DSGVO: Ausnahmen 401
- Tätigkeit, die nicht dem Unionsrecht unterliegt
- Durch EU-Institutionen
- Durch Mitgliedsstaaten im Bereich der Außen- und Sicherheitspolitik
- Von einer natürlichen Person zu ausschließlich persönlichen oder familiären Zwecken
  – Gilt auch bei Veröffentlichung mit begrenztem Zugang
- Verhütung Aufdeckung Verfolgung von Straftaten

Übersicht: Ausnahmen sensible Daten EU-DSGVO 402
- Einwilligung
- Arbeitsrecht
- Schutz lebenswichtiger Interessen
- Gesundheitszwecke
- Verarbeitung von Daten über Strafurteile oder damit zusammenhängende
- Sicherungsmaßregeln entweder unter behördlicher Aufsicht oder aufgrund einer gesetzlichen oder rechtlichen Verpflichtung

Praxisbedeutung: US-Behörden dürfen auf europäische Cloud-Daten zugreifen 403

Cloud-Anbieter wie Microsoft müssen US-Strafverfolgungsbehörden Zugriff auf von Kunden gespeicherte Daten gewähren, berichtet der US-Branchendienst *ZDNet*. Das betrifft auch in der EU ansässige Firmen und in europäischen Rechenzentren liegende Daten, wie Microsofts britischer Direktor Gordon Frazer anlässlich der Markteinführung von Microsofts Office 365 in London erklärte. Er antwortete damit auf die Frage, ob Microsoft zusichern könne, dass in seinen EU-Rechenzentren gespeicherte Daten Europa niemals verlassen könnten.[7]

Praxisbedeutung: Fall Microsoft 404

Microsoft hat im Streit um den Zugriff auf Nutzerdaten einen wichtigen Sieg gegen die US-Regierung errungen. Ein US-Berufungsgericht hat am Donnerstag eine Anordnung der Vorinstanz aufgehoben, mit der Microsoft zur Herausgabe von Nutzerdaten aus einem europäischen Rechenzentrum gezwungen werden sollte. Das angewandte Gesetz gebe Gerichten keine Handhabe, die Herausgabe von Daten anzuordnen, die ausschließlich auf Servern in Drittländern gespeichert seien, heißt es in dem Urteil des US Court of Appeals for the 2nd Circuit in New York (Microsoft vs United States, 2nd U.S. Circuit Court of Appeals, No. 14-2985).

405 Praxisbedeutung: Lösungen für Clouds im Nicht-EU-Ausland/durch Nicht-EU-Firmen
- Vereinbarung der EU-Standardvertragsklauseln
- Ggf. Vereinbarung von Unterauftragsverhältnissen nach den neuen Standardvertragsklauseln von 2010

---

[7] www.heise.de/ix/meldung/US-Behoerden-duerfen-auf-europaeische-Cloud-Daten-zugreifen-1270455.html)

- Transport- und Nutzdatenverschlüsselung der im Ausland gelagerten Daten
- Einwilligung sämtlicher Betroffener in die Datenverarbeitung
- Trustee-Modell Zugriffsrechte nur aus der EU (Bsp. Microsoft/Telekom)

406 Praxisbedeutung: Neue Möglichkeiten der EU-DSGVO
- Teilweise Vereinbarungen von Standardvertragsklauseln
- Einbeziehung von Kunden und Lieferanten in Binding Corporate Rules
- Direkte Geltung der EU-DSGVO für Unternehmen aus Drittstaaten bei Verkauf oder Leistung an EU-Bürger
- Branchenweite Standards
- Zertifizierungen von akkreditierten Zertifizierungsstellen

407 Praxisbedeutung: Art. 43 Zertifizierungsstellen
- Prüfung durch Aufsichtsbehörden bzw. Nationale Akkreditierungsstellen
- Akkreditierung setzt voraus:
  - Dokumentiertes Verfahren
  - Unabhängigkeit
  - Fachkunde
  - Beschwerdemanagement
- Akkreditierung kann entzogen werden
- Aufsichtsbehörden können Kriterien festlegen, EU-Kommission kann Rechtsakte erlassen

408 Praxisbedeutung: Cloud-Verschlüsselung
- Container-Lösungen taugen wenig für den Einsatz in Cloud-Umgebungen, da Container meistens offen sind
- Einzeldateiverschlüsselung ist zu umständlich
- Daher:
- Auslagerung von bereits beim Client verschlüsselten Daten

409 Beispiele für Cloud-Verschlüsselung

PanBox

Open Source Fraunhofer Institut / Sirrix Verschlüsselung vor Upload

boxcryptor

Für Android, IOS, Mac, Windows, Blackberry, Windows Phone
Verschlüsselung vor Upload

tresorit

Schweizer Sicherheitsfirma Verschlüsselung vor Upload

Waren bisher besonders schützenswerte Daten nach § 3 Abs. 9 durch Sonderregelungen geschützt, werden sensible Daten nach Art. 9 der Verordnung dadurch geschützt, dass eine Verarbeitung verboten ist, sofern kein gesetzlicher Erlaubnistatbestand vorhanden ist.

II. Technische Sicherheitsmaßnahmen im Bereich des ERV

1. Verschlüsselung und Schlüsselstärke

Vertrauliche Dokumente, insbesondere bei Bestehen besondere gesetzliche Geheimhaltungsverpflichtungen wie zB § 30 AO oder § 203 Abs. 1 bzw. Abs. 2 StGB, sollten in jedem Fall nicht unverschlüsselt, sondern mit ausreichender technischer Sicherheit verschlüsselt werden. Die Schlüsselstärke sollte sich dabei an den Empfehlungen des Bundesamts für Sicherheit in der Informationstechnik bzw. den nach der EU-Signaturverordnung für die Sicherheit der eID- und Signaturverfahren zuständigen Stellen orientieren.

2. TLS/SSL-Sicherheit

Neben der Schlüsselstärke ist aber auch der störungsfreie Aufbau der gesicherten Verbindung und die gegenseitige sichere Authentifizierung erforderlich. Das **TLS-Verfahren** (Transport Layer Security), das als Nachfolger des SSL-Verfahrens (Secure Socket Layer) zur sicheren Verbindung zu Webbrowsern eingesetzt wird, setzt auf die Authentifizierung des Servers durch ein von einer Zertifizierungsstelle anerkanntes Webzertifikat. Das Zertifikat des Webzertifikatsanbieters ist entweder direkt in den gängigen Webbrowsern gespeichert oder von einem der Zertifikatsanbieter aus den dort gespeicherten Zertifikaten als vertrauenswürdig bestätigt worden.

Dagegen wird bei einer neu aufgebauten TLS-Verbindung die Identität des Clients nicht überprüft. Daher ist durch Eingabe von Nutzernamen und Passwort oder durch anderweitige Identifizierung auf Anwendungsebene zu verhindern, dass der unberechtigte Zugriff möglich ist. Beim Verbindungsaufbau muss verhindert werden, dass ein so genannter **Man-in-the-middle-Angriff** (MITM) stattfindet. Da der Server auf Verbindungsebene den Client nicht erkennt, kann ein böswilliger Dritter versuchen, die Verbindung über seinen Rechner umzuleiten. Der häufigste Angriff beruht darauf, dass auch heute noch die meisten Domain Name Service (DNS) Anfragen ungesichert sind, dh die Übersetzung von Domainname in IP-Adresse auf der Basis der Antwort eines x-beliebigen Servers vorgenommen wird. Die Autorisierung, ob dieser Server vertrauenswürdig ist, wird dabei nicht erwartet, es wird bei dem normalen DNS-Dienst der ersten Antwort auf die Anfrage vertraut.

Das nächste Problem besteht im nachlässigen Umgang mit TLS-Zertifikaten. Viele Nutzer prüfen die Zertifikate auch bei Übertragung wichtiger Daten nicht und wissen auch zu wenig über die Funktionsweise von Zertifikaten. Die einzige sichere Methode zur Verhinderung derartiger Angriffe ist entweder die Verwendung von Clientzertifikaten der Nutzer oder die Prüfung der Serverzertifikate durch die Nutzer und der sofortige Abbruch der Verbindung bei unrichtigem Zertifikat.

> Bei wichtigen Transaktionen wie **ERV** oder **Online-/Homebanking** sollte man sich daher das Zertifikat (genauer den digitalen Fingerabdruck des öffentlichen Schlüssels der Bank) auf sichere Weise besorgen und jeweils bis zum Ablaufdatum auf den unveränderten Schlüssel achten.

3. Verhinderung von Identitätstäuschung

415 Zweites Problem ist, dass für die rechtsverbindliche Kommunikation die sichere Identifizierung des Nutzers bei der Erstregistrierung notwendig ist. Es sind sichere Maßnahmen zur Identitätstäuschung, dh zur Verhinderung der Anmeldung unter falschem oder anderem Namen erforderlich.

Dies bedeutet, dass zur sicheren elektronischen Kommunikation 3 Maßnahmen erforderlich sind, mit dem Zweck der nachfolgenden rechtssicheren Archivierung sogar 4:
1. Sichere Authentifizierung des anderen Kommunikationspartners bei der erstmaligen Verbindungsaufnahme.
2. Sicherstellung einer direkten Verbindung bei der Verbindungsaufnahme.
3. Sicherstellung ausreichender Verschlüsselung gegen unbefugte Kenntnisnahme.
4. Zur Archivierung und Aufbewahrung kommt die Unveränderbarkeit der gespeicherten Daten hinzu.

416 Webbasierte gesicherte Systeme zur elektronischen Kommunikation wie DE-Mail, das **besondere elektronische Anwalts- oder Behördenpostfach oder die virtuelle Poststelle** müssen sich an diesen Anforderungen messen lassen. Bei der webbasierten Kommunikation wird meistens eine reine Transportverschlüsselung eingesetzt, was zur Folge hat, dass die Daten beim Empfänger unverschlüsselt gespeichert werden. Die Verschlüsselung mit einem Public Key Verfahren mit dem öffentlichen Schlüssel des Empfängers ist die sicherste Variante, setzt jedoch einen Schlüssel des Empfängers und dessen Eintrag in das Teilnehmerverzeichnis einer vertrauenswürdigen Zertifizierungsstelle voraus. Seit der Änderung des Signaturgesetzes 2001 haftet die Zertifizierungsstelle auch für fehlerhafte Zuordnungen direkt nach dem Signaturgesetz und unterliegt einer Versicherungspflicht, was vorher nur über Regeln des allgemeinen Zivilrechts der Fall war[3].

417 Bei **DE-Mail** ist seit April 2015 auch die zusätzliche **Ende-zu-Ende-Verschlüsselung** mit PGP möglich, zuvor war eine reine Transportverschlüsselung im Einsatz, die zudem bei jedem Provider aufgebrochen wurde.

418 Beim **besonderen elektronischen Anwaltspostfach** wird ebenfalls eine Transportverschlüsselung eingesetzt. Die zusätzliche Verschlüsselung mit einem Zwei-Schlüssel-Verfahren ist nicht vorgeschrieben[9]. Bis 31.12.2017 muss zudem für die Authentifizierung der Nachricht eine qualifizierte elektronische Signatur eingesetzt werden. Ab 1.1.2018 ist wie bei DE-Mail der Transport über das System mit entsprechender Protokollierung für den Nachweis und die Erfüllung der Formerfordernisse ausreichend.

419 Zur Authentifizierung werden digitale Signaturen bzw. Siegel eingesetzt, die auch mit Hilfe von Zeitstempeln und Hashverfahren zur langfristigen Archivierung ohne Beweiswertverlust eingesetzt werden können. Nachfolgend werden die rechtlichen und technischen Voraussetzungen und Rechtsfolgen dieser Verfahren beschrieben.

420 Höhere Anforderungen als normale Unternehmen und Privatnutzer haben dabei zum einen öffentlicher Dienst und Freiberufler durch die Einhaltung von **§ 203 StGB** zu beachten, zum anderen Unternehmen die nach dem **IT-Sicherheitsgesetz** von 2015 zu erhöhten Sicherheitsvorkehrungen verpflichtet sind[10].

421 Das IT-Sicherheitsgesetz stellt vor allem für Betreiber so genannter „kritischer Infrastrukturen" erhöhte Anforderungen an die IT-Sicherheit, insbesondere die Erstellung von Sicherheitskonzepten und die Meldung von Sicherheitsvorfällen. Die Anwendungsbereiche sind jedoch je nach Branche unterschiedlich, wie die folgenden beiden Tabellen des BSI[11] zeigen:

---

[8] *Emmert*, Computer und Recht, 1999, S 7.
[9] Die Funktionsweise wird unter → Rn. 56 ff. erklärt.
[10] BGBl. I 2015, 1324 vom 17.7.2015; hierzu *Emmert* DuD 2016, 34.
[11] www.kritis.bund.de/SubSites/Kritis/DE/Rechtsrahmen/IT-SiG_node.html.

II. Technische Sicherheitsmaßnahmen im Bereich des ERV   421   § 8

Teil 1		
	Pflicht zur Umsetzung IT-Sicherheit nach Stand der Technik	**Pflicht zur Überprüfung der Absicherung (zB durch Audit)**
KRITIS-Betreiber gemäß BSI-Kritisverordnung (bis auf die nachfolgend aufgelisteten Sonderfälle)	Ja. Konkretisierung in Branchen möglich. Spätestens 2 Jahre nach Inkrafttreten der Verordnung.	Ja. Überprüfung und Nachweis alle 2 Jahre, erstmalig 2 Jahre nach Inkrafttreten der Verordnung.
Öffentliche Telekommunikationsnetze gemäß BSI-Kritisverordnung	Ja. Konkretisierung durch IT-Sicherheitskatalog nach § 109 TKG. (Altregelung)	BNetzA überprüft Umsetzung alle 2 Jahre.
Öffentliche Telekommunikationsnetze (sonstige Betreiber)	Ja. Konkretisierung durch IT-Sicherheitskatalog nach § 109 TKG. (Altregelung)	BNetzA überprüft Umsetzung alle 2 Jahre.
Energieversorgungsnetze gemäß BSI-Kritisverordnung	Ja. Konkretisierung durch IT-Sicherheitskatalog nach § 11 (1a) EnWG (Erweiterung einer Altregelung)	Ja. Konkretisierung durch IT-Sicherheitskatalog nach § 11 (1a) EnWG
Energieversorgungsnetze (sonstige Betreiber)	Ja. Konkretisierung durch IT-Sicherheitskatalog nach § 11 (1a) EnWG (Erweiterung einer Altregelung)	Ja. Konkretisierung durch IT-Sicherheitskatalog nach § 11 (1a) EnWG
Energieanlagen gemäß BSI-Kritisverordnung	Ja. Konkretisierung durch IT-Sicherheitskatalog nach § 11 (1b) EnWG	Ja. Konkretisierung durch IT-Sicherheitskatalog nach § 11 (1b) EnWG
Genehmigungsinhaber nach §§ 6, 7 oder 9 Atomgesetz (zB Kernkraftwerke, atomare Lager)	Ja. (Keine Änderung zum bestehenden Atomgesetz.)	Ja. (Keine Änderung zum bestehenden Atomgesetz.)

Teil 2			
	Unverzüglich Versorgung mit relevanten Informationen durch BSI	**Meldpflicht von IT-Sicherheitsvorfällen**	**Möglichkeit der Beratung und Unterstützung durch das BSI**
KRITIS-Betreiber gemäß BSI-Kritisverordnung (bis auf die nachfolgend aufgelisteten Sonderfälle)	Ja.	Ja. Spätestens ½ Jahr nach Inkrafttreten der Verordnung.	Ja.
Öffentliche Telekommunikationsnetze gemäß BSI-Kritisverordnung	Ja.	Ja, sofort. Meldepflicht an die BNetzA (Erweiterung einer Altregelung)	Ja.

109

	Teil 2		
	Unverzüglich Versorgung mit relevanten Informationen durch BSI	Meldepflicht von IT-Sicherheitsvorfällen	Möglichkeit der Beratung und Unterstützung durch das BSI
Öffentliche Telekommunikationsnetze (sonstige Betreiber)	Nein.	Ja, sofort. Meldepflicht an die BNetzA (Erweiterung einer Altregelung)	Nein.
Energieversorgungsnetze gemäß BSI-Kritisverordnung	Ja.	Ja. Mit Inkrafttreten der Verordnung.	Ja.
Energieversorgungsnetze (sonstige Betreiber)	Nein.	Nein.	Nein.
Energieanlagen gemäß BSI-Kritisverordnung	Ja.	Ja. Mit Inkrafttreten der Verordnung.	Ja.
Genehmigungsinhaber nach §§ 6, 7 oder 9 Atomgesetz (zB Kernkraftwerke, atomare Lager)	Ja.	Ja (seit 25.7.2015).	Nein. Es sei denn, sie sind KRITIS-Betreiber.

422 Die Zahl der betroffenen Unternehmen und Institutionen beträgt nach der Schätzung des Bundeswirtschaftsministeriums in der Gesetzesbegründung ca. 2000[12]. Am 22.4.2016 ist die Kritis-Verordnung im Bundesgesetzblatt veröffentlicht worden[13], die die Größengrenzen für betroffene Unternehmen in den 7 Sektoren des IT-Sicherheitsgesetzes definiert.

423 Am 17.5.2016 hatte der Rat der Europäischen Union neue Vorschriften zur Verstärkung der Sicherheit von Netz- und Informationssystem in der EU förmlich angenommen. Das Europäische Parlament hat am 6.7.2016 der **Richtlinie über Netz- und Informationssicherheit (NIS-Richtlinie)** zugestimmt. Nach der Veröffentlichung am 19.7.2016 im Amtsblatt der Europäischen Union tritt diese nunmehr am 8.8.2016 in Kraft. Die Richtlinie stärkt die Zusammenarbeit zwischen den Mitgliedstaaten in den zentralen Fragen der Cyber-Security. Regelungszweck ist die Schaffung eines europaweiten Mindestsicherheitsniveaus für digitale Technologien, Netze und Dienste in den Mitgliedstaaten. Die Richtlinie erlegt den Betreibern wesentlicher Dienste – im kritischen Sektoren wie Energie, Verkehr, Finanzen und Gesundheit – und den Anbietern digitaler Dienste Sicherheitspflichten auf zu Letzteren gehören

- Online- Marktplätze wie zB Amazon oder eBay
- Online-Suchmaschinen wie zB Google
- Cloud-Computing-Dienste.

424 Gemeinsam mit der **Agentur der Europäischen Union für Netz- und Informationssicherheit (ENISA)** hatte niederländische Vorsitz die Umsetzung der Richtlinie eingeleitet.

425 Im Wesentlichen werden die Richtliniengegenstände bereits durch das nationale IT-Sicherheitsgesetzes abgedeckt; Anpassungsbedarf wird sich aber mit Blick auf Meldepflichten in Bezug auf Web-Dienste ergeben. Neu ist auch das durch die Richtlinie er-

---

[12] BT-Drs. 18/4096, 4, http://dip21.bundestag.de/dip21/btd/18/040/1804096.pdf.
[13] BGBl. 2016 I, 958.

richtete Netzwerk von Computer-Notfallteams (Computer Security Incident Response Teams /CSIRTs). Diese haben ua geeignete und verhältnismäßige technische und organisatorische Maßnahmen zu treffen, um die Risiken für die Sicherheit zu bewältigen. Dabei wird der aus dem IT-Sicherheitsgesetz bekannte „Stand der Technik" in Ansatz zu bringen sein. Außerdem werden vorbeugende Maßnahmen gegen seine Angriffe zu treffen sein und eine Meldepflicht von Sinngehalt relevanten Vorfällen, wonach die Behörde die Öffentlichkeit selbstständig unterrichten kann.

4. Arbeitsrichtlinien IT-Sicherheit und Datenschutz

Zur Nutzung des elektronischen Rechtsverkehrs sollten Aspekte der IT-Sicherheit und des Datenschutzes die Hauptrolle bei der Auswahl der jeweils geeigneten Kommunikationsmittel spielen. Es sollte beachtet werden, dass die vor 2012 als sicher betrachteten Kommunikationsmittel Telefon und Fax neben der unverschlüsselten E-Mail ebenfalls zahlreichen Abhörmaßnahmen und Angriffen ausgesetzt sein können, nicht zuletzt durch ausländische Geheimdienste wie der NSA[14]. Zumindest für die interne Kommunikation und die Kommunikation mit Außenstellen des eigenen Büros, der Behörde oder des Unternehmens sollte verschlüsselte Sprach- und Datenkommunikation eingesetzt werden[15].

Zur Kommunikation mit externen Stellen sollten personenbezogene Daten und Verschwiegenheits- bzw. Geheimhaltungspflichten unterliegende Daten nur in verschlüsselter Form übertragen werden. Soweit dafür eine reine Transportverschlüsselung eingesetzt wird, ist darauf zu achten, dass die Speicherung beim Empfänger sowie unterwegs ausreichende technische Sicherheit bietet. Dies ist bei Nutzung von DE-Mail nur dann der Fall, wenn eine sichere Anmeldung nach § 5 Abs. 5 DE-Mail-Gesetz vorliegt und vor allem eine **Ende-zu-Ende-Verschlüsselung** gewählt wird, die nicht unterwegs komplett aufgebrochen wird[16].

Zur Kommunikation mit Nutzern, die über keine sichere Übertragungsmöglichkeit verfügen, sollten eigene technische Lösungen wie **Secure File Sharing** eingesetzt werden und Passwörter auf einem von der Nutzung getrennten Verbindungsweg übertragen werden. Sofern bei einer Nutzung von fremden IT-Leistungen Zeugnisverweigerungsrechte verloren gehen könnten, ist es ratsam, eigene IT-Dienste einzusetzen bzw. für Behörden auf Dienste öffentlich-rechtlicher IT-Dienstleister zurückzugreifen[17].

Bei der Zulassung eigener Endgeräte von Mitarbeitern sollte man besondere Vorsicht walten lassen und dem Mitarbeiter die Speicherung privater Daten nur im Austausch zur Installation eines **Mobile Device Management Systems** gestatten. Dabei sollte man Systemen den Vorzug geben, die eine strikte Trennung von privaten Daten und ge-

---

[14] *Hirsch*, Wer hört mit? Der NSA-Skandal und die anwaltliche Unabhängigkeit, www.brak.de/w/files/01_ueber_die_brak/veranstaltungen/nsa-veranstaltung/hirsch-1.pdf.
[15] *Emmert*, Datenschutz bei Einführung von Voice over IP, Security Journal GAI Netconsult GmbH April 2011, online unter www.kanzlei.de/rechtsgebiete/datenschutz-und-datensicherheit/datenschutz-bei-voip-und-cti-telefonanlagen; *Emmert*, Voice over IP und Datenschutz, IT-Sicherheit und Datenschutz, 11/05; zur IT-Sicherheit für Software der öffentlichen Hand instruktiv *Kölbel*, Keine Backdoors in Software für die öffentliche Hand, 19.7.2015, privacyIDEA.
[16] Der Bundesbeauftragte für den Datenschutz und die Informationsfreiheit, Handreichung zum datenschutzgerechten Umgang mit besonders schützenswerten Daten beim Versand mittels DE-Mail, www.bfdi.bund.de/SharedDocs/Publikationen/Sachthemen/DEMail/DEMailHandreichung.pdf?__blob=publicationFile.
[17] Vgl. auch Bundesamt für Sicherheit in der Informationstechnik, Anforderungskatalog Cloud Computing, Februar 2016, www.bsi.bund.de/SharedDocs/Downloads/DE/BSI/CloudComputing/Anforderungskatalog/Anforderungskatalog.pdf;jsessionid=9B9347E26591733C2327ADC8B50F672F.2_cid286?__blob=publicationFile&v=6.

schäftlichen Daten sowie eine Verschlüsselung aller geschäftlichen Daten jeweils per App oder in einem Container vorsehen[18]. Die Möglichkeit zur Fernlöschung von auf mobilen Endgeräten gespeicherten geschäftlichen Daten (Remote Wipe) sollte im Verlustfall möglich sein.

5. Infrastruktur, Hardware, Software

430 Der Betrieb eines eigenen Mailservers hat für Inhaber von Zeugnisverweigerungsrechten wegen des damit verbundenen Beschlagnahmeschutzes in der StPO Vorteile. Zur Übermittlung vertraulicher Inhalte sollten ausschließlich verschlüsselte Kanäle verwendet werden, so dass optimaler Weise auch ein verschlüsselter Cloud Server bereitgehalten wird, auf dem entweder einzelne Dateien auch temporär verschlüsselt über TLS zugänglich sind oder ein Cloud-Account freigeschaltet wird, der für den anderen Kommunikationspartner auch die Möglichkeit zum Upload bietet.

6. Cloud Computing

431 Cloud Services fremder Anbieter sollten aus Datenschutzgründen und Gründen der IT-Sicherheit nur dann benutzt werden, wenn ausreichende Sicherheitsvorkehrungen getroffen werden. Ideal ist der eigene Betrieb von Cloud-Servern. Im Bereich des öffentlichen Dienstes können auch andere Dienstleister beauftragt werden, die ebenfalls zur Einhaltung von Amtsgeheimnissen verpflichtet sind. Dabei sind die Daten nach dem entsprechenden Schutzbedarf gegen Zerstörung oder Entwendung zu schützen.

432 Sollen fremde Cloudservices genutzt werden, ist darauf zu achten, dass der Anbieter seinen Sitz in der EU hat und die Daten innerhalb der EU gespeichert werden. Bei Geheimschutzverpflichtungen sollten die Daten schon durch den Client vor der Übertragung an den Cloudanbieter verschlüsselt werden.

7. Anwaltliches Berufsrecht: Wahrung der Verschwiegenheitspflicht

433 Für Rechtsanwälte folgen die Anforderungen der elektronischen Schriftsatz- und Aktenbearbeitung primär aus der anwaltlichen Verschwiegenheitspflicht (§ 43a Abs. 2 BRAO, § 2 BO, § 203 Abs. 1 Nr. 3 StGB, Nr. 2.3 CCBE-Richtlinien). Die aktuelle politische Diskussion um den NSA-Abhörskandal und die Verletzung des Berufsgeheimnisschutzes durch Staatsbehörden fordert dazu auf, die Bedeutung des Anwaltsgeheimnisses näher zu beleuchten im Zusammenhang mit neuen Technologien und dem ERV.

434 Angesichts des NSA-Abhörskandals wird im Schrifttum konstatiert, dass sich niemand der Überwachung entziehen könne, zumal die Kommunikation von Staatsoberhäuptern, Regierungschefs und Regierungen in aller Welt ebenso wie die der internationalen Organisationen (UNO, Weltbank, IWF, OPEC, die internationale Atomenergiebehörde, das EU-Parlament, die EU-Kommission, der Europäische Rat und der EU-Wettbewerbskommissar sowie NGO's wie Amnesty International und Human Rights Watch) systematisch ausgespäht werden würde.[19] Ein umfassendes Verbot von Spionage kennt das Völkerrecht nämlich nicht. Allerdings können Spionagemaßnahmen gegen Völkerrechtsgrundsätze verstoßen, da es für eine positive Erlaubnisnorm an

---

[18] *Emmert*, Rechtliche Fallstricke bei Bring Your Own Device, Security Journal GAI Netconsult GmbH Juni 2012, online unter http://www.kanzlei.de/publikation/Rechtliche%20Fallstricke%20 bei%20Bring%20Your%20Own%20Device.pdf.

[19] Vgl. *Rottmann* AnwBl. 2014, 966; *Mollnau* BRAK-Mitt., 2014, 174 (178); *Kirchberg* BRAK-Mitt. 2014, 170; *Obermayer/Obermaier/Wormer/Jaschensky*, Das sind die Panama Papers, http://panama-papers.sueddeutsche.de/articles/56ff9a28a1bb8d3c3495ae13.

einer gemeinsamen Rechtsüberzeugung der Staaten fehlt. Diskutiert werden in Bezug auf den NSA-Datenskandal die Verletzung der Souveränität durch Handeln auf fremdem Gebiet, Verstöße gegen den Internationalen Pakt über bürgerliche und politische Rechte, Verstöße gegen die Europäische Menschenrechtskonvention (Art. 8, 10 EMRK), Verstöße gegen das europäische Primärrecht und deutsches Verfassungsrecht.

Das Datenschutzgrundrecht ist im Primärrecht in Art. 8 Grundrechtscharta und in Art. 16 Abs. 1 AEUV statuiert. Im Kontext der E-Mail-Überwachung von Anwälten durch den BND können, je nach Einzelfall, Rechte auf Privatheit, Datenschutz, freiberufliche und unternehmerische Tätigkeit sowie effektive Rechtsbehelfe und effektiver Zugang zum Gericht betroffen sein (Art. 7, 8, 13, 15, 16, 47 Grundrechtscharta und Art. 8, 13 EMRK).

435

In Deutschland ist es der öffentlichen Gewalt gem. Art. 10 Abs. 1 GG grundsätzlich verboten, in den Telekommunikationsverkehr einzugreifen. Bestimmte Berufsgeheimnisträger wie Anwälte sind dabei absolut geschützt. Konkret betroffen von Abhöraktionen können sie aber im Fernmeldeverkehr und bei Nutzung von Outsourcing- und IT-/Cloud-Diensten sein. Indem das BVerwG mit Urteil vom 28.5.2014[20] äußerst enge Grenzen für den Rechtsschutz gegen die Überwachung des E-Mail-Verkehrs im Rahmen der strategischen Beschränkungen des Telekommunikationsverkehrs durch den BND statuiert und gleichzeitig kein Wort über das Anwaltsgeheimnis verliert, lässt das Bundesgericht eine differenzierte Schutz- und Gesamtbetrachtung vermissen. Der Bürger bleibt verdutzt unter dem Eindruck, wie leicht Behörden und Gerichte elementare Freiheitsrechte relativieren können. Auch wenn für eine Feststellungsklage ein konkretes streitiges Rechtsverhältnis als Sachurteilsvoraussetzung zu verlangen sein mag, verwundert es, wenn im Kontext des G-10-Gesetzes zur Beschränkung des Post- und Fernmeldegeheimnisses eine Auseinandersetzung mit dem Anwaltsgeheimnis gänzlich unterbleibt.

436

Der NSA-Datenskandal hat Rufe nach einem „No-spy-Abkommen" und politische Statements ausgelöst. Nachhaltige Sicherstellungen der Verteidigung der bürgerlichen Freiheitsrechte durch die Bundesregierung und andere europäische Nationen gegen die US-Regierung und die NSA sind bis heute indes nicht erfolgt. Angesichts aktueller Presseberichte, der BND würden selbst spionieren, verwelken Aussagen wie „Abhören von Freunden, das geht gar nicht" von Bundeskanzlerin *Merkel* allenfalls zu einem Postulat. Das Aufbegehren von internationalen und nationalen Berufsvertretungen und Kammern hält sich ebenfalls erschreckend in Grenzen. Vereinzelt wird zutreffend erkannt, dass Ausspähung, Überwachung und Kontrolle mögliche Vorstufen der Zensur sind.

437

Praxisbewertung:
BRAK und DAV müssen sich fragen lassen, ob es bei Betrachtung rechtsdogmatischer berufsrechtlicher Implikationen des NSA-Skandals nicht auch dringliche praktische Empfehlungen und Forderungen sowie nachhaltiges Aufbegehren auf nationaler und internationaler Bühne geben muss, ggf. in Allianz mit internationalen Berufsvertretungen wie der International Bar Association (IBA), die bei der rechtsuchenden Bevölkerung und Politik im Binnenmarkt ankommt.

In diesem Kontext stellt sich die Frage, ob die **Kommunikation per „einfacher E-Mail"** wie sie branchenübergreifend im Tagesgeschäft zum **Versandmittel Nr. 1** geworden ist – mit der Verschwiegenheitsverpflichtung vereinbar ist und ob Anwälte zu Datenschutzmaßnahmen oder zur Nutzung verschlüsselter Dienste wie DE-Mail mit Ende-zu-Ende-Verschlüsselung oder Secure Filesharing verpflichtet sind.[21] Denn E-Mails können fehlgeleitet, abgefangen, von Unbefugten gelesen und gefälscht werden und bei Virenverseuchung Systeme beschädigen.

438

---

[20] BVerwG Urt. v. 28.5.2014 – 6 A 1.13, AnwBl. 2014, 1055; hierzu *Goerlich* AnwBl. 2014, 979.
[21] *Degen* VBlBW 2005, 329 [336]; *Degen/Diem* Rn. 112; *Axmann/Degen* NJW 2006, 1457.

439 Das Risiko, dass einfache E-Mails abgefangen werden, wurde in der Literatur allerdings als eher gering angesehen.[22] Nicht zuletzt die NSA-Datenaffäre hat gezeigt, dass das flächendeckende Abhören nichtgeschützter Kommunikation die traurige Realität darstellt. Anwälte sind im Ergebnis nur dann nicht verpflichtet, Signatur- und Verschlüsselungsverfahren durchzuführen, wenn der Mandant der einzige datenschutzrechtlich Betroffene ist, keine Daten anderer Personen verarbeitet werden und der Mandant wirksam auf Datenschutzrechte verzichtet hat (vgl. ausführlich → Rn. 445 ff.).

Praxistipp:
Zur Kommunikation ist zu empfehlen, der Amts- oder Berufsverschwiegenheit unterliegende Daten nicht per E-Mail zu versenden, sondern mit dem Kommunikationspartner bei Beginn der Kommunikation ein Passwort oder zumindest einen sicheren Kommunikationsweg für die Übermittlung eines Passworts zu vereinbaren (Telefon/SMS). E-Mail-Kommunikation sollte nicht für vertrauliche Informationen genutzt werden, sondern nur als Hinweis auf Informationen, die dem jeweils anderen zum gesicherten und verschlüsselten Download zur Verfügung gestellt wurden.

Danach kann eine Behörde oder eine freiberufliche Kanzlei auf einem sicheren Server, den die Institution im Idealfall selbst in ihren Räumlichkeiten mit ausreichender Anbindung an das Internet betreibt, Dokumente bereitstellen, die per HTTPS verschlüsselt vom Kommunikationspartner abgerufen werden können, bzw. der Kommunikationspartner auch per Drag and Drop in dieses Webverzeichnis auch Dokumente sicher hochladen kann (sog. **Secure Filesharing Software**). Dafür kann sogar kostenfreie Software wie etwa Owncloud eingesetzt werden.

Für Übermittlungen an den Kommunikationspartner reicht es aus, wenn ein Link zu einem Dokument per E-Mail versandt wird und das Passwort für dieses spezielle Dokument auf einem anderen Verbindungsweg mitgeteilt wird. Zur weiteren Erhöhung der Sicherheit kann die Gültigkeit des Links bei fast allen derartigen Softwaresystemen zeitlich beschränkt werden.

Für Übermittlungen des Kommunikationspartners an die Behörde bzw. den Freiberufler ist dagegen ein eigener Account einzurichten, für die Übermittlung des Passwortes sollte wieder ein getrennter Übermittlungsweg gewählt werden. Dokumente, die nicht gemeinsam bearbeitet werden sollen, sollten vom Anwalt möglichst kurzfristig aus dem Online-Zugriff entfernt werden und sicher im eigenen Netzwerk gespeichert werden. Es sollte darauf geachtet werden, dass das Dateisystem der Secure Filesharing Software stark verschlüsselt ist.

Ein Betrieb außerhalb der eigenen Amts- bzw. Kanzleiräume setzt die Daten dagegen der Gefahr aus, dass dem Abhör- und Beschlagnahmeschutz der Kommunikation mit Amtsträgern/Freiberuflern/Rechtsanwälten/Strafverteidigern unterliegende Daten unter Umgehung dieser Vorschriften beim Provider durch Sicherheitsbehörden eingesehen werden können.

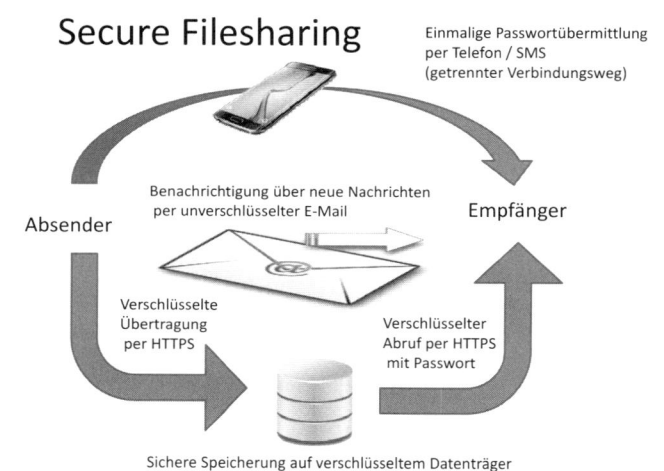

---

[22] Vgl. *Hartung* BORA § 2 Rn. 38; *v. Lewinski* BRAK-Mitt. 2004, 12 [16]; *Rauschhofer* BRAK-Magazin 1/2004, 6.

II. Technische Sicherheitsmaßnahmen im Bereich des ERV

Zwar umfasst die Schweigepflicht nicht nur anvertraute Mandantengeheimnisse, sondern alles, was dem Anwalt bei Ausübung seiner Tätigkeit bekannt wird und nicht offenkundig und nicht geheimhaltungswürdig ist.[23] Eine Verpflichtung zur Verschlüsselung kann aber weder mit dem Wortlaut, noch aus dem Normverständnis von § 43a Abs. 2 BRAO, § 203 Abs. 1 Nr. 3 StGB abgeleitet werden.[24] Eine extensive Auslegung der Verschwiegenheitsverpflichtung wäre außerdem nicht mit der Berufsfreiheit nach Art. 12 GG vereinbar. Es sollten aber gleichwohl **Vorsichtsmaßnahmen** ergriffen werden.[25] Denn Anwälte sind Interessenvertreter.

Werden **fremde Clouddienste** eingesetzt, sollten bei Daten, die der Berufs- oder Amtsverschwiegenheit unterliegen, Cloudprovider nicht in die Lage versetzt werden, die Daten mitlesen zu können. Dazu genügt es nicht, einen Auftragnehmer oder Datentreuhänder einzusetzen, da dies nur einem anderen Betreiberunternehmen die Möglichkeit gibt, auf die Daten zuzugreifen.

Nach § 203 Abs. 1 bzw. Abs. 2 StGB macht sich strafbar, wer Daten unbefugt offenbart. Einem Gehilfen dürfen Daten zugänglich gemacht werden, aber dafür ist Voraussetzung, dass dieser in den eigenen Betrieb eingegliedert ist. Sowohl freie Berufe als auch der öffentliche Dienst müssen aber auch eine Möglichkeit haben, sich für den eigenen IT-Betrieb fremde Hilfe zu holen und diesen auch zumindest für den Fall der Installation und der Wartung Zugriff auf dem Geheimnisschutz unterliegende Daten zu gewähren. Der Dienstleister sollte aber auch in diesem Fall auf die Einhaltung der für den Auftraggeber geltenden Datenschutz- und Geheimnisschutzbestimmungen verpflichtet werden[26]. Schließlich wird der IT-Dienstleister in den Schutzbereich des Berufs- bzw. Amtsgeheimnisses einbezogen und kann sich ebenfalls nach § 203 StGB strafbar machen[27].

Strittig ist, ob IT-Dienstleistern Daten über das Maß hinaus zugänglich gemacht werden dürfen, als dies zur Aufrechterhaltung des eigenen IT-Betriebs erforderlich ist.

Vielmehr ist eine **Verschlüsselung der Cloud-Daten** bereits auf Client-Seite erforderlich, wie dies sichere Cloud-Dienste wie zB Secomba GmbH mit Boxcryptor[28] oder die Schweizer Tresorit AG[29] mit ihrem gleichnamigen Tool anbieten. Bei der Verschlüsselung bereits vor dem Datenversand ist der Cloudprovider auch nicht in der Bredouille, Daten durch Hackerangriffe zu kompromittieren oder an staatliche Ermittlungsbehörden herausgeben zu müssen, da die Daten nur in verschlüsselter Form vorliegen und der Provider keinen Zugriff auf die Daten im Klartext hat. Im Unterschied zu dem Fall IPhone in den USA[30], bei denen die Verschlüsselung auf dem Gerät selbst erfolgt und das FBI Hilfe von der Firma Apple Inc. einforderte, ist der Provider nicht einmal im Besitz des Schlüssels. Dem Berufsgeheimnisträger kann also nicht zum Vorwurf gemacht werden, den Schutz vor Zugriffen von Mitarbeitern eines Dienstleisters oder vor Telekommunikationsüberwachung und Beschlagnahme durch eine Auslagerung der Daten zu einem Cloud-Provider zu beeinträchtigen.

Es darf nicht verkannt werden, dass Strafverfolgungsbehörden und Nachrichtendienste ein Interesse haben, an Meta- und Inhaltsdaten der Kommunikationen zu gelangen, die über DE-Mail abgewickelt werden. Laut Bundesregierung gebe es jedoch derzeit keinerlei automatisierte Auskünfte über „E-Mail-Dienstekennungen" nach § 112 TKG. Hier wirft auch die **Frage der Vorratsdatenspeicherung** ein Schlaglicht auf

---
[23] v. Lewinski BRAK-Mitt. 2004, 12 [14].
[24] Vgl. Härting NJW 2005, 1248.
[25] Degen/Diem Rn. 113.
[26] Redeker ITRB 2014, 232.
[27] Redeker ITRB 2014, 232.
[28] www.boxcryptor.coAaO.
[29] https//tresorit.coAaO.
[30] www.heise.de/newsticker/meldung/US-Regierung-Wir-haben-das-iPhone-ohne-Apple-geknackt-3152090.html.

das IT-Verfahren und den „sicheren Übermittlungsweg". Nach der Bundesregierung soll das geplante Gesetz zur Vorratsdatenspeicherung keine Verkehrsdaten von E-Mail-Kommunikation, mithin nicht DE-Mail erfassen. Schon jetzt bestehen mit § 110 TKG Überwachungsschnittstellen, wonach zwei DE-Mail-Provider aufgrund ihrer Verpflichtung gem. § 110 TKG und der Telekommunikations-Überwachungsverordnung eine Schnittstelle zu den berechtigten Stellen eingerichtet haben.[31]

445 Der Anwalt hat als Berufsgeheimniswahrer iSd §§ 203 Abs. 1 Nr. 3 StGB, 43a Abs. 2 BRAO, 2 BORA, Nr. 2.3 CCBE-Richtlinien eine besondere Verschwiegenheitsverpflichtung zu wahren. Eine praxisrelevante Frage ist dabei, ob bereits die einfache E-Mail-Kommunikation mit der Verschwiegenheitsverpflichtung vereinbar ist und ob Anwälte zu Datenschutz- und Verschlüsselungsmaßnahmen oder zur Nutzung der qeS verpflichtet sind.[32] Denn E-Mails können wie ausgeführt fehlgeleitet, abgefangen, von Unbefugten gelesen und gefälscht werden und bei Virenverseuchung Systeme beschädigen. Das Mitlesen von E-Mails und DE-Mails durch Dritte wie Nachrichtendienste ist aufgrund der Architektur der Internetdienste nicht auszuschließen.[33]

446 Anwälte sind als Interessenvertreter und Berufsgeheimniswahrer strafprozessual absolut geschützte Berufsgeheimnisträger iSd § 160a StPO. Bei erhöhtem Vertraulichkeitsrisiko wie der Vertretung politisch Verfolgter und bei Wirtschaftsspionage ist eine besondere Sorgfalt bei der Wahl der Kommunikationsmittel evident.

Praxistipp:
Es sollte selbstverständlich sein, auch unter Berücksichtigung der Rechtsprechung des BGH zum „sichersten Weg", der Mandantschaft immer die „sicherste Kommunikation" anzubieten. Mit Blick auf die berufs- und zivilrechtliche Bewertung des Mandatsverhältnisses führt die Handlungsobliegenheit für Anwälte zu einer Aufklärungs- und Hinweispflicht in Sachen sichere Kommunikation. Normale E-Mails dürfen daher nur eingesetzt werden, soweit dies die Interessen der Mandantschaft nicht beeinträchtigt.

447 Der Anwalt kann sich heute nicht mehr sicher sein, dass seine Kommunikationsanschlüsse insbesondere bei der Vertretung politisch Verdächtiger oder bei internationalen Entwicklungsprojekten, die der Industrie-Spionage unterliegen, nicht angezapft werden.

Praxistipp:
Soweit der Mandant schriftlich in eine Kommunikation mittels E-Mail, Fax Mobil- oder Festnetztelefon einwilligt, genügt der Anwalt seinen Sorgfaltspflichten, wenn er auf die hierbei bestehenden Abhörrisiken – zumindest in der Mandatsvereinbarung – hingewiesen hat. Das gleiche wird auch für die Nutzung des beA zu gelten haben. **Zu beachten ist jedoch, dass der Anwalt die nach dem Stand der Technik vorhandenen Risiken beim Cloud-Computing im Mandanteninteresse minimieren muss.** Die elektronische Kommunikation sollte demnach grundsätzlich nur per Secure Filesharing, Ende-zu-Ende-verschlüsselter DE-Mail oder kryptographischer Verschlüsselung gesichert elektronisch per E-Mail oder über TLS-/SSL-verschlüsselte Webakten erfolgen und nicht via einfacher DE-Mail oder unsichere Cloud-Applikationen übertragen werden.
Das Cloud-Computing hat als Technik 2012 den Negativ-Preis „Big Brother Award" in der Kategorie Kommunikation erhalten.[34] Durch Verwendung von Techniken wie die Verschlüsselung auf Clientseite hat diese Technik aber ihre Gefahren verloren.

---

[31] Hierzu eingehend *Biselli*, DE-Mail: Das tote Pferd wird weitergeritten, wie viel das kostet, soll geheim bleiben, 9.7.2015, https://netzpolitik.org/2015/de-mail-das-tote-pferd-wird-weitergeritten-wieviel-das-kostet-soll-geheim-bleiben.
[32] *Degen* NJW 2008, 1473 (1473 ff.).
[33] Vgl. zu den Sicherheitsbedenken *Lapp* DuD 2009, 651.
[34] *Digitalcourage e. V./Tangens*, Der BigBrotherAward 2012 in der Kategorie „Kommunikation" geht an die Cloud als Trend, den Nutzerinnen und Nutzern die Kontrolle über ihre Daten zu entziehen, https://bigbrotherawards.de/2012/kommunikation-cloud.

II. Technische Sicherheitsmaßnahmen im Bereich des ERV   448–451   § 8

Die Frage, ob der Anwalt durch eine Weitergabe sensibler Daten einen Wettbewerbsvorteil erlangen könnte, und diesbezüglich wettbewerbsrechtliche Sanktionen (§§ 3, 4 Nr. 11 UWG) drohen, ist mangels Schutzfunktion von § 43a Abs. 2 BRAO auf die Lauterkeit des Wettbewerbs zu verneinen. Die weitere Frage, ob der Anwalt Kontrollbefugnissen des Datenschutzbeauftragten nach § 24 Abs. 2 Nr. 2 BDSG sowie Prüfungs- und Einsichtsrechte der Aufsichtsbehörden nach § 38 Abs. 4 S. 1 BDSG, ausgesetzt ist, ist ebenfalls zu verneinen. Denn die berufsrechtliche Verschwiegenheitspflicht geht als lex specialis dem subsidiären allgemeinen Datenschutzrecht vor (§ 1 Abs. 3 S. 1, 2 BGSG).   **448**

Praxistipp: **449**
Für die IT-Sicherheit bezogen auf Anwaltschaft und Justiz gibt es insofern eine simple Formel: Je mehr Gewalt ein Anwalt, ein Richter oder Staatsanwalt über die eigene Rechner-Infrastruktur hat, desto besser kann er die Datenströme kontrollieren und vor Angriffen von außen abschirmen. Wenn er personenbezogene Daten in die Sphäre eines externen Providers übergibt, hat dieser und haben auch staatliche Geheimdienste einen erleichterten Zugriff auf die Cloud gegebene Nutzerdaten. Sofern dieses Risiko minimiert werden soll, ist dafür Sorge zu tragen, dass zumindest die vertraulichen, der Verschwiegenheitsverpflichtung unterliegenden, Aktenbestände nicht am Internet hängen. Dies bedeutet, dass der Nutzer gleichzeitig einen Kontrollverlust erleidet, wenn er seine bzw. die Daten seiner Mandanten in eine Datenwolke gibt bzw. outsourct. Dieses gravierende Risiko kann nicht durch Kostenvorteile von Cloud-Diensten gerechtfertigt werden. Abgesehen davon, dass im Ergebnis eine elektronische Kommunikation grundsätzlich nur mittels Signaturkarte und kryptographischer Verschlüsselung gesichert elektronisch per E-Mail oder über SSL-verschlüsselte Webakten erfolgen und nicht via einfacher DE-Mail oder unsichere Cloud-Applikationen übertragen werden sollte, ergeben sich praktische Sicherheitsanforderungen für Berufsgeheimniswahrer.[35] **Elektronische Anwaltsakten** sollten zum Schutz vor Hacker- und Spähangriffen und dem Ziel der revisionssicheren Aktenarchivierung durch komplexe Firewalls separiert von offenen Kommunikationsrechnern, die Zugang zum globalen Internet vermitteln, geführt werden.

Eine **physikalische Netztrennung** wird nur in Umgebungen mit sehr hohem Schutzbedarf, wie etwa bei militärischen Zwecken oder bei der Neuentwicklung von Hochtechnologie eingesetzt. Der Grund dafür liegt auf der Hand: Entsprechende Sicherheit ist wegen der physikalischen Trennung der Netze verhältnismäßig aufwändig.

8. Zivilrechtliche Haftung

Bei der E-Kommunikation können Haftungsrisiken für Anwälte bestehen. Anknüpfungspunkt für Ansprüche nach § 823 Abs. 1 BGB bei Virenverseuchung von („offenen") E-Mails könnte eine Verkehrspflicht zum Virenschutz sein, die aber nur im Verhältnis von Unternehmern zu privaten Empfängern anzuerkennen ist.[36] Auch vertragliche Schutzpflichten nach § 241 Abs. 2 BGB bestehen nur zwischen Unternehmern und privaten Empfängern.[37] Da Anwälte auch als Unternehmer anzusehen sind, gelten diese Grundsätze zumindest auch gegenüber ihren privaten Mail-Empfängern.   **450**

Zur Frage, ob Anwälte Haftungsrisiken wegen Fehlleitung von E-Mails durch Disclaimer ausschließen können, wird auf weiterführende Literatur verwiesen.[38]   **451**

Praxistipp:
Anwälten ist aus Haftungsgründen[39] zu empfehlen, jeweils höchstpersönliche Signaturkarten zu verwenden und diese nie „stellvertretend" für Kollegen zu beantragen und zu verwenden. Der BGH

---
[35] *Degen* NJW 2008, 1473 (1480).
[36] *Koch* NJW 2004, 801 [806]; *Sassenbach* AnwBl 2005, 139.
[37] *Koch* NJW 2004, 801 [806].
[38] *Degen/Diem* Rn. 113.
[39] *Axmann/Degen* NJW 2006, 1457 [1460].

hat bei der Nutzung einer Signaturkarte durch eine Mitarbeiterin die Wiedereinsetzung in den vorigen Stand verweigert, da diese in Verfahren mit Anwaltszwang nicht zeichnungsberechtigt sei. Haftungsrechtlich könnte beim digitalen Unterschreiben der E-Klage eines Kollegen, der keine Signaturkarte hat, die Privilegierung des § 8 Abs. 2 PartGG verloren gehen, weil der „digitale Prozessanwalt" sich diese digitale Unterschrift als Handelnder selbstredend zurechnen lassen muss. Der Gesetzgeber hat dieses höchstpersönliche Prinzip mit der individuellen beA-Zuweisung für jeden Anwalt auch bekräftigt. Es kann zweckmäßig sein, eine zentrale E-Mail-Adresse zu verwenden, an die förmliche Zustellungen geleitet werden sollen. Im Hinblick auf das **Kanzleimanagement** sind Zuständigkeits- und Organisationsfragen bei der Administration der (Kanzlei-)software zu treffen, denn das qualifizierte elektronische Signieren ist grds. Chefsache, da hier die höchstpersönliche Unterschrift digitalisiert wird. Die unbesehene Aushändigung der Signaturkarte an eine Auszubildende oder Rechtsanwaltsfachangestellte verbietet sich streng genommen. Sinnvoll kann es vielmehr sein, den „Workflow" des Digitalisierens der Unterschrift in Arbeitsrichtlinien festzuhalten (Verwendung des Kartenlesegeräts, PIN, Support etc.). Damit wird ein geordnetes Kanzleimanagement gewährleistet.

III. Ausblick

452   Bislang wurde dem ERV in Schrifttum und Praxis von Justizvertretern, Anwälten und der IT-Industrie ganz überwiegend mit Skepsis und Ablehnung begegnet.[40]

453   Die seit Inkrafttreten des JKomG entstandene **digitale Kluft** zwischen Kanzleien, die Signaturkarten vorhalten und den ERV erfolgreich praktizieren und solchen, die sich den technischen Entwicklungen noch verschließen, hat sich nicht entspannt. Dies gilt nicht in Bezug auf die Grundausstattung mit Computer und Internetanschluss, sondern vielmehr in Bezug auf **althergebrachte Arbeitsabläufe** – von der Aktenanlage, Klageerhebung bis zur Aktenarchivierung. Dabei wird weniger aus Datenschutz-, Verschwiegenheits- und Sicherheitsgründen, als aus Angst vor einschneidenden Umstellungen im täglichen Kanzleimanagement am Papier festgehalten.[41] Weniger die erforderlichen Neuanschaffungen wie Software und Hardware („Blech"), die beA-Karten und neuen Softwarepflegeverträge mit IT-Dienstleistern oder die bisherigen mühsamen und wenigen Erfahrungen mit dem EGVP sowie Skurrilitäten bei Pilotgerichten sind die Bremsklötze des ERV. Vor allem **mangelnde inhaltliche Auseinandersetzung**[42] mit den Rechtsänderungen, Berührungsängste mit der IT und dem digitalen Arbeitsplatz und ein **befürchteter Kontrollverlust** der freiheitlichen, aber berufsrechtlich ausgestalteten, sicheren Papieraktenführung sind Faktoren die erst gesondert reflektiert werden müssen bei Gesetzgeber und BRAK. Auch die physischen **Vorhaltung von Papier** und von durchaus sehr **sinnvollen und haftungsvermeidenden Redundanzen** (wie beispielsweise dem Ausdruck der E-Mail) zur Kenntnisnahme, Bearbeitungs- und Kontrollezwecken) unter dem Damoklesschwert der Anwaltshaftung sind die eigentlichen Hürden des ERV.

454   Dabei wird nicht verkannt, dass der Gesetzgeber, die Justiz und die verfasste Anwaltschaft am Justizstandort Deutschland inzwischen wegweisende Rahmenbedingungen für einen flächendeckenden ERV geschaffen haben.

455   Problematisch ist jedoch auch, dass bei der **technischen und organisatorischen Gewährleistung der Arbeitsabläufe** bei der elektronischen Aktenbearbeitung nach wie vor Defizite bestehen. Die Justiz scheut sich für sich selbst durch die Ausnahme der justiziellen Nutzungsverpflichtung in ihren Gerichtsbezirken den ERV neben dem alten papiergebundenen Klageverfahren als Zukunftsweg zu etablieren, obgleich das

---

[40] Vgl. *Hähnchen* NJW 2005, 2257; *Redeker* AnwBl 2005, 348; *Köbler* NJW 2006, 2089; *Viefhues* NJW 2005, 1009; *ders.* ZAP 2005, Fach 23, 671; *Berlit* JurPC Web-Dok. 13/2006 Abs. 44; *Degen* VBlBW 2005, 329; *Lapp* BRAK-Mitt. 2004, 17; *Krüger/Bütter* MDR 2003, 181.

[41] Vgl. *Degen* NJW 2008, 1473; *Degen/Diem* Rn. 100 ff.

[42] So auch *Kilian/Rimkus* BRAK-Mitt. 2015, 2016, 221.

elektronische Verfahren zum gesetzlichen Regelfall ab 2022 werden soll. Dies ist wenig sachgerecht für die bei Justiz und Behördenwelt notwendige verwaltungsinterne Aufbruchstimmung zur erfolgreichen Projektrealisierung über den Zeitraum des gestaffelten Inkrafttretens.

Aus der teilweise erfolgten gegenseitigen Schuldzuweisung zwischen Justiz und Anwaltschaft in der Lit. im Hinblick auf die noch nicht bestehende flächendeckende Bereitschaft zur Teilnahme am ERV ist aber angesichts jüngerer Erfolge beim elektronischen Mahn- und Klageverfahren, bei der E-Registerführung und auf Grund gemeinsam herausgearbeiteter Zielsetzungen beim E-Justiz-Gesetzgebungsvorhaben gleichwohl ein Schulterschluss zwischen Vertretern aus Justiz, verfasster Anwaltschaft und IT-Industrie geworden.[43]

Die **Vorteile,** die der ERV für alle Verfahrensbeteiligten und für die Rechtsuchenden bringt, werden mit dem E-Justiz-Gesetz und dem Anschluss-und-Benutzerzwang zur Kenntnis genommen und von innovativen Kanzleien bereits seit Einführung des elektronischen Mahnverfahrens 2008 gewinnbringend genutzt.

Ob die angestrebte Verhinderung von Hybridakten, bei denen Aktenteile aus E-Dokumenten und aus Papierakten bestehen, aber sofort realisiert werden kann, ist indessen nach wie vor sehr fraglich. Die Bedenkenträger belastet im Wesentlichen die Umgewöhnung, mehr elektronisch und weniger papiergebunden zu arbeiten. Traditionalisten sträuben sich noch vor der Digitalisierung der Verfahrensprinzipien „Unterschrift, Stempel, Siegel". Außerdem wird bemängelt, dass die qeS eine Blockadewirkung entfalte, da mit ihr ein überhöhter Sicherheitsaufwand verbunden sei, der auch bei DE-Mail sowie unter dem beA nicht signifikant besser werde. Die Entstehung eines Sicherheitsaufwands durch die Signatur- und beA-Karte kann zwar nicht von der Hand gewiesen werden. Der Gesetzgeber hat sich aber zu Recht für einen möglichst hohen Sicherheitsstandard und Datenschutz ausgesprochen, der im Wege der digitalen Technik derzeit nicht besser zu gewährleisten ist. Die Vorteile der Porto- und Kopiereinsparnis und die Erleichterungen einer E-Akte werden zudem noch nicht richtig wahrgenommen.

Für die Praxis wird es immer wichtiger, technische Fortschritte und die Anpassung der Verfahrensabläufe an die Kommunikation- und Informationsgewohnheiten der Verbraucher und Unternehmen anzupassen. Anwälte, Notare, Steuerberater, Wirtschaftsprüfer, Patentanwälte, Rentenberater, Behörden (die Exekutive) und Gerichte (die Judikative) haben gleichermaßen dafür Sorge zu tragen, dass die Einrichtungen vorhalten, die von Organen der Rechtspflege erwartet werden und in der Industrie selbstverständlich sind.

Die Pflichtaufgabe zur Etablierung des ERV wird innerhalb der Justiz und Behördenlandschaft größer sein als innerhalb der Anwaltschaft. Jeder unternehmerisch tätige Freiberufler und jede operativ tätige Anwalts- und Notarkanzlei wird aus vitalem Eigeninteresse dafür sorgen, im Mandanteninteresse sende- und empfangsbereit zu sein. Eine entsprechende Serviceorientierung hat der Bundesgesetzgeber den derzeit 1.109 Gerichten und den zahlreichen Behörden mit den genannten Abstrichen der nicht geltenden Selbstverpflichtung für Gerichte auferlegt. Justiz und Anwaltschaft sind im Dialog mit der IT-Industrie aufgerufen beim elektronischen Klageverfahren in allen Instanzen und Fachgerichtsbarkeiten einen noch besseren Ablauf sicherzustellen wie beim elektronischen Mahnverfahren. Denn das politische Postulat *„Law made in Germany"* und die gesetzesimmanente Empfehlung an Unternehmen und Verbraucher, im Streitfall das rechtsförmliche Instanzenverfahren in der jeweiligen Fachgerichtsbarkeit zu wäh-

---

[43] *Köbler* NJW 2006, 2089; *Fischer* NJW 12/2007, III; *Degen/Breucker* Rn. 38.

len steht im dynamischen Rechtsberatungsmarkt in Europa unter dem Eindruck des **Wettbewerbs zu privaten Schiedsgerichten.** Bei diesen können die Parteien zwar weniger mit einer Kostenminimierung, dafür aber vielfach mit einer Verfahrensbeschleunigung und Branchenkenntnis und vor allem der Verschwiegenheit des Verfahrens rechnen. An einem IT-sicheren Workflow scheitert der Gang zu einem notifizierten Schiedsgericht auch nicht.

461 Justiz, Behörden, Softwareindustrie und verfasste Freiberufler und Anwaltschaft sind in diesem Zusammenhang gut beraten, den Blick für die Praxis bei Zielsetzung der ERV-Einführung über die kommenden Jahre des stufenweisen Inkrafttretens immer wieder neu zu schärfen.

Anhang

1. Übersicht über die Umsetzungsverpflichtungen aus dem Gesetz zur Förderung der elektronischen Verwaltung sowie zur Änderung weiterer Vorschriften

Aufgabe (Was?)	Aufgrund von[1]	Wer?	Bis wann?	Wie?[2] (Vorschlag)
Eröffnung eines elektronischen Zugangs für die Übermittlung elektronischer Dokumente (einschl. solcher, die mit qeS versehen sind)	§ 2 Abs. 1	Jede Behörde iSv § 1	1.7.2014 (Art. 31 Abs. 2)	Minimum: Einrichtung einer qeS-fähigen E-Mail-Adresse und innerbehördliche Organisation, die dafür Sorge trägt, dass die elektronischen Eingänge gleichberechtigt mit schriftlichen Eingängen bearbeitet werden. Besser: Lösung mit Anbindung an Fachverfahren.
Eröffnung eines Zugangs für De-Mail	§ 2 Abs. 2	Bundesbehörden iSv § 1 Abs. 1	Ein Kalenderjahr nach Inbetriebnahme des zentralen Behörden-Gateways des Bundes (Art. 31 Abs. 4)	Anschluss an das Behörden-Gateway sobald dieses existiert sowie innerbehördliche (Um-)Organisation, die dafür Sorge trägt, dass die elektronischen Eingänge per DeMail gleichberechtigt mit schriftlichen Eingängen bearbeitet werden.
Angebot der Identifikation mit nPA oder elektr. Aufenthaltstitel	§ 2 Abs. 3	Bundesbehörden iSv § 1 Abs. 1	1.1.2015 (Art. 31 Abs. 3)	Aufbau entsprechender technischer Infrastruktur in jeder Behörde
Bereitstellung von Informationen über die Behörde und ihre nach außen wirkende öffentlich-rechtliche Tätigkeit	§ 3 Abs. 1 und 2	Bundes- und Landesbehörden iSv § 1 Für Gemeinden und Gemeindeverbände Verpflichtung nur, wenn dies nach Landesrecht angeordnet ist	1.8.2013 (Art. 31 Abs. 1)	Erstellung neuer oder ggf. Prüfung und Überarbeitung der vorhandenen Informationen unter Berücksichtigung föderaler Standards bei der Beschreibung von Information zu Verfahren (FIM, LeiKa, NPB)

---

[1] §§-Angaben beziehen sich auf Art. 1 des Gesetzes zur Förderung der elektronischen Verwaltung (EGovG); Art.-Angaben beziehen sich auf das Gesetz zur Förderung der elektronischen Verwaltung.
[2] Voraussetzung für jede Umsetzungsmaßnahme ist die Information der Bürger, so dass eine entsprechende Informationspflicht in jeder der Umsetzungsmaßnahmen hineinzulesen ist. Die Pflicht sollte schriftlich, mündlich und online erfüllt werden. Ebenso setzt jede Umsetzungsmaßname die entsprechende Schulung der Behördenmitarbeiter voraus.

Anhang 1

1. Übersicht über die Umsetzungsverpflichtungen aus dem Gesetz

Aufgabe (Was?)	Aufgrund von[1]	Wer?	Bis wann?	Wie?[2] (Vorschlag)
		(§ 3 Abs. 3)		

Aufgabe (Was?)	Aufgrund von	Wer?	Bis wann?	Wie? (Vorschlag)
Einrichtung eines elektr. Zahlungsverfahrens für elektr. geführte Verfahren	§ 4	Jede Behörde iSv § 1	1.8.2013 (Art. 31 Abs. 1)	Mindestens: Anpassung der Webseiten und Ermöglichung einer elektronischen Zahlmöglichkeit. Besser: Lösung mit Anbindung an Fachverfahren/Rechnungswesen Hinweis: Mit der Zahlungsverkehrsplattform existiert hier bereits ein Angebot des ZIVIT im Portfolio.
Zugang für die Erbringung elektronischer Nachweise	§ 5	Jede Behörde iSv § 1	1.8.2013 (Art. 31 Abs. 1)	Aufbau entsprechender technischer Infrastruktur (Mindestens: E-Mail bzw. im zwischenbehördlichen Verhältnis IVBB / IVBV). Besser: Lösung mit Anbindung an Fachverfahren.
Einführung der E-Akte	§ 6	Bundesbehörden iSv § 1 Abs. 1 (mit Ausnahme von § 6 S. 2)	1.1.2020 (Art. 31 Abs. 5)	Klärung der Einführungsstrategie und der Umsetzungsverantwortung und Schaffung der organisatorischen Voraussetzungen (Aktenplanrevisionen, Anpassung der Hausordnungen/Dienstanweisungen, Registraturanweisungen/Aktenordnungen, (Rahmen-)Dienstvereinbarungen, Schulungskonzept, Scan-Konzept, Datenschutzkonzept/Löschkonzept, IT-Sicherheitskonzept, Berechtigungskonzept, Archivierungskonzept usw.), Prozessoptimierung, Veränderungsmanagement Entscheidung über Betrieb (zentral/dezentral) evtl. Vergabeverfahren Aufbau entsprechender technischer Infrastruktur; Schnittstellen-Pilotierung Rollout (inkl. Schulung)
Einführung des ersetzenden	§ 7 Abs 1 und 2	Bundesbehörden iSv	1.8.2013 (Art. 31 Abs. 1),	Umsetzungsbedarf: Baustein Scannen des

zur Förderung der elektronischen Verwaltung **Anhang 1**

Aufgabe (Was?)	Aufgrund von	Wer?	Bis wann?	Wie? (Vorschlag)
Scannens		§ 1 Abs. 1 (mit Ausnahme von § 6 S. 2)	soweit Akten bereits elektr. geführt werden spätestens aber ab 1.1.2020, wenn § 6 in Kraft tritt.	Konzepts E-Verwaltung fertigstellen als Basis für den Erlass von Scan-Anweisungen; Klärung des Umgangs mit TR RESISCAN des BSI. Seitens IT-Steuerung Bund ist die Behandlung von Signaturen in Akten und Archiven zu klären.
Akteneinsicht	§ 8	Bundesbehörden iSv § 1 Abs. 1 (mit Ausnahme von § 6 S. 2)	1.8.2013 (Art. 31 Abs. 1), soweit Akten bereits elektr. geführt werden; spätestens aber ab 1.1.2020, wenn § 6 in Kraft tritt.	Im Fall der Nr. 2 und 4 Anschaffung der technischen Infrastruktur. Andernfalls rein organisatorische Umsetzung ausreichend.
Prozessoptimierung	§ 9 Abs. 1 S. 1	Bundesbehörden iSv § 1 Abs. 1	1.8.2013 (Art. 31 Abs. 1), immer dann wenn Verwaltungsabläufe erstmals zu wesentlichen Teilen elektr. unterstützt oder wesentlich verändert werden (§ 9 Abs. 1 S. 1, Abs. 3)	Durchführung einer Prozessanalyse, Aufsetzen des optimierten Prozesses, Beschaffung der erforderlichen IT.
Elektronische Bereitstellung von Informationen zum Verfahrensstand	§ 9 Abs, 1 S. 2	Bundesbehörden iSv § 1 Abs. 1	Grds. 1.8.2013 (Art. 31 Abs. 1); die Regelung betrifft jedoch nur Verfahren, die nach § 9 Abs. 1 S. 1 umstrukturiert werden (s.o.)	Bei der (ohnehin stattfindenden) elektronischen Abbildung des Prozesses: zusätzlich Programmierung einer Tracking-Funktion
Umsetzung von Standardisierungsbeschlüssen des IT-Planungsrats	§ 10	IT-Rat	1.8.2013 (Art. 31 Abs. 1)	Lediglich Befolgung der Vorschrift, kein Umsetzungsbedarf
Gemeinsame Verfahren im Sinne des Bundesdatenschutzgesetzes	§ 11	Beteiligte Behörden	1.8.2013 (Art. 31 Abs. 1)	Lediglich Befolgung der Vorschrift, kein Umsetzungsbedarf
Breitstellen von Daten	§ 12 Abs. 1	Jede Behörde iSv §1	Grds. 1.8.2013 (Art. 31 Abs. 1); die Regelung betrifft jedoch nur	Bereitstellung von Daten in maschinenlesbaren Formaten. Keine Veröffentlichungs-

Anhang 1

1. Übersicht über die Umsetzungsverpflichtungen aus dem Gesetz

Aufgabe (Was?)	Aufgrund von	Wer?	Bis wann?	Wie? (Vorschlag)
			Daten, die tatsächlich über das Internet bereit gestellt werden; für „Alt-Daten" gilt die Regelung nur mit der Einschränkung in § 12 Abs. 4	pflicht; nur Verpflichtung hinsichtlich Forrrat, wenn Bereitstellung erfolgt.
Verordnungsermächtigung Nutzungsbestimmungen	§ 12 Abs. 2	Bundesregierung mit Zustimmung Bundesrat	Ab 1.8.2013 (Art. 31 Abs. 1)	Erlass einer RVO mit Nutzungsbedingungen
Elektronische Formulare	§13	Jede Behörde iSv § 1	1.8.2013 (Art. 31 Abs. 1)	Kann-Regelung: Änderung der auf den Web-Seiten der Behörden bereitgestellten Formulare, sowie der Infotexte (Zulassung elektronischer Versendung). Hinweis: Hier gibt es mit dem Formularserver des ZIVIT bereits eine Lösung.
Georeferenzierung	§ 14 Begründung	ITPLR	Vorarbeiten, ab sofort	Festlegung einheitlicher Vorgaben für die Georeferenzierung durch Bund-Länder-Gremien sowie Beschluss des ITPLR, vgl. Begründung zu § 14
Georeferenzierung	§ 14	Jede registerführende Behörde iSv § 1	1.1.2015 (Art. 31 Abs. 3)	Georeferenzierung der Registerinformationen, wenn Register neu aufgebaut/überarbeitet wird.
Amtliche Mitteilungs- und Verkündungsblätter	§ 15	Jede Behörde iSv § 1, sofern sie durch Rechtsvorschrift des Bundes zur Publikation von Informationen verpflichtet ist.	1.8.2013 (Art. 31 Abs. 1)	Kann-Regelung: Ab Inkrafttreten können Amtsblätter auf elektronisch umgestellt werden.
Barrierefreiheit	§ 16	Bundesbehörden iSv § 1 Abs. 1	1.8.2013 (Art. 31 Abs. 1)	Konkretisierung der Verpflichtungen nach dem Behindertengleichstellungsgesetz
De-Mail-G	Art. 2	BSI/De-Mail-Provider	Nr. 1 und 2: 1.8.2013 (Art. 31 Abs. 1) Nr. 3: 1.7.2014 (Art. 31 Abs. 2) Nr. 4; 1.8.2013	Nr. 1: Kein Umsetzungsbedarf Nr. 2–4: Anpassung TR De-Mail durch BSI in Abstimmung mit dem Ausschuss De-Mail Standardisierung und Umsetzung durch DeMail-

zur Förderung der elektronischen Verwaltung — Anhang 1

Aufgabe (Was?)	Aufgrund von	Wer?	Bis wann?	Wie? (Vorschlag)
			(Art. 31 Abs. 1)	Provider. Begleitung der notwendigen Änderungsprozesse bei den Diensteanbietern.
Schriftformersatz im Verwaltungsverfahren	Art. 3 Nr. 1	Jede Behörde, die unter das VwVfG fällt.	Gespaltenes Inkrafttreten: 1. elektronische Formulare mit nPA oder eAT: 1.8.2013 (Art. 31 Abs. 1), sofern tatsächlich bereitgestellt; 2. De-Mail: Grds. 1.7.2014 (Art. 31 Abs. 2) 3. VO-Ermächtigung: 1.8.2013 (Art. 31 Abs. 1)	Länder müssen die Landesverwaltungsverfahrensgesetze entsprechend anpassen (Simultangesetzgebung). Nutzungsmöglichkeit, wenn Infrastruktur vorhanden ist. BSI wird bzgl. der Nr. 1 eine Technische Richtlinie erlassen. Weiterhin kann Umsetzungsbedarf entstehen, wenn Verfahren zum Schriftformersatz in bestehende Fachverfahren (medienbruchfrei) integriert werden sollen.
Einführung § 33 Abs. 7 VwVfG	Art. 3 Nr. 2		1.8.2013 (Art. 31 Abs. 1)	Lediglich Befolgung der Vorschrift im Anwendungsfall
Ergänzung § 37 Abs. 3 VwVfG	Art. 3 Nr. 3		1.8.2013 (Art. 31 Abs. 1)	Anpassung TR De-Mail durch BSI in Abstimmung mit dem Ausschuss De-Mail Standardisierung und Umsetzung durch De-Mail-Provider. Begleitung der notwendigen Änderungsprozesse bei den Diensteanbietern.
Schriftformersatz in Verfahren nach SGB	Art. 4 (§ 36a Abs. 2)	Jede Behörde, die unter SGB 1 SGB fällt (Sozialbehörden)	Gespaltenes Inkrafttreten: 1 elektronische Formulare mit nPA oder eAT: 1.8.2013 (Art. 31 Abs. 1), sofern tatsächlich bereitgestellt; 2. De-Mail: Grds. 1.7.2014 (Art. 31 Abs. 2) 3. Speziell: Kommunikation mit GKK auch über eGK ab 1.8.2013	Es kann Umsetzungsbedarf entstehen, wenn Verfahren zum Schriftformersatz in bestehende Fachverfahren (medienbruchfrei) integriert werden sollen.

Anhang 1

1. Übersicht über die Umsetzungsverpflichtungen aus dem Gesetz

Aufgabe (Was?)	Aufgrund von	Wer?	Bis wann?	Wie? (Vorschlag)
			(Art. 31 Abs. 1)	
Elektronische Formulare	Art. 4 (§ 36a Abs. 2)		1.8.2013 (Art. 31 Abs. 1)	s. o. Art. 1 § 13
Möglichkeit zum Erlass von Verwaltungsvereinbarungen	Art. 5	Jede Behörde, die unter SGBV fällt (Sozialäbehörden)	1.8.2013 (Art. 31 Abs. 1)	Keine Umsetzungspflicht
Übertragung von Vorschriften des EGovG in dasSGB	Art. 6	Jede Behörde, die unter SGBX fällt (Sozialbehörden)	1.8.2013 (Art. 31 Abs. 1)	s. o. wie bei den entsprechenden Vorschriften des Artikels 1
Steuergeheimnis/ Signatur	Art. 7 Nr. 1 und 3	Jede Behörde, die unter die AO fällt (Finanzbehörden)	1.8.2013 (Art. 31 Abs. 1)	Kein Umsetzungsbedarf
Schriftformersatz in Verfahren nach AO	Art. 7 Nr. 2		Gehaltenes Inkrafttreten: 1 elektronische Formulare mit nPA oder eAT: 1.8.2013 (Art. 31 Abs. 1), sofern tatsächlich bereitgestellt; 2. De-Mail: Grds. 1.7.2014 (Art. 31 Abs. 2)	Es kann Umsetzungsbedarf entstehen, wenn Verfahren zum Schriftformersatz in bestehende Fachverfahren (medienbruchfrei) integriert werden sollen.
Möglichkeit des elektronischen Einspruchs gegen VA von Finanzbehörden	Art. 7 Nr. 4		1.8.2013 (Art. 31 Abs. 1)	Kein Umsetzungsbedarf, entspricht bestehender Praxis.
Redaktionelle Änderungen PassG	Art. 8		1.8.2013 (Art. 31 Abs. 1)	Kein Umsetzungsbedarf
Div. Änderungen PAuswG	Art. 9	Personalausweisbehörde	1.8.2013 (Art. 31 Abs. 1)	Kein Umsetzungsbedarf, lediglich Befolgung der Vorschriften
Gestattung von Äußerungen von betroffenen Nachbarstaaten auf elektronischem Wege bei UVP-pflichtigen Vorhaben	Art. 10	UVP-Behörde	1.8.2013 (Art. 31 Abs. 1), sofern die Grundsätze von Gegenseitigkeit und Gleichwertigkeit erfüllt sind	Lediglich Entgegennahme elektronischer Einwände, E-Mail-Zugang reicht.
Möglichkeit des	Art. 11 Nr. 1	UBA	1.8.2013	Kein Umsetzungsbedarf[3]

[3] Bei Abschaffung der Schriftform wird davon ausgegangen, dass für die Behörde kein Umsetzungsbedarf besteht, sie muss künftig lediglich elektronische (zB per Mail) Erklärungen entgegennehmen. Die Pflicht, diese vorzuhalten ergibt sich aus Art. 1 § 2.

zur Förderung der elektronischen Verwaltung **Anhang 1**

Aufgabe (Was?)	Aufgrund von	Wer?	Bis wann?	Wie? (Vorschlag)
nichtschriftlichen Genehmigungsantrags bei Tätigkeiten in der Antarktis			(Art. 31 Abs. 1)	
Möglichkeit der Erhebung elektronischer Einwendungen gegen Antarktisvorhaben	Art. 11 Nr. 2	UBA	1.8.2013 (Art. 31 Abs. 1)	Kein Umsetzungsbedarf
Redaktionelle Änderung	Art. 12		1.8.2013 (Art. 31 Abs. 1)	Kein Umsetzungsbedarf
Bereitstellung von Einzelangaben nach Maßgabe dieses Gesetzes oder einer anderen Rechtsvorschrift für wissenschaftliche Zwecke	Art. 13 Nr. 1	StBA	1.8.2013 (Art. 31 Abs. 1)	Art. 13 Nr. 1: Kein Umsetzungsbedarf; Art 13 Nr. 5: Sofern Behörden noch keine standardisierten Verfahren für den Datenaustausch verwenden, sind Absprachen mit den zuständigen statistischen Ämtern bzgl. der zu nutzenden elektronischen Übermittlungsverfahren zu treffen
Umsetzungsbedarf aus § IIa BstatG	Art. 13 Nr. 5	StBA	1.8.2013 (Art. 31 Abs. 1)	
Möglichkeit der Übermittlung von Änderungen im RDG-Register auch in Textform	Art. 14	RDG Register führende Behörden	1.8.2013 (Art. 31 Abs. 1)	Kein Umsetzungsbedarf
Möglichkeit, sich auch elektronisch als Rechtsdienstleister zu registrieren	Art. 15	RDG Register führende Behörden	1.8.2013 (Art. 31 Abs. 1)	Kein Umsetzungsbedarf
Möglichkeit der elektronisch Antragsstellung für Verfahren nach § 19 Abs. 1 S. 1 und § 20 S. 1 SatDSiG	Art. 16	Behörden, die das SatDSiG ausführen	1.8.2013 (Art. 31 Abs. 1)	Kein Umsetzungsbedarf
Möglichkeit, einer elektronischen Antragstellung nach Gewerbeuntersagung wegen Unzuverlässigkeit.	Art. 18	Behörden, die die GewO ausführen	1.8.2013 (Art. 31 Abs. 1)	Kein Umsetzungsbedarf
Antrag auf Aufnahme in die Lehrlingsrolle kann nunmehr auch elektronisch gestellt werden	Art. 19	Behörden, die die HandwO ausführen	1.8.2013 (Art. 31 Abs. 1)	Kein Umsetzungsbedarf
Anträge nach § 23	Art. 20	Behörden,	1.8.2013	Kein Umsetzungsbedarf

Anhang 1

1. Übersicht über die Umsetzungsverpflichtungen aus dem Gesetz

Aufgabe (Was?)	Aufgrund von	Wer?	Bis wann?	Wie? (Vorschlag)
III 1, VII 1, 25a 11. SprengStVO können nunmehr auch elektronisch gestellt werden.		die das SprengstoffG ausführen	(Art. 31 Abs. 1)	
Sprengungen können nunmehr auch elektronisch angezeigt werden.	Art. 21	Behörden, die das SprengstoffG ausführen	1.8.2013 (Art. 31 Abs. 1)	kein Umsetzungsbedarf
Anträge auf Aufnahme in das Berufsausbildungsverzeichnis können nunmehr auch elektronisch gestellt werden	Art. 22	Behörden, die das BBiG ausführen	1.8.2013 (Art. 31 Abs. 1)	Kein Umsetzungsbedarf
Antrag auf Anerkennung einer Berufsqualifikation muss nicht mehr schriftlich gestellt werden	Art. 23	Behörden, die das BQFG ausführen	1.8.2013 (Art. 31 Abs. 1)	Kein Umsetzungsbedarf
Möglichkeit der elektronischen Auskunftserteilung über Einträge im Verkehrszentralregister oder das zentrale Fahrererlaubnisregister)	Art. 24	Behörden, die das StVG ausführen	1.8.2013 (Art. 31 Abs. 1)	Da Kann-Vorschrift, kein unmittelbarer Umsetzungsbedarf, ggf. technischer Anpassungsbedarf bei Umsetzungswillen
Klarstellende Regelung in der FahrzeugzulassungsVO	Art. 25			Kein Umsetzungsbedarf
Möglichkeit strompolizeiliche Verfügungen auch elektronisch zu erlassen	Art. 26	Behörden, die das WaStrG ausführen	1.8.2013 (Art. 31 Abs. 1)	Da Kann-Vorschrift, kein unmittelbarer Umsetzungsbedarf, dürfte auch per E-Mail möglich sein.
Möglichkeit der Veröffentlichung diverser luftverkehrsspezifischer Informationen auf elektronischem Wege	Art. 27	Behörden, die das LuftVG ausführen	1.8.2013 (Art. 31 Abs. 1)	Da Kann-Vorschrift, kein unmittelbarer Umsetzungsbedarf
Möglichkeit von Mitteilung an Flugpassagiere auf elektronischem Wege	Art. 28	Fluggesellschaften	1.8.2013 (Art. 31 Abs. 1)	Kein Umsetzungsbedarf
Kein Ausschluss der elektronischen Form bei angeordneter Schriftform iRd. der Ölhaftungsbescheinigungs-VO, des	Art. 29	Behörden, die für das Schifffahrtsrecht zuständig sind	1.8.2013 (Art. 31 Abs. 1)	Kein Umsetzungsbedarf

Anhang 1

Aufgabe (Was?)	Aufgrund von	Wer?	Bis wann?	Wie? (Vorschlag)
BinnenschifffahrtsaufgabenG, des SeeaufgabenG, der Schiffsmechaniker-Ausbildungs-VO, der Schiffsoffizier-Ausbildungs-VO, des FlaggenrechtsG und des SeelotsG mehr				
Evaluierung Bericht über Wirkungen des EGovG und Vorschläge für Weiterentwicklung	Art. 30 Abs. 1	BReg (FF: BMI)	Bis 31.7.2018 (Art. 30 Abs. 1	Evaluierung.
Evaluierung Bericht, in welchen verwaltungsrechtlichen Rechtsvorschriften des Bundes auf die Schriftform bzw. das persönliche Erscheinen zugunsten einer elektronischen Identifizierung verzichtbar ist (Normenscreening)	Art. 30 Abs. 2	BReg (FF: BMI)	Bis 31.7.2016 (Art. 30 Abs. 2)	Bericht Normenscreening

Anhang 2

2. Handreichung zum datenschutzgerechten Umgang mit

2. Handreichung zum datenschutzgerechten Umgang mit besonders schützenswerten Daten beim Versand mittels De-Mail*

Die Handreichung soll die Nutzer von De-Mail für die datenschutzrechtlichen Aspekte bei der Versendung besonders schützenswerter Daten mittels De-Mail sensibilisieren. Sie soll Hinweise für einen datenschutzgerechten Versand dieser Daten mittels DeMail unter Berücksichtigung der Möglichkeit einer Ende-zu-Ende-Verschlüsselung geben, um damit zu einer rechtssicheren und weiten Verbreitung von De-Mail-Diensten beizutragen.

Am 3.5.2011 ist das De-Mail-Gesetz in Kraft getreten. Auf Grundlage dieses Gesetzes können sich Unternehmen akkreditieren lassen, um De-Mail-Dienste anzubieten. De-Mail-Dienste sind nach § 1 Abs. 1 De-Mail-Gesetz Telekommunikationsdienste auf einer elektronischen Plattform, die eine sichere, vertrauliche und nachweisbare Kommunikation für jedermann im Internet gewährleisten sollen. Die De-Mail ist letztlich eine besondere Form der E-Mail. Sie soll ohne zusätzliche Hard- und Software genauso einfach bedienbar sein, aber die Nachteile der E-Mail ausgleichen. Eine E-Mail kann nämlich mit geringem technischem Aufwand abgefangen, mitgelesen und verändert werden.

Das De-Mail-Gesetz stellt einerseits Anforderungen an Datenschutz und Datensicherheit beim De-Mail-Diensteanbieter (DMDA) und regelt andererseits, wie De-Mail für die rechtssichere elektronische Kommunikation eingesetzt werden kann. Dies bedingt einige Besonderheiten im Vergleich zur Nutzung von E-Mail-Diensten, so zB eine eindeutige Identifizierung vor der erstmaligen Nutzung von De-Mail. De-Mail bietet die Gewähr dafür, dass der Absender einer De-Mail zweifelsfrei ermittelt werden kann. Absende- und Eingangsbestätigungen, die mit einer qualifizierten elektronischen Signatur des DMDA versehen werden, bieten den sicheren Nachweis, dass die De-Mail versendet wurde und eingegangen ist. Schließlich wird die Nachricht durch den Anbieter transport- und inhaltsverschlüsselt.

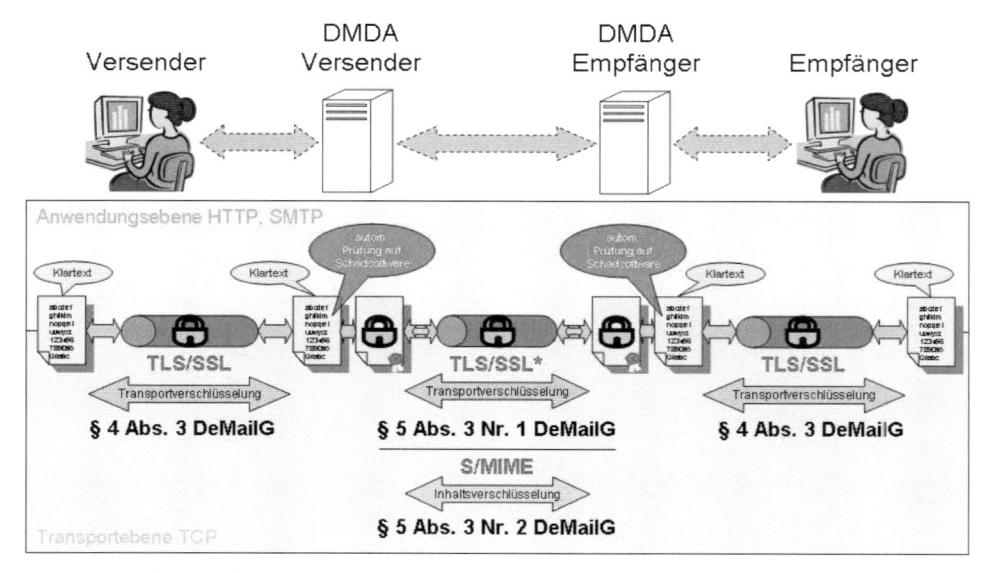

Das De-Mail-Gesetz fordert:
- Der akkreditierte DMDA hat sicherzustellen, dass die Kommunikationsverbindung zwischen dem Nutzer und seinem De-Mail-Konto verschlüsselt erfolgt.
- Der Versand von einem DMDA zu jedem anderen DMDA muss über einen verschlüsselten gegenseitig authentisierten Kanal erfolgen.
- Der Inhalt einer De-Mail-Nachricht muss vom DMDA des Versenders zum DMDA des Empfängers verschlüsselt übertragen werden.

---

* Handreichung des Bundesbeauftragten für den Datenschutz und die Informationsfreiheit vom 1.3.2013. Quelle: www.bfdi.bund.de. Bei Drucklegung lag keine aktuellere Fassung vor.

Die technischen Details lassen sich wie folgt zusammenfassen:
- Die Nachricht vom Versender an seinen DMDA und weiter vom DMDA des Empfängers an den Empfänger ist auf der Transportebene jeweils einfach durch Transportverschlüsselung gesichert (TCP + SSL/TLS). Die Authentisierung des Clients erfolgt automatisch mittels SSL-Handshake. Eine zertifikatsbasierte Clientauthentifizierung wird optional unterstützt.
- Die Nachricht ist zwischen dem DMDA des Versenders und dem DMDA des Empfängers doppelt gesichert: auf Anwendungsebene durch Inhaltsverschlüsselung und Signatur der Nachricht (S/MIME) sowie auf Transportebene durch Transportverschlüsselung (TCP + implizites1 SSL/TLS). Eine gegenseitige Clientauthentisierung muss zwingend zertifikatsbasiert erfolgen.
- Die Transportverschlüsselung (TLS) ist eine Punkt-zu-Punkt-Verschlüsselung (SSL-Handshake), weshalb die Nachricht nach dem Versand wieder unverschlüsselt vorliegt. Auf Transportebene liegt die Nachricht also in einem zufälligen Bitmuster vor, jedoch wäre sie auf Anwendungsebene ohne weiteres im Klartext zu lesen.
- Die Inhaltsverschlüsselung (S/MIME) ist eine Ende-zu-Ende-Verschlüsselung, wird aber gemäß TR De-Mail nur zwischen zwei DMDA gefordert.

§ 3 Abs. 4 Nr. 4 De-Mail-Gesetz sieht vor, dass der DMDA die De-Mail auf Befall mit Schadsoftware überprüfen muss. Vor dem Versand der Nachricht an den DMDA des Empfängers liegt diese beim DMDA des Versenders unverschlüsselt vor, so dass er sie zu diesem Zeitpunkt auf Schadsoftwarebefall hin prüfen kann. Anschließend leitet er die Nachricht zusätzlich zur Transportverschlüsselung inhaltsverschlüsselt an den DMDA des Empfängers weiter. Ist die Nachricht beim DMDA des Empfängers eingegangen, wird die Inhaltsverschlüsselung aufgehoben und die Nachricht wiederum auf Schadsoftwarebefall hin geprüft. Abschließend wird die Nachricht verschlüsselt im Postfach des Empfängers abgelegt. Nach jeder Prüfung wird die Nachricht in den Metadaten mit einem Hinweis versehen, ob die Überprüfung zu einem Befund geführt hat. Dieser Prüfprozess erfolgt zwar automatisiert auf Servern in einem Rechenzentrum des DMDA, das den Vorgaben des BSI entspricht. Zudem gibt es weitere technische und organisatorische Maßnahmen, die einen Zugriff durch einen Innen- wie auch einen Außentäter verhindern sollen. Gleichwohl besteht ein Restrisiko, dass insbesondere Administratoren des Anbieters vom Nachrichteninhalt Kenntnis nehmen.

Im Gegensatz dazu stellt die Ende-zu-Ende-Verschlüsselung eine durchgängige Verschlüsselung zwischen Versender und Empfänger dar und bietet sich daher für eine Versendung besonders schutzbedürftiger Daten an. Dies wird vom De-Mail-Gesetz jedoch nicht gefordert. Für den DMDA ergeben sich dementsprechend keine Pflichten. Er darf den Versand Ende-zu-Ende-verschlüsselter Nachrichten lediglich nicht verhindern. Faktisch bedeutet dies, dass sich die Nutzer selbst um die Installation und Nutzung einer Verschlüsselungssoftware kümmern müssen. Eine Prüfung auf Schadsoftware kann der DMDA dann allerdings nicht durchführen. Problematisch ist zudem, dass Nachrichten nur dann verschlüsselt versendet werden können, wenn auch der Empfänger eine entsprechende Kryptografiesoftware einsetzt. Dies führt zu Verunsicherungen und Erschwernissen, die sich hätten vermeiden lassen, wenn die Ende-zu-Ende-Verschlüsselung zu den mit De-Mail bereitgestellten Standardmaßnahmen gehören würde.

Da die bisher akkreditierten DMDA für den Privatanwender bislang nur den Zugang per Web-Client ermöglichen, ist eine Ende-zu-Ende-Verschlüsselung für diesen derzeit kaum praktikabel. Der Versender muss die zu übermittelnde Nachricht auf seinem lokalen Rechner erstellen und mit einer Kryptografiesoftware verschlüsseln. Danach meldet er sich über den Web-Client an seinem De-Mail Konto an, erzeugt eine leere „Pseudo"-De-Mail und hängt dieser per Upload die verschlüsselte Datei an. Wirtschaftsunternehmen und die öffentliche Verwaltung haben es hier einfacher, da die Anbindung an De-Mail über ein Gateway erfolgt, dh im Firmen- bzw. Behördennetzwerk können normale E-Mail-Clients wie Outlook oder Lotus Notes genutzt werden, die von Hause aus eine Verschlüsselung unterstützen, so dass diese weitestgehend automatisiert erfolgen kann.

Es ist ein Grundsatz des Datenschutzes, dass bei der elektronischen Übertragung personenbezogener Daten die Integrität, Authentizität und Vertraulichkeit der Daten sichergestellt sein muss. Je schützenswerter ein Datum ist, desto strenger sind die technisch-organisatorischen Maßnahmen, die die verantwortliche Stelle einhalten muss. Bei bestimmten personenbezogenen Daten wie zum Beispiel Gesundheitsdaten, spielt besonders die Vertraulichkeit eine große Rolle. Unbefugte sollen in keinen Fall Kenntnis von diesen Daten erhalten. Bei der elektronischen Kommunikation wird die Vertraulichkeit dadurch gewährleistet, dass die Nachricht und ihre Anhänge mit einer geeigneten Software verschlüsselt werden. Betroffen sind hiervon alle besonders schutzbedürftigen personenbezogenen Daten, also solche, die potentiell eine besondere Sensibilität aufweisen. Dies gilt etwa für personenbezogene Daten an deren Verarbeitung und Nutzung besondere gesetzliche Anforderungen gestellt werden, wie zB die so genannten besonderen Arten personenbezogener Daten nach § 3 Abs. 9 BDSG oder die dem Sozialdatenschutz unterfallenden personenbezogenen Daten. Welche Schutzmaßnahmen für diese Daten angemessen sind, ergibt sich allerdings nicht automatisch, sondern bedarf einer Prüfung im Einzelfall, die im Folgenden weiter ausgeführt wird.

Mangels entsprechender gesetzlicher Vorgaben im De-Mail-Gesetz sind nicht die DMDA, sondern die Versender von De-Mails für die Beachtung datenschutzrechtlich angemessener Verfahren verantwortlich. Um ein angemessenes Schutzniveau bei der Versendung besonders schutzbedürftiger personenbezogener Daten (zB Sozialdaten oder Daten die Rückschlüsse auf den Gesundheitszustand einzelner Betroffener zulassen) mittels De-Mail zu gewährleisten, ist aus datenschutzrechtlicher Sicht eine Ende-zu-Ende-Verschlüsselung grundsätzlich erforderlich. Die Vorgaben des De-Mail-Gesetzes, die Technische Richtlinie des BSI nach § 18 Abs. 2 De-Mail-Gesetz und der Kriterienkatalog des BfDI gemäß § 18 Abs. 3 Nr. 4 De-Mail-Gesetz machen zwar deutlich, dass bei De-Mail das Datenschutz- und Datensicherheitsniveau im Vergleich zum E-Mail-Versand erheblich höher ist. Trotzdem müssen über diesen Mindeststandard hinaus beim Versand besonders schutzbedürftiger Daten grundsätzlich zusätzliche Schutzvorkehrungen getroffen werden.

Ob eine Ende-zu-Ende-Verschlüsselung im Einzelfall die datenschutzrechtlich angemessene Sicherungsmaßnahme darstellt, orientiert sich an dem konkreten Schutzbedarf der Daten. Dieser ist zunächst anhand der Grundschutzmethodik des BSI von der datenverarbeitenden Stelle festzustellen:

- Bei einer Schutzbedarfsfeststellung ist grundsätzlich danach zu fragen, welcher Schaden entstehen kann, wenn die Grundwerte Vertraulichkeit, Integrität oder Verfügbarkeit verletzt werden. Es muss also gefragt werden, welcher Schaden eintritt, wenn vertrauliche Informationen unberechtigt zur Kenntnis genommen oder weitergegeben werden (Verletzung der Vertraulichkeit), die Korrektheit der Informationen und die Funktionsweise von Systemen nicht mehr gegeben ist (Verletzung der Integrität) oder autorisierte Benutzer am Zugriff auf Informationen und Systeme behindert werden (Verletzung der Verfügbarkeit). Dabei wird zwischen den Schutzbedarfskategorien „normal", „hoch" und „sehr hoch" unterschieden. Der Schaden, der von einer Verletzung der Grundwerte ausgehen kann, kann sich auf verschiedene Schadensszenarien beziehen:
  – Verstöße gegen Gesetze, Vorschriften oder Verträge,
  – Beeinträchtigungen des informationellen Selbstbestimmungsrechts,
  – Beeinträchtigungen der persönlichen Unversehrtheit,
  – Beeinträchtigungen der Aufgabenerfüllung,
  – negative Außenwirkung oder
  – finanzielle Auswirkungen.
- Beim Schutzbedarf „normal" sind die Schadensauswirkungen begrenzt und überschaubar. Beim Versand von Daten mit dem Schutzbedarf „normal" ist eine Ende-zu-Ende-Verschlüsselung dann nicht notwendig.
- Beim Schutzbedarf „hoch" können die Schadensauswirkungen beträchtlich sein. Beim Versand von Daten mit dem Schutzbedarf „hoch" ist eine Ende-zuEnde-Verschlüsselung grundsätzlich erforderlich. Auf sie kann jedoch dann verzichtet werden, wenn die datenverarbeitende Stelle anhand einer Risikoanalyse zu dem Ergebnis kommt, dass sie aufgrund der getroffenen technischen und organisatorischen Sicherheitsmaßnahmen das Restrisiko im Bereich des Versenders als vertretbar bewertet. Versender und Empfänger müssen sich aber auf jeden Fall an ihrem Konto im Sinne des § 4 Abs. 1 Satz 2 De-Mail-Gesetz sicher anmelden.
- Beim Schutzbedarf „sehr hoch" können die Schadensauswirkungen bei unberechtigtem Zugriff ein existentiell bedrohliches Ausmaß erreichen. Beim Versand von Daten mit dem Schutzbedarf „sehr hoch" ist eine Ende-zu-Ende-Verschlüsselung zwingend notwendig.
- Bei der Schutzbedarfsanalyse ist Folgendes zu beachten:
  – Die Einstufung des jeweiligen personenbezogenen Datums kann je nach Kontext, in dem das Datum verwendet wird, unterschiedlich sein. So ist beispielsweise der Schutzbedarf einer Adresse im Regelfall behördlicher Anwendungen normal oder hoch. Befindet sich die betroffene Person aber in einem Zeugenschutzprogramm, ist der Schutzbedarf sehr hoch und die Daten dürften nur mit Ende-zu-Ende-Verschlüsselung übertragen werden.
  – Sozial- und Steuergeheimnisdaten sind zwar nach dem Gesetz insofern als besonders schützenswert eingestuft, als ihre Verarbeitung zum Teil besonderen Restriktionen unterliegt. Allerdings bedeutet dies nicht, dass sämtliche Sozial- und Steuergeheimnisdaten Ende-zu-Ende-verschlüsselt werden müssen. Die Tatsache, dass eine Person beispielsweise bei einer bestimmten gesetzlichen Krankenkasse versichert ist, ist im Regelfall kein besonders schützenswertes Datum.

– Gesundheitsdaten unterliegen dagegen in aller Regel dem Schutzbedarf „sehr hoch". Dies gilt wiederum auch unabhängig vom Kontext als Sozialdatum. Auch die Angabe von besonderen Belastungen bei Krankheitsaufwendungen im Zusammenhang mit einer Einkommensteuererklärung sind besonders schutzbedürftig, auch wenn Steuergeheimnisdaten nicht automatisch Ende-zu-Ende-verschlüsselt werden müssen.

Neben der Schutzbedarfsanalyse muss für eine Einschätzung der notwendigen Sicherheitsmaßnahmen beim Versand besonders schutzbedürftiger Daten auch berücksichtigt werden, wer Versender und Empfänger der De-Mail ist:

- Versenden Behörden oder andere Institutionen besonders schutzbedürftige personenbezogene Daten unmittelbar an den Betroffenen, richtet sich die Verpflichtung zur Ende-zu-Ende-Verschlüsselung grundsätzlich nach dem im Wege der Schutzbedarfsanalyse ermittelten Schutzbedarf der Daten. Daneben muss der Versender vor dem Versand das Einverständnis des potentiellen Empfängers einholen[1]. Dies sollte mindestens einmalig für alle diesen Transportweg betreffenden Kommunikationsvorgänge erfolgen. Zusätzlich muss für den Versand besonders schutzbedürftiger Daten mittels De-Mail an den Betroffenen eine individuelle Zugangseröffnung vorliegen[2]. Dies gilt insbesondere für eine differenzierte Betrachtung bei der Zugangseröffnung gegenüber Behörden. Der Bürger sollte die Möglichkeit haben, den Zugang differenziert nach einzelnen Behörden zu gestalten.

- Versenden Behörden oder andere Institutionen wie etwa gesetzliche Krankenkassen, die mit besonders schutzbedürftigen personenbezogenen Daten Dritter umgehen, solche Daten untereinander, muss die Nachricht im Ergebnis auch ohne ein Schutzbedarfsanalyse Ende-zu-Ende verschlüsselt werden. Betrachtet man den Versand einzelner Nachrichten, würde eine Schutzbedarfsanalyse an sich zu dem Ergebnis kommen, dass in bestimmten Fällen (zB beim Schutzbedarf „normal") eine Ende-zu-Ende-Verschlüsselung nicht erforderlich ist. Hier muss aber berücksichtigt werden, dass im Falle eines unberechtigten Zugriffs beim DMDA durch die Vielzahl der versandten bzw. empfangenen Daten ein erhöhtes Angriffsrisiko und Schadenspotential vorliegt (Kumulationseffekt). Außerdem kann der Betroffene nicht entscheiden, auf welche Weise seine Daten versandt werden. Die Tatsache, dass der Betroffene in diesen Fällen keinen Einfluss auf die Ausgestaltung der De-Mail-Nutzung nehmen kann, darf nicht zu einer Absenkung des Datenschutzniveaus bei der Versendung besonders schutzbedürftiger Daten mittels De-Mail führen. Schließlich kann man davon ausgehen, dass solche Einrichtungen den De-Mail-Dienst über ein Gateway nutzen können und daher eine Ende-zu-Ende-Verschlüsselung in diesen Fällen mit vertretbarem technischen Aufwand möglich ist. Die Verpflichtung gilt unabhängig von der Größe der Einrichtung und unabhängig davon, ob eine gesetzliche Pflicht zur Datenverarbeitung besteht. Letztlich führt die einheitliche Behandlung alle Nachrichteninhalte in diesem Kommunikationsverhältnis auch zur einer handhabbaren Anwendung für Versender und Empfänger.

Der Entwicklungsstand der Technik und die tatsächliche Verfahrensweise im Umgang mit De-Mail muss beobachtet werden. Daraus können sich in Zukunft neue oder andere Anforderungen des Datenschutzes an die Verwendung von De-Mail und die Verschlüsselung ergeben. Die DMDA werden aufgefordert, leicht handhabbare Verschlüsselungsoptionen für die Nutzer zu entwickeln. Dies kann auch Datenschutzverstöße aufgrund einer fehlerhaften Schutzbedarfsfeststellung der verantwortlichen Stelle verhindern.

Schließlich müssen auch die internen Verfahrensabläufe bei der versendenden sowie bei der empfangenden Stelle betrachtet werden, also zB die Verknüpfung des Fachverfahrens mit dem De-Mail-Postfach und interne Zugriffsberechtigungen in den Unternehmen und Behörden. Auch diese müssen datenschutzkonform ausgestaltet sein und die Sicherheit der Daten gewährleisten.

---

[1] Dies gilt generell für den Versand personenbezogener Daten, also auch für solche, die als nicht besonders schutzbedürftig eingestuft werden.

[2] Vgl. Fn. 1.

Sachregister

Die Zahlen bezeichnen die Randnummern

2. Justizmodernisierungsgesetz vom 22.12.2006 18

Abschlussfunktion 191
Anschluss- und Benutzerzwang 42 ff.
Anwälte
– Regeln 236 ff.
anwaltliches Berufsrecht 433 ff.
Application Service Providing 10
Arbeitsabläufe, Praxisbeispiele 330 ff.
Arbeitsgerichtsgesetz (ArbGG) 15
ArbGG s. Arbeitsgerichtsgesetz (ArbGG)
Aufbewahrungspflichten 336 ff.

Baden-Württemberg 188
– E-Government-Gesetz 165 ff.
– Verwaltungsverfahrensgesetz 162 ff.
Barrierefreiheit 62, 101
Bayern 173 ff., 188
BDSG s. Bundesdatenschutzgesetz (BDSG)
beA s. „besonderes elektronisches Anwaltspostfach" (beA)
Berlin 187 f.
„besonderes elektronisches Anwaltspostfach" (beA) 2 f., 12, 52 ff., 258, 324, 418 ff.
– barrierefreie Ausgestaltung 62
– beA-Karte 54, 62
– beA-Umlage 93
– berufsrechtliche Sicherheitsvorgaben 62
– Bildschirmdarstellung 62 ff.
– Bildschirmdarstellung, Anhänge hochladen 76
– Bildschirmdarstellung, Anmeldung 64
– Bildschirmdarstellung, Anzeige der Sicherheitsfrage(n) erfolgreich 90
– Bildschirmdarstellung, Auswahl der Signaturkarte 77
– Bildschirmdarstellung, Benachrichtigung 91
– Bildschirmdarstellung, Benutzerverwaltung 80
– Bildschirmdarstellung, Eingangsbenachrichtigungen 82
– Bildschirmdarstellung, Empfänger auswählen 74
– Bildschirmdarstellung, Entwurf 73
– Bildschirmdarstellung, Erstregistrierung 83
– Bildschirmdarstellung, Etiketten 66
– Bildschirmdarstellung, Fragenauswahl 89
– Bildschirmdarstellung, geöffnete Nachricht 69
– Bildschirmdarstellung, gesendete Nachricht 72
– Bildschirmdarstellung, Import 87
– Bildschirmdarstellung, Markierungen der E-Nachrichten 67
– Bildschirmdarstellung, Mitarbeiter anlegen/ändern 81
– Bildschirmdarstellung, Nachrichtentypen 75
– Bildschirmdarstellung, Nachrichtenübersicht 65
– Bildschirmdarstellung, PIN-Eingabe 85
– Bildschirmdarstellung, Postfachübersicht 81
– Bildschirmdarstellung, Postfächer 80
– Bildschirmdarstellung, Sicherheitsabfrage 88
– Bildschirmdarstellung, Sicherheits-Token 84
– Bildschirmdarstellung, Signaturanzeige 78
– Bildschirmdarstellung, Spaltenauswahl 68
– Bildschirmdarstellung, Startseite 64
– Bildschirmdarstellung, Übersicht sicher gesendet 71
– Bildschirmdarstellung, Versandanzeige 79
– Bildschirmdarstellung, Zweiteingabe PIN 86
– Cloud-Anwendung 56
– datenschutzrechtliche Sicherheitsvorgaben 62
– elektronisches Empfangsbekenntnis (EB) 62
– Empfang von Nachrichten 62
– Frontend 62
– Installation 62
– Kammerpflichtbeitrag, Erhöhung 93
– Kanzleisoftware 62
– Karten-Voraussetzung 62
– Menüführung 62 ff.
– Mitarbeiter-Chipkarten 54
– passive Überwachungspflicht unter haftungsrechtlichen Gesichtspunkten 92
– persönliche Zuordnung 62
– Postfach 62
– Rechtezuweisung 62
– Schnittstelle zum beA 54
– Sicherheit 62
– Softwarezertifikate 54
– strafrechtliche Sicherheitsvorgaben 62
– technische Sicherheitsvorgaben 62
– Usability 62
– Verschiebung 2
– Web-Client 62
– Zugang 62
– Zugangsberechtigung 62
– Zwei-Faktoren-Authentifizierung 62
Bewahrungsdienste 367 ff.
Beweisfunktion 191
Beweiskraft 105 ff.
Beweisvorschriften
– Anpassung 3
Brandenburg 188
BRAO s. Bundesrechtsanwaltsordnung (BRAO)
Bremen 188
BSI-Kritis-Verordnung 390
Bundesdatenschutzgesetz (BDSG) 379 f.
Bundesrechtsanwaltsordnung (BRAO) 15

Sachregister

Zahlen bezeichnen die Randnummern

Cloud-Computing 10
Community Cloud 10
Container-Signatur 242 f.
Computerfaxe 244
CRM-Systeme 17

Datenschutz 304 ff., 378 ff.
DE-Mail 12 f., 231 ff., 417
– rechtliche Bewertung 234 f.
– Varianten der DE-Mail-Sicherheit 231 ff.
DESI-Index 39
digitale Signatur 316
„Digitale Verwaltung 2020" 1
Digitalisierung 1
Digitalisierungsprozesse bei Unternehmen 30 ff.
– Beweiskraftverlust, Bedenken wegen 33
– eingehende Dokumente 31
– gewohnte Arbeitsweise 32
– Kosten der Umstellung 34
Dokumentensignierung, rechtswirksame 226 ff.
Drittes Gesetz zur Änderung verwaltungsverfahrensrechtlicher Vorschriften vom 21.8.2002 18, 24

E-Akte s. elektronische Akte
Echtheitsfunktion 191
E-Commerce-Richtlinie vom 8.6.2000 18
EDI s. electronic data interchange (EDI)
E-Dokument 50 ff.
– Begriff 268 f.
– mit einer qualifizierten elektronischen Signatur 50
Effektivitätssteigerung 102
E-Government-Gesetz 1, 41, 135 ff.
EGVP s. elektronisches Gerichts- und Verwaltungspostfach (EGVP)
EHUG s. Gesetz über elektronische Handelsregister und Genossenschaftsregister sowie das Unternehmensregister (EHUG) vom 10.11.2006
EIDAS-Verordnung vom 18.8.2014 18
EIDAS-Verordnung, Vertrauensdienste nach der 349 ff.
– Bewahrungsdienste 367 ff.
– eID-Verfahren 351 ff.
– Einschreibedienste, elektronische 375 f.
– elektronische Signaturen 357 ff.
– elektronisches Siegel 366
– Validierungsdienste 374
– Vertrauensdienste 355 f.
– Websiteauthentifizierung 377
– Zeitstempeldienste 370 ff.
– Zustelldienste, elektronische 375 f.
eID-Verfahren 351 ff.
Einführungsgesetz zum Rechtsdienstleistungsgesetz (RDGEG) 15
Eingang eines elektronischen Dokuments bei Gericht 96 f.
– Beglaubigung der Abschrift durch maschinelle Bearbeitung 97

Einschreibedienste, elektronische 375 f.
E-Justice 5
E-Justiz-Gesetz 1, 9 ff., 17 ff.
electronic data interchange (EDI) 116
electronic justice 5
Elektronik-Anpassungsgesetz vom 23.12.2004 18
elektronische Akte 99 f., 259 ff.
– Arbeitsabläufe, Praxisbeispiele 265
– Aussortieren von Dokumenten mit höherem Beweiswert 260
– E-Dokument, Begriff 268 f.
– elektronische Akteneinsicht 266 f.
– IT-Infrastruktur, Praxisbeispiele 265
– Prüfung der Anforderungen an die Identitätsprüfung zwischen schriftlichem Dokument und gescanntem Dokument 261 ff.
– Software, Praxisbeispiele 265
elektronische Akteneinsicht 266 f.
elektronische Aktenführung 3
elektronische Einschreibedienste
s. Einschreibedienste, elektronische
elektronische Form 19 f., 191 ff.
– Anforderungen nach dem BGB 192 ff.
– Technische Richtlinie TR-ESOR 194
elektronische Formulare 40
elektronische Gerichtsbriefkästen 248 ff.
s.a. elektronisches Gerichts- und Verwaltungspostfach (EGVP)
– JAVA-Architektur 251
elektronische Rechnungen, Versendung 113 ff.
– Forum elektronische Rechnung Deutschland 114
– Grundsätze zum Datenzugriff und zur Prüfbarkeit digitaler Unterlagen (GDPdU) 113
– UNCEFACT Cross Industry-Invoice 114
elektronische Signaturen 226 ff., 357 ff.
– Checkliste: Signieren von Dokumenten 230
– Dokumentensignierung, rechtswirksame 226 ff.
– einfache E-Signatur 226 f.
– Formen 226 ff.
– fortgeschrittene E-Signatur 228 f.
– qualifizierte E-Signatur (qeS) 230
elektronische Zustelldienste s. Zustelldienste, elektronische
elektronischer Rechtsverkehr (ERV) 1, 5 ff.
elektronisches Behördenpostfach 189 f.
– Behörden, übrige 190
– Gerichte 189
elektronisches Gerichts- und Verwaltungspostfach (EGVP) 3, 12, 248 ff.
– Abschaltung zum 30.9.2016 252
elektronisches Klageverfahren 240 ff.
– Container-Signatur 242 f.
– elektronische Gerichtsbriefkästen 248 ff.
– Gerichtskostenvorschuss 245 ff.
– Vorzüge 257
elektronisches Mahnverfahren 118, 236 ff.
– „Ausbaugrade" 239

Zahlen bezeichnen die Randnummern

Sachregister

– Barcode-Verfahren 236 f.
– maschinell lesbare Form 236
elektronisches Notaranderkonto (ENA) 2
elektronisches Schutzschriftenregister 117
elektronisches Siegel 366
ELSTER 112
Empfangsbekenntnis 22
Ende-zu-Ende-Verschlüsselung 427
ersetzendes Scannen 105 ff.. 270 ff., 307
– Behörden 282 ff.
– Gerichte 294
– kryptographische Verfahren 106
– Pflicht zur Einführung 295 ff.
– Pflicht zur Einführung, Bundesbehörden 295 f.
– Pflicht zur Einführung, Gerichte 302 f.
– Pflicht zur Einführung, Kommunalbehörden 301
– Pflicht zur Einführung, Landesbehörden 297 ff.
– Rechtsgrundlagen 272 ff.
– Technische Richtlinie TR-ESOR 106, 309 ff.
– Technische Richtlinie TR-RESISCAN 106, 309 ff.
– Unternehmen 273 ff.
– Zielgruppenanalyse 272 ff.
ERV s. elektronischer Rechtsverkehr (ERV)
EU-Datenschutzgrundverordnung 383 ff., 406
EU-Datenschutzniveau 395 ff.
– Länder mit EU-Datenschutzniveau 396
EU-Datenschutzgrundverordnung, neue 393 ff.
– Ausnahmen 393, 401 f.
– Cloud-Verschlüsselung 408 f.
– Datenschutzgrundsätze 394
– Datenübermittlung in Drittländer 397
– EU-Datenschutzniveau 395 ff.
– EU-US Privacy Shield 389, 396, 399
– Länder mit EU-Datenschutzniveau 396
– Lösungen für Clouds im Nicht-EU-Ausland/durch Nicht-EU-Firmen 405
– Microsoft 404
– Safe Harbour 398
– sensible Daten, Ausnahmen 402
– Standardvertragsklauseln 400
– US-Behörden, Zugriff auf europäische Cloud-Daten 403
– Zertifizierungsstellen 407
EU-Dienstleistungsrichtlinie 180 ff.
– einheitlicher Ansprechpartner (eA) 182
EU-Mahnverfahren 7
EU-US Privacy Shield 389, 396, 399
europäisches Datenschutzniveau s. EU-Datenschutzniveau
europäisches Signaturrecht 4
Evidence Record Syntax 320 f., 326 ff.
– Abkündigungen des Hashalgorithmus 328 f.
– Abkündigungen von Signaturalgorithmen 327
E-Zustellungen 103 f.

FamFG s. Gesetz über das Verfahren in Familiensachen und in den Angelegenheiten der freiwilligen Gerichtsbarkeit (FamFG)

FamGKG s. Gesetz über Gerichtskosten in Familiensachen (FamGKG)
FGO s. Finanzgerichtsordnung (FGO)
Finanzgerichtsordnung (FGO) 15
formfreie Verträge
– Tabletunterschriften, Rechtsverbindlichkeit und Beweisvorschriften 209 ff.
Formvorschriftenanpassungsgesetz vom 13.7.2001 (FormVorAnpG) 18 f.
Forum elektronische Rechnung Deutschland 114

GDPdU s. Grundsätze zum Datenzugriff und zur Prüfbarkeit digitaler Unterlagen (GDPdU)
Gerichte
– Regeln 236 ff.
Gerichtskostengesetz (GKG) 15
Gerichts- und Notarkostengesetz (GNotKG) 15
Gerichtskostenvorschuss 245 ff.
Gerichtsverfassungsgesetz (GVG) 15
gescannte öffentliche Urkunden 13
Geschmacksmustergesetz 15
Gesetz über das Verfahren in Familiensachen und in den Angelegenheiten der freiwilligen Gerichtsbarkeit (FamFG) 15
Gesetz über elektronische Handelsregister und Genossenschaftsregister sowie das Unternehmensregister (EHUG) vom 10.11.2006 18
Gesetz über Gerichtskosten in Familiensachen (FamGKG) 15
Gesetz über Ordnungswidrigkeiten (OWiG) 15
Gesetz über Rechte an Luftfahrzeugen 15
Gesetz zur Förderung der elektronischen Verwaltung sowie zur Änderung weiterer Vorschriften (E-Government-Gesetz) s. E-Government-Gesetz
Gesetz zur Förderung des elektronischen Rechtsverkehrs mit den Gerichten 18
Gesetz zur Förderung der elektronischen Verwaltung sowie zur Änderung weiterer Vorschriften (E-Government-Gesetz) s. E-Government-Gesetz
Gesetz zur Regelung der Rahmenbedingungen für Informations- und Kommunikationsdienste (IuKDG) vom 22.7.1997 18
GKG s. Gerichtskostengesetz (GKG)
GNotKG s. Gerichts- und Notarkostengesetz (GNotKG)
Grundbuchordnung 15
Grundsätze zum Datenzugriff und zur Prüfbarkeit digitaler Unterlagen (GDPdU) 113
GVG s. Gerichtsverfassungsgesetz (GVG)

Hamburg 188
Handelsregisterverordnung 15
Hashbaum-Verfahren 317 ff.
– Top-Hash 318 ff.
– Zeitstempel, qualifizierter 318
Hessen 188
Hybrid Cloud 10

137

Sachregister

Zahlen bezeichnen die Randnummern

IaaS s. Infrastructure as a Service (IaaS)
Identitätsfunktion 191
Industrie 4.0 1
Informationstechnik 1
Infrastructure as a Service (IaaS) 10
Inkrafttreten
- gestaffeltes 119 ff., 145 ff.
IT-Infrastruktur 330 ff.
IT-Sicherheit 17, 378 ff.
IT-Sicherheitsgesetz 420 ff.
IuKDG s. Gesetz zur Regelung der Rahmenbedingungen für Informations- und Kommunikationsdienste (IuKDG) vom 22.7.1997

Justizkommunikationsgesetz (JKomG) vom 22.3.2005 6 ff., 16, 18

Klageverfahren, elektronisches s. elektronisches Klageverfahren
Kommunikationstechnik 1
Kosteneinsparung durch ERV 111 f.
kryptographische Verfahren 106

Landesdatenschutzgesetze 381
Long Term Archiving and Notary Service (LTANS) 312 ff.

Mahnverfahren 6
Mahnverfahren, elektronisches s. elektronisches Mahnverfahren
Man-in-the-middle-Angriff 413
Markengesetz 15
Mecklenburg-Vorpommern 177 ff., 188
Mobile Device Management System 429
modulare Verknüpfungen der Infrastruktur 17
Muster-Workflow 304 ff.

Niedersachsen 188
NIS-Richtlinie s. Richtlinie über Netz- und Informationssicherheit (NIS-Richtlinie)
Nordrhein-Westfalen 187 f.
normative Funktion von Formularen 98
Notare 2, 26 f.
Notaranderkonto, elektronisches s. elektronisches Notaranderkonto (ENA)

Online-Mahnverfahren mit eID und DE-Mail 118
- Naturparteien 122
„Opt-Out" durch die Länder 121
OWiG s. Gesetz über Ordnungswidrigkeiten (OWiG)

PaaS s. Platform as a Service (PaaS)
Passenger Name Records (PNR) 396
Patentgesetz (PatG) 15
PDF/A 304 f.
- PDF/A-2-Format 304

- PDF/A-3-Format 304
- qualifizierte elektronische Signatur 305
Perpetuierungsfunktion 191
Platform as a Service (PaaS) 10
Private Cloud 10
Public Cloud 10

qualifizierte elektronische Signatur (qeS) 20
- fehlende Verbreitung für den flächendeckenden Einsatz 203 ff.
qualifizierter Zeitstempel s. Zeitstempel, qualifizierter

RDGEG s. Einführungsgesetz zum Rechtsdienstleistungsgesetz (RDGEG)
Rechtsentwicklung 17 ff.
Rechtsrahmen 17 ff.
revisionssichere Langzeitarchivierung 336 ff.
- Aufbewahrungspflichten 336 ff.
- Buchführung, ordnungsgemäße DV-gestützte, Grundsätze 341 ff.
- Datenzugriff, Grundsätze 341 ff.
- Prüfbarkeit originär digitaler Unterlagen, Grundsätze 341 ff.
Rheinland-Pfalz 188
Richtlinie über Netz- und Informationssicherheit (NIS-Richtlinie) 423 ff.
- Agentur der Europäischen Union für Netz- und Informationssicherheit (ENISA) 424

Saarland 188
SaaS s. Software as a Service (SaaS)
Sachsen 187 f.
Sachsen-Anhalt 188
Safe Harbour 398
Schifffahrtsrechtliche Verteilungsordnung 15
Schiffsregisterordnung 15
Schleswig-Holstein 187 f.
Schlüsselstärke 411
Schriftform, gesetzliche 19 f., 191 ff.
- Abschlussfunktion 191
- Anforderungen im öffentlichen Recht 198 ff.
- Anforderungen im Verfahrensrecht 201 f.
- Anforderungen nach dem BGB 191
- Beweisfunktion 191
- Echtheitsfunktion 191
- Identitätsfunktion 191
- Perpetuierungsfunktion 191
- Smartphone, , Erfüllung durch elektronische Unterzeichnung auf einem 207 f.
- Tablet, Erfüllung durch elektronische Unterzeichnung auf einem 207 f.
- Verifikationsfunktion 191
- Warnfunktion 191
Secure Filesharing 428, 439
SGG s. Sozialgerichtsgesetz (SGG)
sichere Übermittlungswege 50 ff.
Signaturänderungsgesetz vom 4.1.2005 18
Signaturgesetz vom 16.5.2001 18

Zahlen bezeichnen die Randnummern

Sachregister

Signaturkarte 6
Signaturrichtlinie 1999/93/EG vom 13.12.1999 18
Signaturverordnung vom 16.11.2001 18
Smartphone
– Erfüllung der Schriftform durch elektronische Unterzeichnung auf einem 207 f.
Software, Praxisbeispiele 330 ff.
Software as a Service (SaaS) 10
Software-/Cloud-Systeme 17
Sozialgerichtsgesetz (SGG) 15
Sozialversicherungs-Rechnungsverwaltungsvorschrift 305
Stellvertretung in elektronischer Form, wirksame
– rechtliche Formvorschriften 215 ff.
Strafsachen, Gesetzentwurf zur Einführung der elektronischen Akte in 125 ff.
sv.net 112

Tablet
– Erfüllung der Schriftform durch elektronische Unterzeichnung auf einem 207 f.
Tabletunterschriften
– Beweisvorschriften 209 ff.
– formfreie Verträge 209 ff.
– Rechtsverbindlichkeit 209 ff.
– Textform 209 ff.
Technische Richtlinie TR-ESOR 106, 194, 306, 309 ff.
– Long Term Archiving and Notary Service (LTANS) 312 ff.
– revisionssichere Speicherung der gescannten Daten 106
– Technik 310 ff.
– Verfahren 310 ff.
Technische Richtlinie TR-RESISCAN 106, 307 ff.
technische Sicherheitsmaßnahmen im Bereich des ERV 411 ff.
– Arbeitsrichtlinien IT-Sicherheit und Datenschutz 426 ff.
– Cloud Computing 431 f.
– Domain Name Service (DNS)-Anfragen 413
– Ende-zu-Ende-Verschlüsselung 427
– Hardware 430
– Identitätstäuschung, Verhinderung von 415 ff.
– Infrastruktur 430
– Man-in-the-middle-Angriff 413
– Mobile Device Management System 429
– Richtlinie über Netz- und Informationssicherheit (NIS-Richtlinie) 423 ff.
– Schlüsselstärke 411
– Secure File Sharing 428
– Software 430
– TLS/SSL-Sicherheit 412 ff.
– Verschlüsselung 411
– zivilrechtliche Haftung 450 f.
Telefax 47 ff.
Telemediendienste 391
Telemediengesetz (TMG) vom 26.2.2007 18, 382

Textform
– Tabletunterschriften, Rechtsverbindlichkeit und Beweisvorschriften 209 ff.
Thüringen 188
TLS/SSL-Sicherheit 412 ff.
TMG s. Telemediengesetz (TMG)
TR-ESOR s. Technische Richtlinie TR-ESOR
TR-RESISCAN s. Technische Richtlinie TR-RESISCAN

Übergangsphase bis zum 1.1.2022 12, 119
Umsetzung 304 ff.
UNCEFACT Cross Industry-Invoice 114
UnternehmensregisterVO (URV) vom 26.2.2007 18

Validierungsdienste 374
Verfahrensbeschleunigung 102
Verifikationsfunktion 191
Verschlüsselung 411
Verschwiegenheitspflicht 433 ff.
Vertrauensdienste nach der EIDAS-Verordnung s. EIDAS-Verordnung, Vertrauensdienste nach der
Verwaltung 35 ff.
– Digitalisierungsprozesse in der Verwaltung 41
– elektronische Kommunikation mit der Verwaltung in Europa 36 ff.
Verwaltungsgerichtsbarkeit 24 f.
Verwaltungsgerichtsordnung (VwGO) 15
Verwaltungsverfahrensrecht des Bundes und der Länder, Änderung 151 ff.
– Baden-Württemberg, E-Government-Gesetz 165 ff.
– Baden-Württemberg, Verwaltungsverfahrensgesetz 162 ff.
– Bayern 173 ff.
– Berlin 187 f.
– Brandenburg 188
– Bremen 188
– Bundesländer, weitere 187 f.
– Hamburg 188
– Hessen 188
– Mecklenburg-Vorpommern 177 ff., 188
– Niedersachsen 188
– Nordrhein-Westfalen 187 f.
– Rheinland-Pfalz 188
– Saarland 188
– Sachsen 187 f.
– Sachsen-Anhalt 188
– Schleswig-Holstein 187 f.
– Thüringen 188
– VwVfG des Bundes 152 ff.
– Zugangseröffnung mit digitalen Signaturen 151
Verwaltungszustellungsgesetz 15
virtuelle Poststelle 189 f.
VO zur Einführung des elektronischen Rechtsverkehrs am LG Mannheim (zum 1.9.2004) 18
VwGO s. Verwaltungsgerichtsordnung (VwGO)

139

Sachregister

Zahlen bezeichnen die Randnummern

Warnfunktion 191
Websiteauthentifizierung 377
Wechselgesetz (WG) 15
WG s. Wechselgesetz (WG)

Zeitstempel, qualifizierter 306, 318
Zeitstempeldienste 370 ff.
Zivilprozessordnung (ZPO) 15

ZPO s. Zivilprozessordnung (ZPO)
Zugänglichmachungsverordnung 15
Zugangseröffnung, Pflicht zur 146 f.
Zustelldienste, elektronische 375 f.
Zustellungsrecht
– Fortentwicklung 3
Zustellungsreformgesetz vom 25.6.2001 (ZustRG) 18, 22